项目资助

本书由鲁东大学马克思主义理论研究专项经费资助

刘震 著

农民思想政治教育研究

中国社会科学出版社

图书在版编目（CIP）数据

农民思想政治教育研究／刘震著．—北京：中国社会科学出版社，2021.12
ISBN 978 - 7 - 5203 - 9414 - 7

Ⅰ.①农… Ⅱ.①刘… Ⅲ.①农民—思想政治教育—研究—中国
Ⅳ.①D422.62

中国版本图书馆 CIP 数据核字（2021）第 256184 号

出 版 人	赵剑英	
责任编辑	赵 丽	
责任校对	李 剑	
责任印制	王 超	

出　　　版	中国社会科学出版社
社　　　址	北京鼓楼西大街甲 158 号
邮　　　编	100720
网　　　址	http://www.csspw.cn
发 行 部	010 - 84083685
门 市 部	010 - 84029450
经　　　销	新华书店及其他书店

印　　　刷	北京明恒达印务有限公司
装　　　订	廊坊市广阳区广增装订厂
版　　　次	2021 年 12 月第 1 版
印　　　次	2021 年 12 月第 1 次印刷

开　　　本	710 × 1000　1/16
印　　　张	14
插　　　页	2
字　　　数	209 千字
定　　　价	78.00 元

目　　录

导　　论

一　选题缘起

（一）党的十八大以来农村社会发展背景下的农民问题

中国是具有几千年农耕文明的传统大国，从古至今，包括农村、农业、农民在内的"三农"问题一直是社会发展的基础性问题。在城乡二元的视角下，农村是地域广阔、条件艰苦、发展落后的地区；农业关系到全国人民的口粮问题；农民是占全国人口比例最大，却相对生活艰苦、素质落后，但为社会发展做出巨大贡献的群体。农民是农村和农业的主体，在整个"三农"问题体系中，解决好农民问题，是解决好其他两个方面问题的基础。实现乡村振兴和农业现代化需要以高素质的农民为主体来完成。党的十八大以来，以习近平同志为核心的党中央开启了中国特色社会主义农村建设的新时代，并颁布和落实了一系列农村政策，体现了对农村发展的新思路、新要求、新举措。党的十九大报告中所提出的乡村振兴战略，其实质也要落脚到"农民富""农民有获得感"以及"农民成为有吸引力的职业"中来。回顾历史，中国的现代化一直离不开农民群体的付出与奉献。农民是农村的主人，对农村发展以及农业建设发挥着主体作用，其生产能力以及其政治、思想、道德、文化等素质体现了中国社会发展的综合实力。随着城镇化的不断扩张，以及年轻后代不断融入城市生活，虽然传统意义上农民的数量正在不断减少，但是农民的思想政治教育问题依然是一个重要而严峻的问题。一方面，从现实的角度来看，根据国家统计局《2015 年国民经济和社会发展统计公报》显示，2011 年中国农村常住人口已经下降到全国人口总数的 50% 以下，到 2015 年又下降了约 7 个百分点，达到 6 亿左右。① 2020 年农民人口大约为 5.8 亿。也就是说，到 2020 年全面建成小康社会时，中国农民的人口总数虽然有了很大的降幅，但依然具有庞大的基数，需要党和政府的进一步的教育和引领。另一方面，从民族情感的角度来看，农民情怀是中华民族文化的底色，"不管是不是自觉自愿，每个中国人都应当承认我们都是农民的子孙，血管里流淌着农民的血液，身上也必然因袭着或多或少的农民的道德意识和道德习惯……也难以避免农民道德观念和习惯的烙印"。② 因此，农民问题依然是中国未来相当长时间内必须关注的重点问题。

农民问题是新时代中国特色社会主义发展主题中的应有之义，是实现乡村振兴战略、决胜全面建成小康社会、实现中华民族伟大复兴"两个一百年"奋斗目标必须关注的重点和难点。新时期解决农民问题的严峻性呈现在我们面前，比如：农村基础条件落后、环境复杂多样、地域广阔；传统农业模式已经不能符合新时期社会发展的需求；农民处于传统向现代的转变中面临着思想文化、生活生产的转型等。以上种种复杂而艰难的问题都亟待党和国家来妥善解决。新时期中国特色社会主义为全面发展农村、实现振兴乡村计划提供新的历史机遇。自建党以来，党中央持续关注农民问题，农民问题在革命时期和社会主义现代化建设、改革时期都具有重要地位。党和国家每一步重大举措都必须要充分重视到农村、农业、农民的实际情况，任何宏观性政策都要以在农村的顺利实施和农民的接收情况作为合理性和有效性的依据。改革开放以来，从 1982—1986 年连续五年、2004—2018 年连续十五年所颁布的中央一号文件，都以解决"三农"问题、深化农村改革、促进农业社会发展为目标

---

① 国家统计局：《2015 年国民经济和社会发展统计公报》（http//www.stats.gov.cn/tjsj/zxfb/201602/t20160229 – 1323991.html）。

② 陈瑛：《改造和提升小农伦理——再读马克思的〈路易·波拿巴的雾月十八日〉》，《伦理学研究》2006 年第 2 期。

指向。为广大人民群众谋福利是中国共产党的根本宗旨。农民问题是关系到国家富强、民族复兴的根本问题。解决好农民问题与党的奋斗宗旨相一致。

（二）思想政治教育是解决新时期农民问题的有力抓手

对农民进行思想政治教育是一个熟悉又陌生、古老而常新的话题，从某种意义上来讲，也是党和政府农村工作的最薄弱环节。对农民进行思想政治教育是党和政府解决农民群体所背负的诸多传统思想包袱的宣传教育工具；是从加强精神文明建设的角度来推动农村现代化、实现农业现代化发展的助推器；也是保障国家各项方针政策在农村顺利实施的有力依托。在新民主主义革命时期，党的农民思想政治教育工作，积极发动广大农民，指引广大农民参与到推翻"三座大山"、争取自身利益的革命斗争当中。依据国内形势，党所开展的农民思想政治教育工作以满足农村社会发展形势和农民物质需求为目标积极引领农民参与到生产的各项实践活动中。在社会主义改革时期，农村的社会结构发生了深刻的变化，以解放农村生产力、激发农民生产热情为目标的改革振幅日益加大，农民群体的思想在这种大环境下正经历剧烈的思想文化冲击。政府侧重于经济发展的政策思路，尚未解决社会转型和农民现代化的问题，尤其是农民自身的社会性和文化性的因素问题。[1] 相对于外在的农村社会制度改革而言，农民思想的教育和改造更为复杂且意义深远。因此，为了防止农村改革和农村城镇化发展中出现物质文明和精神文明不协调、不统一的问题，必须通过农民思想政治教育工作来加强对农民政治、思想、文化等多方面的素质的教育引领。新时期农民思想政治教育对突出农民主体性地位、引领农民精神思想的健康发展、合理稳妥解决农民问题发挥着不可代替的作用。

习近平同志在党的十九大报告中指出，"我国社会主要矛盾已经转化为人民日益增长的美好生活需要和不平衡不充分的发展之间的矛盾"。[2]

---

[1]　运迪：《当代中国农民的教育与自身教育发展》，苏州大学出版社 2012 年版，第 7 页。

[2]　习近平：《决胜全面建成小康社会　夺取新时代中国特色社会主义伟大胜利——在中国共产党第十九次全国代表大会上的报告》，人民出版社 2017 年版，第 11 页。

纵观整个社会阶层，农民群体的生活水平和社会地位仍然是相对较低的，他们也是新时期中国社会基本矛盾的亲历者。在中国特色社会主义乡村振兴战略的指引下，引领农民提高思想政治素质，帮助农民适应时代发展步伐、实现自我富强是农民思想政治教育的重要地位和意义价值所在。为此，要结合新时期党对"三农"问题的新要求、新思路，从政治、经济、文化、社会、生态五位一体的角度来考察和分析思想政治教育对农民思想观念和各项素质的积极合理作用。这要求思想政治教育工作一方面要更加秉承"以人为本"的原则突出农民的主体性，尊重农民的时代思想状况，探索符合时代特色的农民教育方式，从而能够与其他农村工作相得益彰地配合；另一方面要帮助农民不断适应新的思想文化观念和生活方式，帮助农民以正确的思想观念对待农业现代化、村民自治、市场经济、农村制度改革、农民增收等问题，保障农民实现从传统人向现代人的转变。以上这些都是新时期农民思想政治教育工作题中应有之义，也是彰显其学科生命力的时代表征。

（三）开展农民思想政治教育工作的关键是提高有效性

在新的时代背景下，农民思想政治教育有效性问题，即农民思想政治教育能否充分合理的发挥自身价值、满足党和国家期许和农民个人实践生活需求的问题，成为农民思想政治教育所面临的重点和难点，也是新时代中国特色社会主义乡村振兴战略目标的题中应有之意。新时期农民思想政治教育是否依然能够和革命战争年代以及社会主义建设时期一样积极发挥有效性，成功解决农民的思想问题，是迫切的现实问题。受诸多历史和现实因素的影响，农民的思想观念具有极强的现实性，他们十分注重眼前利益，尤其是经济物质利益；他们不会轻信脱离生活经验的抽象政治口号。处于和平年代的农村社会，农民摆脱了历史上"三座大山"的压迫与束缚，在全面建成小康社会脱贫致富的奋斗之路上，其思想状况和争取自身权益的方式相较于以往都发生了根本性的改变。在改革开放和市场经济繁荣发展的新时期，农村干部群众以脱贫致富、提高农村经济水平和物质生活水平为首要目标，容易陷入狭隘的"唯经济论"的物质文明观念中，忽视了精神文明的重要作用。在农村物质文明建设彰显成效的同时，属于精神文明建设范畴的思想政治教育要发挥的作用是"建设具有强大凝聚力和引领力的社会主义意识形态，使全体人民在理想信念、价值理念、道德观念上紧紧团结在一起"。① 虽然思想政治教育工作表面上与农村经济发展、农民致富没有直接关系，但从辩证法的角度来看，农村的物质文明建设和精神文明建设的作用和价值是相互补充、相互转化的。因此，农民思想政治工作就是一项达成农村物质文明和精神文明建设统一的枢纽性工作。人的问题是最根本的，也是最难解决的问题，只有做好人本身的工作才能达到其物质和精神的统一。属于精神文明建设领域的思想政治教育工作的有效性价值就体现于发挥中国特色社会主义理论、道路、制度、文化的优越性，最大限度调动农民的主观能动性，从而有利于凝聚乡村共识、提振农民精神面貌，为乡村振兴战略提供精神文明保障。

为了更好地实现中国特色社会主义乡村振兴的战略目标，思想政治教育工作要发挥好政治导向、精神慰藉和行动指南的"生命线"作用，协调好农村社会的各项基本矛盾。这要求农民思想政治教育要继承已有的优秀传统和合理内核，寻求新时期实践性和创造性突破，一方面更加关注农民的实际利益，为广大农村工作者和农民排忧解难；另一方面在促进农村政治稳定、思想团结、经济发展等方面发挥更加积极的作用，使党和国家对振兴乡村的相关要求切实落地。

新时代农民思想政治教育要运用马克思主义理论的基本原理，依据新时代中国特色社会主义思想的新要求、新思路、新内容；不仅要对农民思想政治教育面临的新形势、新特征、新内容进行分析和把握，而且要从规律性、可行性、整体性、系统性的角度入手，对农民思想政治教育的机制构建方面进行深入研究；提出具有新时期、新气象、新作为的提高农民思想政治教育有效性的可行性路径。

---

① 习近平：《决胜全面建成小康社会　夺取新时代中国特色社会主义伟大胜利——在中国共产党十九次全国代表大会上的报告》，人民出版社 2017 年版，第 41 页。

二　选题意义

新时代中国特色社会主义农村的发展，需要以环境稳定、思想解放为基础，这需要农民具备相应的政治确定、思想团结、精神振奋、思路开阔的思想政治素质来适应当前的发展形势。对农民进行正确的政治引领，解决好农民的思想问题是中国共产党制定农村政策、开展农村工作的前提，也是其对农民进行思想政治教育工作的认识能力、规律把握能力和驾驭能力的综合体现。在实现新时代中国特色社会主义乡村振兴目标的背景之下，如何把握新的时代脉搏，体现党的农民思想政治教育工作的有效性，提高农民的思想政治素质是本书的研究重点。本书以更好地服务于乡村振兴和农村全面小康为目标，发挥思想政治教育工作对农村社会有效治理、凝聚精神共识、提高农民思想觉悟的重要作用，针对当前农民思想政治领域所出现的复杂问题进行深入分析和研判，对农民思想政治教育有效性的原则思路和实践路径进行积极探索，具有重要的理论意义和实践意义。

（一）理论意义

理论是现实的概括与升华，理论研究能够透过事物表象对其内在规律进行分析把握。立足于新时代中国农村社会发展的现实机遇，本书对农民思想政治教育的若干理论问题进行分析与澄清，对当前农村社会主义精神文明建设、农民思想政治教育理论体系构建和中国特色社会主义文化自信发展具有重要的理论意义。

第一，有利于丰富和发展当代农村社会主义精神文明建设理论。

农村全面建成小康社会和乡村振兴战略目标的实现是一个系统工程，要以物质文明和精神文明的协调发展、共同进步为保障。这其中，农村的精神文明建设相较于物质文明建设而言更是一个长期而意义深远的过程，需要党和政府加大关注力度和投入力度，以长期持续、实事求是的方式来促进完成。相较于城市而言，农村的精神文明建设始终处于滞后状态。在经济条件相对落后的现实境遇中，农民更优先关心物质需要的满足，而容易降低对精神文明建设的参与度和关注度。对此，党和政府所开展的农民思想政治教育能够成为助力农村精神文明建设的推动器，为帮助农民提高思想觉悟、提升精神文明素养发挥积极作用。本书对农民思想政治教育有效性的相关问题进行系统概括和理论升华，有利于将党和国家关于社会主义精神文明建设的指导思想与农村实际要求相结合；体现了价值性和理论性的统一、系统性和个体性的统一；丰富发展了中国特色社会主义建设理论在指导农村发展、农民精神文明建设及解决农民思想问题方面的价值。

第二，有利于依据新形势推进农民思想政治教育理论创新。

本书力求对促进农民思想政治教育学科的丰富发展有所建树，能够进一步推进思想政治教育理论与农民群体、农村形势相结合。由于特殊的群体原因和历史原因，农民思想政治教育的研究具有滞后性。现有的农民思想政治教育理论仍较多地延续着革命年代政治动员、强调集体意志、灌输口号式的特色方式，没有很好体现思想政治教育应有的主客体统一的内在规定性；教育内容也没有与时俱进地体现出应有的丰富性和时代性；教育的方式上以灌输教育为主，而缺乏自我教育的成熟的体系，对农民真实的思想、内心世界，主体性、自主性创造不足。当前农民思想政治教育在教育方式、方法也显得过于死板保守，与农民的经济生活不相贴切；环境氛围的营造方式也较为落后，与改革开放蓬勃发展、科技时代的特征不相符合。因此，当前农民思想政治教育应当对时代精神、时代特征概括提取，结合时代要求创新，符合农村新发展特色的思想政治教育。特别是党的十九大以来，农民思想政治教育应当加强马克思主义和中国特色社会主义的创新成果以及农村的新形势新变化的宣传教育，形成新时代的农民思想政治教育的理论体系。本书的研究对推进新时期农民思想政治教育理论创新具有积极的意义。

本书对新时代农民思想政治教育的新形势、新特征、新内容进行分析和把握，用新时代中国特色社会主义理论来推进农民思想政治教育理论的创新。新时期农民思想政治教育就其基本要素而言，在教育主客体、教育内容、实现目标、确立原则、教育方法、教育环境方面都发生了深刻变化。1. 在教育主体方面，强调党对农村全面的领导地位，突出其作为农民思想政治教育主体所发挥的主导性作用。2. 在教育客体方面，注重回归农民思想本身，将问题聚焦于思想政治教育对农民价值需求的满足，激发农民思想的主体性和创造性。3. 在教育内容方面，将全面建成小康社会"五位一体"与"四个全面"战略布局的相关内容与农民思想政治教育内容相结合；将"坚持道路自信、理论自信、制度自信、文化自信"的有关内容与农民思想政治教育内容相结合。4. 在教育环境方面，在全面建成小康社会、实现社会主义现代化强国的背景下，党和国家"四化"建设对农民思想政治教育环境的发展有新要求。5. 在教育目标方面，将不断促进农民的全面发展、实现全体人民共同富裕的目标与农民思想政治教育目标的实现相结合。6. 在教育机制方面，按照实现乡村振兴和全面建成小康社会的要求，对新时期农民思想政治教育进行理论化和体系化的归纳、总结与提升，对传统农民思想政治教育理论进行继承和发展。

第三，有利于促进中国特色社会主义文化自信理论的创新发展。

党的十九大报告中将中国特色社会主义文化自信置于与道路自信、理论自信、制度自信相并列的位置，突出文化自信对中国特色社会主义事业发展的重要性。中国特色社会主义先进文化的发展离不开对中国本土传统文化的反思和继承。农民群体产生于封建社会，其思想观念的形成源自于几千年的传统文化，带有浓厚的传统文化的印记，因此，农民是传统文化的承载者和践行者。从文化发展的角度来讲，对农民进行思想政治教育能够有利于实现传统文化与社会主义先进文化的有机结合，更好地促进社会主义先进文化理论的发展。对农民进行思想观念问题的教育有利于尊重农村的文化传统，将马克思主义中国化理论与传统文化所积淀的优秀成分相融合。本书的研究有助于将传统社会农民教化思想与中国特色社会主义思想教育、法制教育、道德教育等相关内容进行有机融合，促进先进文化的兼容并蓄、永远传承。在对传统文化的优秀成分充分尊重的基础上，对农民的思想观念进行与时俱进的中国特色社会主义引导和改造，有助于推进中国特色社会主义文化自信理论的探索发展。

（二）实践意义

"问题是时代的强烈回音，而社会现实境遇则是问题的发祥地。"[1] 要使思想政治教育理论从抽象到具体，在实践中得到合理运用，必须结合现实问题而进行深入研究。当前，党和政府所进行的乡村振兴战略，是关乎农村改革、农业现代化发展、农民生活水平提高的一个综合性社会发展目标，是一个涉及政治、经济、文化、社会、生态五位一体全面振兴的综合性事业。在乡村振兴的时代语境中，从农村社会发展和农民自身发展的角度来讲，农民思想政治教育有效性的研究具有重要的实践意义。

第一，为实现乡村振兴战略目标凝聚共识、统一思想。

人是乡村振兴的主体，实现乡村振兴关键在于人才振兴，关键在广大农村干部、农民群众以及其他"三农"工作者能够坚持党的正确领导，深入学习领会习近平同志的"三农"思想，在实际工作中能够凝聚共识、形成合力，认真领会党和国家农村政策的精神实质，并积极配合好各项农村方针政策的有效贯彻落实。在这个意义上，开展农民思想政治教育工作有利于广大农村工作者和农民统一思想、凝智聚力、明确思路，为扎实推动乡村振兴战略开好局、起好步。开展农民思想政治教育客观上要求思想政治教育主体结合新时期农村社会的具体发展形势，发扬优良传统；坚持以人为本，突出农民的主体性，提高农民群体在政治、经济、文化、社会、生态等方面的综合素质，以满足农民群众的在生活中的实际需求为出发点和落脚点。从实践意义上讲，本书有利于促进农民思想政治教育工作相关人员认清形势、明确责任，不断提升理论水平和专业素养，将实现农民个人的现代化发展与农村社会的全面振兴进行有机的统一，为乡村振兴战略的实现发挥积极作用。

第二，为决胜农村全面建成小康社会提供精神动力。

本书从政治、经济、文化、社会、生态五方面论述了加强农民思想政治教育对农村全面建成小康社会具有重要的实践意义。

---

[1]　邓福庆：《和谐文化建设视野中的思想政治教育研究》，人民出版社 2014 年版，第 1 页。

农村稳定的前提首先是政治的稳定，只有政治稳定才能为其他各项工作的顺利开展提供保障。农村的政治稳定离不开农民对社会主义意识形态的理解和认同。一方面，本书的研究有利于维护和巩固农村社会主义意识形态，确立农民对党和政府的政治拥护，彰显党在农村的执政能力，确保各项农村政策平稳落实。另一方面，本书的研究有利于发挥意识形态在精神文化层面的中枢神经作用，将影响力从政治辐射到经济、文化、社会、生态的各个领域，从而确保国家各项事业作为一个系统性工程而平稳发展。

农村经济的健康发展离不开正确精神思想的熏陶和引导。农民只有具备了合格的思想、道德和法律素养，才能在追求物质财富的过程中规范自我的行为举止。对农民思想政治教育有效性问题的研究，能够发挥上层建筑对经济基础的反作用力，通过对农民进行思想观念引领来规范经济行为、调节农村社会生产关系、营造和谐友善的农村社会风气。因此，一方面，本书有利于激发农民参与农村经济发展的精神动力，引导其以合理的方式和积极的态度参与市场经济，有效地避免生产盲目性和观念片面性。另一方面，本书为农民提供经济发展内在的法治道德尺度，指导其正确看待经济发展中的利益和道德问题，抵制市场经济所带来的负面影响；合理把握自身在市场经济大潮中的角色定位，在追逐经济利益时规范行为。

随着农村社会现代化进程的向前推进，农民的思想有以追求生活致富为重点而淡化传统道德秩序和共同精神价值的趋势。农民思想政治教育属于社会主义精神文明建设的范畴。在新时代中国特色社会主义农村道路的发展背景下，对农民思想政治教育如何发挥有效性问题进行研究探讨，能够为农村社会主义精神文明建设和农村文化水平提升拓宽思路，满足农民群体在精神文明生活中的相关需求。

农村的各项改革有利于解除诸多发展包袱，为农村现代化发展扫清障碍，这需要农民解放思想、积极配合党和政府的各项改革政策的落实。处于社会转型期的农村，既是发展的黄金期，也是矛盾凸显期，其实质也是对小农思想和市场经济利益诱惑所带来的不良思想的祛魅过程。本书一方面能够使农民进一步解放思想、更新观念，适应社会改革的要求，使党在农村的各项社会改革政策得以贯彻执行；另一方面，使农民正确处理当前农村复杂利益关系，合法表达利益诉求，自觉维护农村改革、稳定和发展相统一的大局。

生态问题越来越成为影响农村社会整体发展的重要因素，这也是党和国家所关注的乡村振兴战略目标的一个重点问题。新时期农民思想政治教育有效性的发挥也需要加强农民的生态文明素质，为"美丽乡村"的建设做出贡献。本书注重对思想政治教育与新时期农村生态文明建设的相关性研究，侧重对农民宣传农村生态振兴的相关政策、讲解绿色环保知识的研究；使农民确立"爱家乡""爱环境"的主体性，使农民能够将生态环保意识内化于心外化于行，自觉响应和参与党和国家所提倡的生态文明建设。

第三，有利于提高农民现代化素养，适应农村现代化发展要求。

从农民自身发展的角度来讲，本书也有重要的实践意义。农民个人的发展境遇总与其所处的时代息息相关。农民个人的现代化是在社会的现代化过程中实现的，社会现代化中所出现的问题也不断关联着农民个人，深刻地影响着其思想与行为。在中国特色社会主义农村事业蓬勃发展的背景下，党的十九大报告中首次提出实现乡村振兴战略，为开启农村精神文明建设的历史新阶段，以及实现农民思想的观念转变与发展的思想政治教育工作带来新机遇、新挑战。本书的研究立足于历史新阶段农民个体的角度，为其个人现代化和个人需求满足两个方面提供了重要的实践意义。一是在总结历史经验和分析时代特征相结合的基础上，帮助农民提高明辨是非能力，排除种种非主流思想干扰，确保其沿着正确的思想轨道生产和生活；二是以培养一批高素质且充满精神活力的农民为目标，使其成为推动农村社会发展的主力军，理解和配合农村社会改革的各项工作，扫清原有保守思想的束缚和疑虑；三是通过提升农民思想政治觉悟、道德素质、科学文化素质以及法律认知水平等综合素质，使农民自身现代化的实现与农村社会发展现代化的实现统一步调，有利于促进农民自由而全面发展最终目标的实现。

三　研究综述

农民思想政治教育学科的理论和实践，源自于 20 世纪 80 年代思想政治学科的建立。伴随着农村合作化运动的结束，以及改革开放家庭联产承包责任制的政策实施，"三农"问题不断成为国家和学界关注的热点议题，农民群体的思想政治教育逐渐被学界关注起来。通过对"中国期刊全文数据库"进行检索，1987—2018 年，共发现以"农民"和"思想政治教育"为篇名的文献 150 余篇，其中关于农民思想政治教育现状和对策的研究共 50 余篇，关于农民思想政治教育的历史经验的研究共 30 余篇，从某一问题或者特定视角来看待农民思想政治教育的研究 60 余篇，马克思主义经典作家和中国共产党领导人的农民思想政治教育的研究共 10 余篇，这些都涉及农民思想政治教育有效性的内容。另外，学界现有以"农民"和"思想政治教育"为主题的博士学位论文 5 篇，分别为中国矿业大学李晓荣所著的《社会主义新农村建设中的思想政治教育研究》、西南大学何文毅所著的《新农村建设中农民思想政治教育实施策略研究》、吉林大学张学凤所著的《新时期中国共产党农民思想政治教自研究》、北京交通大学薛明珠所著的《新时期农民思想政治教育研究》、中国矿业大学甘永宗所著的《农民公共精神培育的思想政治教育路径研究》。另外，学界还有以"农民"和"思想政治教育"为主题的硕士学位论文 90 余篇。与此同时，学界关于农民思想政治教育的专题著作也取得了丰富的成果。南俊英、杨永德在《农村思想政治教育：回顾、思考、研究》一书中对农民思想政治教育的学科定位、结构体系、实现路径等有关内容进行系统论述。刘万兴、李润乾编著的《新时期农村思想政治工作概论》和刘洪礼主编的《农村思想政治工作概论》涉及农民思想政治教育的科学内涵、重要地位和实施对策等有关内容。傅泽平在《中国农村完善双层经营体制研究》中基于农村发展双层经济体制的视角，一方面，以适应农村经济新变化为目的，对农民思想政治教育的地位和主要内容进行论述；另一方面，针对时代发展所赋予农民自身特征的新变化，阐明了表达新时期农民进行集体主义教育的对策建议。张耀灿主编的《中国共产党思想政治工作史论》对改革开放与社会主义现代化建设当中思想政治教育在农村稳定、农民增收、农业增产方面发挥的积极作用和有针对性的发展对策进行了阐述。吴敏先主编的《中国共产党与中国农民》一书从中国国情、中国特色社会发展道路、农民的物质利益保障、农民政治觉悟的培养、"三农"问题的未来发展等多个角度论述了中国共产党与中国农民的密切关系，并突出了开展农民思想政治教育对提升农民的政治觉悟、确立人民民主专政、确保基层党组织地位的重要作用。许启贤主编的《中国共产党思想政治教育史》从把握历史脉络的角度，注重历史理性的分析，阐明了早期共产党人对农民思想政治教育的理论和实践工作对新时期党对农村社会主义教育的重要价值、战略意义。

进入 21 世纪以来，农民思想政治教育的研究不断结合新农村形势进行与时俱进地探索。李宝才在《用先进思想教育农民》一书中着重对全面小康背景下农民的思想、法治、道德的教育引领问题进行了探讨。黄楚芳等在《中国共产党与中国农民》中系统梳理了从诞生之日起党在政治、经济、文化等各个方面对"三农"问题理论与实践的历史发展过程，其中不乏大量的与农民思想政治教育有关的内容。李宝才在《中国农村思想政治工作研究》一书中以农民思想政治的相关概念和理论体系分析为基础，结合党的十六大精神，对新时期农民思想政治教育工作的进一步开展进行了合理展望。

党的十六大以来，随着社会主义新农村政策的落实运行，农民思想政治教育在新的改革方针下进行不断地改革创新。李聚山在《新时期思想政治工作》指出要以科学发展观引导农民的发展理念、在工作思路、工作载体、工作队伍、工作机制上进行创新，扮演好"两个文明的带头人"的角色。陈秉公在《21 世纪思想政治教育工作创新理论体系》中对思想政治教育工作体系职能、特点、目标、内容、方法以及主体建设等方面的创新提出对策和建议。高岳仑、唐明勇在《中国共产党农民思想政治工作的工作理论与实践》中总结出"五个坚持"的基本经验，即坚持马克思主义理论指导、坚持服务党的中心任务、解决农民的实际问题、提高农民的科学文化素质、加强农村党员干部教育的五条基本经验。

党的十八大以来，学者们结合农村社会的新形势对农民思想政治教育进行进一步的研究。农民思想政治教育更加注重与农村社会发展相结合，注重实事求是，遵循综合发展的总体思路。运迪在《当代中国农民的教育与自身发展》中从党和政府的教育主体角度，在对农民教育基本内容的界定和对农民教育的思想理论的借鉴的前提下，提出了确立正确农民教育观、明确党和政府在农民教育中的主体责任、建立科学的农民教育管理体系的基本思路。王永芳在《和谐社会视野下的农民思想政治教育研究》中将建设农村和谐社会的有关要求与农民思想政治教育相结合。唐萍在《新农村建设中农民思想政治教育研究》中以及何文毅在《新农村建设中农民思想政治教育实施策略研究》中通过分析新农村建设中思想政治教育实施策略构建的依据、原则及要求，提出新农村建设中农民思想政治教育的载体、方法、组织领导、队伍建设等策略。邓福庆在《和谐文化建设视野中的思想政治教育研究》从和谐文化建设的视野下，对农村和农民思想政治教育的创新意义和创新途径进行分析，提出农民思想政治教育要"立足于农业、现代化农业的产业根基"，"立足与文化的传播和科技知识的普及"、"立足于现代化信息传播手段的建设、普及和充分开发利用"的前提之下。龙海平在《和谐村镇视阈下的农村思想政治教育研究》选取了构建和谐村镇这一独特的研究视角，以探索两者的内在关联为出发点，以促进思想政治教育与农村和谐村镇建设的良性互动关系为目的，开展对新时期农村地区的思想政治教育的理论和实践探索。覃雪梅在《广西新农村建设背景下的农民思想政治教育研究》一书中结合广西的社会主义新农村建设的要求，力图探索出一套加强农民思想政治教育的思路与对策。张百顺在《农民有序政治参与研究》中以马克思主义理论为指导下，从制度化视角，考察农民有序政治参与的实践基础、空间范畴以及存在的主要困境。彭飞龙等在《新型职业农民素养标准与培育机制》中以农民继续教育为重点，提出了对新型职业农民思想道德、科学文化、职业技能等素养的要求和教育思路。肖远平在《乡村文化建设与农民社区认同研究》中剖析贵州地区乡村文化与农民社区认同关系，对增强贵州民族地区农民社区认同下的乡村文化建设进行探索。陈春燕在《农民现代意识培育研究》关注和研究了农民的公民意识、市场意识、法律意识、生态意识和文化建设意识等方面的情况。刘洋在《以农民为主体的农业现代化》中通过亲身调研对农民在农业现代化发展中的主体地位进行研究。李卫朝在《守望中国农民的精神田园》中对理性、政治、道德、审美四个维度对"农民启蒙"的内在规律进行了系统把握和研究。肖富群在《马克思主义经典作家农民合作理论及当代实践》中概括马克思主义农民合作思想与理论要素，对当代的农民合作实践展开实证结合。朱君瑞在《当代农民思想变迁与农村和谐有序发展研究——江西篇》中对江西农民经济利益意识、政治意识、宗族意识等方面的变化展开深入的分析和研究。宋媛媛在《马克思主义中国化与农民思想政治教育》对如何用中国化马克思主义理论引领农民思想政治教育工作开展的问题提供了思考和建议。白雪秋在《乡村振兴与中国特色城乡融合发展》中着重探讨了中国在进入新时代的全新背景下，在实施乡村振兴战略中实现城乡融合发展的目标体系、动力机制、可行路径和制度保障及制度创新等方面进行研究，其中涉及了很多与加强农民思想政治教育有关的思想和对策。童婵福在《走进新时代的乡村振兴道路》中对农村集体主义、共同致富、加强思想建设等方面问题进行了有益的探讨。

总体而言，随着时代的变迁，学界关于农民思想政治教育问题的研究正趋于从体系构建、历史经验、当代启示，逐渐转变到关注现实、注重实践、超越传统经验的总体思路中来；呈现出从宏观思路到具体运用，从回顾历史到聚焦当下的研究趋势中来。纵观学界对农民思想政治教育的研究，我们可以发现，学者们主要是从意义、现状、原因、对策、内容、载体等几方面来展开讨论，其中不乏很多关于有效性问题的探讨。

（一）农民思想政治教育的地位和作用

农民思想政治教育的地位和作用不是单一不变的，而是由不同时期教育主体和教育客体的相互关系而决定。目前，学者们主要从巩固党在农村的执政地位、促进农村社会发展以及促进农民自身发展三个方面来论述农民思想政治教育的地位和作用。比较有代表性的有：赵宏、牛玉峰认为，农民思想政治教育发挥着维护国家稳定繁荣、促进和谐社会建设、调动农民的积极性、丰富农民精神生活的积极作用。① 杜君、张学凤认为，加强农民思想政治教育有利于巩固党在农村的执政地位，促进农民的全面发展，培育新时期乡村精神文明建设。② 同时张红霞从农村和农民、经济发展和精神文明建设辩证统一的角度来论述农民思想政治教育的重要地位和作用。她认为，要依据时代发展的新形势，从"繁荣农村经济、推动农村精神文明建设、提高农民整体素质"三个方面来看待农民思想政治教育所具有的重要意义。③ 在城镇化不断发展的背景下，"加强对失地农民的思想政治教育是顺利实施城镇化发展战略的重要保证，是维护社会稳定的迫切需要"。另外，丁海涛还认为，帮助农民"塑造现代公民意识，培养竞争和积极向上的心态，不在社会底层沉积下来，事关中国城镇化建设的顺利进行和社会的和谐与稳定"。④ 以上都是对农民思想政治教育重要地位的与时俱进的关注。⑤ 学界对该问题的研究仍多基于外在于农民的角度，从巩固农村政治地位以及满足农村社会发展需求的角度来分析问题，而未能真正地从农民内心的真实感受出发。有学者重视农民群体的研究，也主要从指导农民理解政策、服务社会、符合时代要求的"应然"角度来展开讨论，而未能在"实然"状态中充分地澄明在将农民内心期许与国家政策要求有机结合过程中，思想政治教育是如何发挥重要作用的。作为党和政府教育引领农民思想的一项重要的工作，思想政治教育必须与时俱进、因势利导地走进农民的内心深入；与农民的正在经历的社会发展变革的大环境相结合，与农民的每天进行的实际生活进行密切的结合；有的放矢地回应和解决农民当前最为关注的领域，如此才能体现新时代农民思想政治教育的重要作用，发挥其有效价值。

---

① 赵宏、牛玉峰：《关于新时期农村思想政治教育的思考》，《河北建筑科技学院学报》（社会科学版）2006 年第 3 期。
② 杜君、张学凤：《新农村建设与农民思想政治教育》，《东北师大学报》（哲学社会科学版）2012 年第 3 期。
③ 张红霞：《新时期农民思想政治教育探析》，《社会科学家》2008 年第 5 期。
④ 丁海涛：《农民市民化："新市民"思想政治教育探析》，《学术探讨》2015 年第 4 期。
⑤ 张红霞、丁海涛：《中国城镇化进程中失地农民思想政治教育探析》，《马克思主义研究》2015 年第 5 期。

（二）农民思想政治教育的问题和成因

随着农村社会发展和农民自身思想所发生的深刻变化，关于农民思想政治教育现状和原因的研究因其现实针对性而成为学者关注的热点。客观来讲，农民思想政治教育出现的问题是多样的，这些问题产生的原因也是复杂的。当前，学界从不同的方面来展开对农民思想政治教育问题和成因的分析，主要可以从社会、农民个人以及思想政治教育理论和实践发展三个方面来进行归纳。这其中比较有代表性的有：一是从社会环境的角度，罗一华认为传统的农民思想政治教育建立在计划经济体制同质、统一的高度可控的农民阶层结构之上。改革开放以来，新的农民阶层结构出现了职业多样化、结构层次多样化、观念复杂化、人口流动性强的新特点，导致了思想政治教育工作的难度加大。[①] 二是从农民自身的角度，王芳认为当前农民思想政治教育出现的问题是："农民政治意识淡漠、道德行为失范、文化素质仍不高等。"[②] 三是从思想政治教育自身发展的角度，高旭认为农村思想政治工作队伍建设和水平的滞后，这源自时代新特征对农民思想观念和价值取向产生了深刻的影响，以及思想政治教育自身存在教育内容和教育方法陈旧等原因。[③] 于江、钟玉海认为，当前农民对价值认同、政治认同、文化认同等方面出现危机源自思想政治教育对该群体在思想观念、心理状态、社会行为方面的教育引导具有不足之处。[④] 姜廷志则认为：思想上不够重视、知难而退、工作责任断层、文化建设滞后、农民素质偏低等原因阻碍了农民思想政治教育的发展。[⑤] 当前，学者们对改革开放以来农村社会变迁和农民在不断现代化发展过程中所出现的问题及原因进行了相对全面系统地考察分析，为以后进一步研究提供具有现实性和规律性的学术借鉴。然而，在党的十八大以来农村全面建成小康社会以及实现乡村振兴战略的背景下，学界在

---

① 罗一华：《农民思想政治教育有效性的社会学诠释》，《沧桑》2007 年第 4 期。
② 王芳：《农村思想政治工作面临的问题与对策》，《理论探索》2006 年第 1 期。
③ 高旭：《和谐社会视野下农村思想政治工作新论》，《求实》2010 年第 9 期。
④ 于江、钟玉海：《论"认同"与农民思想政治教育》，《求实》2010 年第 12 期。
⑤ 姜廷志：《论新时期农村思想政治工作面临的困难与挑战》，《安徽农业科学》2007 年第 36 期。

对思想政治教育与当前农村热点问题进行有机结合的时效性、针对性等方面的研究还存在不足；对农民思想政治教育存在的老问题的新嬗变，以及其所出现的新问题的关注度还不够。

（三）农民思想政治教育的内容

农民思想政治教育的内容是思想政治教育对农民进行的教育的主要内容，要遵循思想政治教育所设立的基本原则和基本规定，并根据不同时代的特征而进行与时俱进的更新发展。董晓平、王福祥基于思想政治教育的基本内容和农民群体自身特点，将农民思想政治教育的内容归结为：四项基本原则教育、形势和政策教育、勤劳致富教育、社会主义道德风尚教育、社会主义民主与法制教育、科学教育、计划生育和保护妇女儿童教育、民族团结教育、爱国主义和国家主义教育等。① 孟志中在《中国"三农"问题的过去、现在与未来关于邓小平"三农"思想的复杂性研究》中注重在改革开放背景下对农民主体性思想的解放和农民封建落后思想的改造，主张以现代科学观念来教育农民，将农民思想政治教育的内容归纳为："教育农民解放思想、改造农民小生产意识、摒弃封建主义残余思想。"南俊英在《农村思想政治教育回顾、思考、研究》中将农民思想政治教育内容系统概括为四项基本原则、爱国主义和"三兼顾"、理想教育与道德教育、党的基本路线和方针政策、民主与法制、唯物主义教育、科学技术教育等内容。龙海平在《和谐村镇视阈下的农村思想政治教育研究》将农民思想政治教育的内容分成"基础性内容"和"主导型内容"，除了从党和国家意识形态的角度开展的宣传教育，着重强调了包括传统美德、公民道德、爱国主义、艰苦奋斗等在内的基础性内容。刘建军在《中国共产党思想政治教育的理论》中从党的农民思想政治教育主体的角度出发，通过对历史上我党所开展农民思想政治教育工作的优秀传统和基本经验的归纳总结的基础上，认为农民思想政治教育内容应该"首先是党的基本方针政策，其次是农民掌握具体的农村政策，掌握必要的税收政策法律国情乡情政策，从根本上提升农民市场经

---

① 董晓平、王福祥主编：《新时期农村思想政治工作讲话》，辽宁大学出版社1986年版，第12页。

济意识和科学文化素质，唯物论、无神论、反封建迷信教育"。简臻锐认为，要在农民思想政治教育的内容中突出党的十八大以来所倡导的社会主义核心价值观与农村当地的乡规民约进行有机结合，相互补充，从而更加有利于对农民进行价值观教育和文明乡风的引领。① 这体现了学者们根据党的十八大以来国家政策和农村实际的新发展而对农民思想政治教育内容的与时俱进地探讨和研究。张霞等结合党的十八大以来党中央提出的五大发展理念，认为应以共享理念为引领，注重对农村文化进行精准扶贫，这实际上也是对新时代农民思想政治教育重要内容的丰富和发展。② 纵观学界已有的研究，学者们对农民思想政治教育内容体系的基本规定性进行了基本归纳，在保证意识形态的正确性以及保证其政治立场正确的前提下，不断以适应时代发展需求和为农民实际生活生产服务为目标而进行外延性拓展，但存在对党的十八大以来党和国家的农民思想政治教育的内容进行系统梳理和深化研究的不足之处。

（四）加强农民思想政治教育的路径和对策

研究问题的实质是要解决问题。学界的研究最终要落实到具体策略途径，即"如何提高有效性的问题"中来。关于农民思想政治教育研究的最终落脚点，学者们不约而同地指向解决问题的对策，分别从工作观念、工作内容、工作方法、工作载体、工作机制、工作队伍六个方面入手，将之作为一个系统工程来对待。罗一华认为，要从基层党组织、思想政治教育工作队伍中拓宽教育载体，为农民解决实际问题寻求对策思路。③ 蒋勇、彭玲玲认为，要从包括基层民主自治、基层党组织的管理载体、赋予传统以新时代意义的文化载体、农村传统节日活动的活动载体；通过网络等新兴媒体和电视、报纸、广播等大众媒体载体等方面来入

---

① 简臻锐：《在农村培育和践行社会主义核心价值观的思考》，《思想教育研究》2016 年第11 期。

② 张霞、赵美玲、滕翠华：《共享发展理念下的农村文化精准扶贫路径探析》，《图书馆》2018 年第4 期。

③ 罗一华：《当代中国马克思主义大众化与农民思想政治教育》，《毛泽东思想研究》2009年第7 期。

手。① 何文毅认为，要坚持"以人为本、贴近农民、贴近实际、贴近生活、服务农村经济发展的原则"，从"载体运用、方法运用、组织领导、队伍建设"四个方面构建当代农民思想政治教育体系。② 扶庆松认为，应该充分发挥农民的主体作用，充分发挥党员的模范带头作用，加强基层党组织的领导，积极探索教育的新途径新形式。③ 陈秀鸿提出了要坚持"四个育人"相结合的优化思路，即以"三贴近"为基本要求的服务育人；以加强思想政治工作者自身建设和基层党团队伍建设为重点的队伍育人；以加强领导机制、长效机制、奖惩机制、预警机制为重点的制度育人；从"单一性、传统性向多样性、现代性转化的螺旋式上升的发展趋势"的载体育人。④ 王学俭、宫长瑞认为要健全与农村其他工作相结合的工作机制，即帮助农民明确教育目标、激发农民积极性、增强农民和思想政治工作沟通和理解的激励机制；在明确教育职责上吸引优秀人才，增加财政资金投入的保障机制。⑤ 龙海平等学者通过对壮族农民进行思想政治教育的考察，认为加强农民思想政治教育要"把握基本特点和特殊规律，遵循话语转换原则，找准结合点和切入点，实现队伍的结合，促进载体形式多样化"。⑥ 由此可见，关于农民思想政治教育路径对策的研究，学界已经有大量的研究积累；然而，依据党的十八大以来农村发展新形势、新技术与农民思想政治教育相结合而进行的研究仍然较少，这也是今后学界应该重点关注的地方。另外，王可园认为，要从与农民思想政治教育有密切相关的政治制度中寻找路径，即应当坚持农民的制度创新主体地位、促进农村民主协商治理的发展；加强农村组织创新等方面提高农民的政治觉悟。⑦ 张维端认为，在城镇化的大背景下，要想加强

---

① 蒋勇、彭玲玲：《加强农村思想政治教育载体建设》，《湖北社会科学》2010 年第 8 期。

② 何文毅：《关于农民思想政治教育实施策略的当代构建》，《学校党建与思想教育》2011 年第 6 期。

③ 扶庆松：《当代农村思想政治教育的现状与模式构建》，《社科纵横》2009 年第 8 期。

④ 陈秀鸿：《文化建设视野中的农村思想政治教育》，《福建行政学院学报》2010 年第 6 期。

⑤ 王学俭、宫长瑞：《新形势下农村思想政治教育对策探析》，《思想政治教育研究》2009 年第 6 期。

⑥ 龙海平等：《歌圩文化：壮族农村思想政治教育新载体》，《思想政治教育研究》2015 年第 2 期。

⑦ 王可园：《中国农村村民自治制度演进的逻辑和完善路径》，《学术教育》2018 年第 1 期。

农民思想的社会主义属性，必须走公有制为主体的共同富裕道路和以人为本的社会主义城镇化制度和道路，保障农民思想政治教育工作提供意识形态的底色。① 纵观学界已有的研究，学者们从多个角度对加强农民思想政治教育的对策提出了自己的见解，对今后农民思想政治教育的开展具有借鉴意义，但不足之处是针对近年来农村城镇化、空心化等新形势下农民思想政治教育所出现的问题未提出深入有效的解决对策。

（五）农民思想政治教育的成果和经验

中国共产党从建立之日起，就担负着巩固和发展工农联盟的领导职责。为了体现无产阶级及其政党引领农民思想的先进性，党围绕着农民群体所开展的思想政治教育工作经历了从新民主主义革命、社会主义建设到现如今社会改革三个历史阶段近一百年的艰辛探索，积累了很多经得起时间检验的优秀经验；正是凭借党对这些优秀的思想政治教育工作经验的继承和发展，农民的思想和行为才能够不断符合社会发展以及国家民族振兴的客观形势需要。学者或以特定历史节点，或以纵时态历史回顾为角度，对党的农民思想政治教育的宝贵经验进行了挖掘和总结。张学凤将新民主主义革命时期农民思想政治教育的历史经验总结为"以发展着的马克思主义为指导"，"坚持物质利益的教育原则"，"重视党的思想政治教育，深入贯彻党的群众路线"。② 杜君总结道，社会主义革命和建设时期的农民思想政治教育达成了"目的和手段的统一"，即"实现了对几千年来的小农社会的根本性改造"和"从新民主主义社会向社会主义社会的转变"，这其中值得借鉴的经验是"党必须以农民谋利益作为党的农村政策的出发点，农民党员自觉维护党的整体形象"。③ 运迪将中华人民共和国成立以来党的农民思想政治教育工作的经验归结为："准确把握角色定位；依据环境变化，适时调整农民思想政治教育目标、内容及方式；实际情况相结合，增强实效性和层次性；促使法制化、制度化

---

① 张维端：《中国特色新型城镇化进程中的社会主义属性》，《学术界》2018 年第 3 期。

② 张学凤：《新民主主义革命时期农民思想政治教育的历史考察》，《中共党史研究》2011 年第 12 期。

③ 杜君：《社会主义革命和建设时期党的农民思想政治教育的历史考察》，《理论学刊》2012 年第 2 期。

方向发展。"① 崔晓麟和牛艳红认为中国共产党"加强对农民的文化知识教育、法制教育、思想政治教育、路线方针政策和时事教育以及技术技能教育等方面，在实践中逐步形成了一套较为全面和系统的农民教育思想"。② 李文静、谢佳奇认为中华人民共和国成立初期中国共产党"巩固中国共产党执政资源的需要即党的中心任务转变的需要、扩大党的群众基础的需要、夯实党在农村组织基础的需要是分不开的"。③ 姜晓丽则从"马克思主义理论指导、服务党和国家的中心工作、解决农民实际问题、提高农民文化素质、加强农村党员干部教育"五个方面来归纳党的农民思想政治教育的基本经验。④ 王东维、路建华则总结为："与党的中心工作相结合；与农民看得见的物质利益相结合；教育内容的科学性和教育对象的层次性相结合；说理教育与形象教育相结合；以理服人与以情感人相结合；先进性与广泛性相结合。"⑤ 高宝红等学者将延安时期党的农民思想政治教育工作的基本经验归纳为"坚持满足物质利益，勇于开拓创新教育内容和实践工作方式"，并且要坚持"以身作则、言传身教"的党的工作的优良传统。⑥

通过对学界关于农民思想政治教育已有研究所进行的系统梳理，我们可以发现，新时期农民思想政治教育的研究正在不断成为一个热点问题。在农村全面建成小康社会和实现乡村振兴战略目标的新的历史背景下，农民思想政治教育正在由理论抽象性、传统经验性向解决现实问题的实践性不断发展。上述研究从不同角度丰富了我们对农民思想政治教育问题的认识多样性，为其进一步研究提供了必要的学术基础。

本书在对党的十八大以来中国农民思想政治教育所取得的新成就、

① 运迪：《建国以来中共农民思想政治教育工作基本经验》，《中国特色社会主义研究》2011 年第 4 期。

② 崔晓麟、牛艳红：《新中国成立初期中国共产党的农民教育思想》，《广西民族大学学报》（哲学社会科学版）2011 年第 11 期。

③ 李文静、谢佳奇：《建国初期中国共产党对农民进行思想政治教育的动因探析》，《河北农业大学学报》（农林教育版）2009 年第 3 期。

④ 姜晓丽：《论中国共产党农民思想政治教育的基本经验》，《党史博采》2010 年第 1 期。

⑤ 王东维、路建华：《中国共产党农民思想政治教育工作的历史经验与启示》，《毛泽东邓小平理论研究》2010 年第 7 期。

⑥ 高宝红、张振：《延安时期中国共产党对农民思想政治教育工作的探索及现实价值》，《学术探讨》2014 年第 6 期。

新问题及原因进行分析和归纳的基础上，尝试创建新时代农民思想政治教育的内容体系，提出提高农民思想政治教育的有效性的对策，以期对新时期农民思想政治教育理论和实践发展提供有益的学术贡献，从而不断促进新时期农民思想政治教育针对性和层次性、时效性和实效性的统一。

四　研究方法、基本思路

（一）研究方法

1. 文献研究法。农民思想政治教育的相关研究资料大多散见于马克思主义经典作家的著作、党中央的重要文献、党的领导人的著作以及学术界的相关著作论文中，并没有一个集中系统的论述。为了增强对新时代中国农民思想政治教育研究的学理性和科学性，一方面，本书对已有的关于农民思想政治教育的文献资料展开搜集、研读和综合性分析，借鉴其学术观点和有效论据；另一方面，本书对农民思想政治教育相关资料加以梳理与整合，力求客观公正地还原、概括和提炼出马克思主义经典作家、中国共产党人以及学术界关于农民思想政治教育研究的已有成果，为提升新时代中国农民思想政治教育有效性的研究提供基础。

2. 数据调查法。农民思想政治教育研究是具有极强的现实性和实践性的课题。党的十八大以来，中国农村社会形势发生了深刻的变化，对中国农民的思想、政治、法治、道德等观念产生了复杂的影响，农民思想政治教育工作也呈现出新情况、新特征。正如毛泽东所认为，没有调查就没有发言权。不对农村进行实证调查，就不能对当前农民思想的真实状况进行了解，也无法对当前农民思想政治教育工作成效和不足之处进行客观判断。为此，本书对多地农村进行实地调查，同时参考和借鉴相关学者大量的第一手实证调查数据，对党的十八大以来中国各地农村开展农民思想政治教育的创新实践和成功经验进行关注和借鉴，力求对党的十八大以来中国农民思想政治教育工作所面临的新环境、新成就、新特征等方面获得全面的把握，在此基础上进行提升新时代中国农民思想政治教育有效性的研究。

3. 系统分析法。从系统结构的角度来看，农民思想政治教育是由若干基本要素构成的具有整体性和过程性的复杂系统。农民思想政治教育系统各要素不是单独孤立的，而是由其系统运行而产生的。本书研究的主题是党的十八大以来以习近平同志为核心的党中央所开展的新时代中国农民思想政治教育，就研究的跨度与深度来看，有必要借鉴系统分析法，从局部性和整体性辩证统一的视角出发。农民思想政治教育是由其内部各要素组成的整体系统。对农民思想政治教育的整体系统进行全面分析的过程，就是对农民思想政治教育的各个内部要素进行分析的过程。本书将农民思想政治教育置于整体系统视域中加以研究，并注重对新时代中国农民思想政治教育的主体、客体、内容、目标、方式、环境等基本要素进行考察，针对所出现的问题进行原因分析，并提出解决问题、提升有效性的思路。

（二）研究思路

本书沿着提出问题—分析问题—解决问题的逻辑思路，对党的十八大以来新时代中国农民思想政治教育进行研究。首先，在厘清新时代中国农民思想政治教育的相关概念、指导思想的基础上，对新时代中国农民思想政治教育所面临的新形势进行审视。其次，对新时代中国农民思想政治教育所取得的成就和存在的问题进行分析和把握。最后，尝试对新时代农民思想政治教育内容体系进行建构，并提出提高农民思想政治教育有效性的对策。

五　创新点

1. 本书结合党的十八大以来农村全面建成小康社会和乡村振兴战略的新形势，对农民思想政治教育所取得的成就和问题进行总结，并尝试构建符合新时代特征的农民思想政治教育内容体系。

2. 以全面建成小康社会政治、经济、文化、社会、生态"五位一体"的视角来分析和解决农民思想政治教育的相关问题。

3. 顺应农村社会发展的时代趋势，提出发挥引导农村非政府组织在思想政治教育的重要作用。对农村精英的现代价值进行重新审视，提出引导农村精英在思想政治教育中发挥积极作用。针对农民思想政治教育最终落实到农民个体难的"最后一公里"现实困境，提出加强由基层党建单元和村民小组所构筑的思想政治教育单元建设的观点。

4. 通过对新时代中国农民思想政治教育的教育主体、客体、方式、环境进行有效性分析，从组织有效、方式创新、环境保障、机制构建几个方面提出加强农民思想政治教育有效性的思路和对策。

第 一 章

新时代中国农民思想政治教育的
基本概念与理论资源

农民思想政治教育是中国共产党特有的关于解决农民思想问题的理论和实践活动。对党的十八大以来新时代背景下中国农民思想政治教育进行研究，要对相关理论资源进行梳理，以作为研究的基本依据。一方面，要结合党的十八大以来中国农村社会发展的新形势，对"新时代""农民""农民思想政治教育""农民思想政治教育有效性"等概念进行梳理和界定。另一方面，要对马克思主义经典作家、历代中国共产党领导人以及新时代中国特色社会主义关于农民思想政治教育的思想理论进行梳理，以作为本书的理论支撑。

第一节　新时代中国农民思想政治教育的相关概念界定

概念是人们对事物本质特征的抽象和概括，是感性认识到理性认识的升华。正如列宁所认为："概念的关系，（＝过渡＝矛盾）＝逻辑的主要内容，并且这些概念（及其关系、过渡、矛盾）是作为客观世界的反映而被表现出来的。"① 研究始于概念，对农民思想政治教育的研究离不开对相关概念进行分析和把握。概念的形成受人类所居时代的政治、经济、文化、社会等多因素的影响，对农民思想政治教育基本概念的界定，也要结合时代发展来进行。

① 《列宁全集》第55卷，人民出版社2017年版，第166页。

一　新时代

伟大的思想孕育于伟大的时代。本书所指的农民思想政治教育所处的新时代，是指党的十八大以来以习近平同志为核心的党中央针对中国"三农"事业所出现的新局面、新特征、新气象而开启的解决中国"三农"问题的历史新阶段，它包含党的十八大以来中国"三农"事业五年的发展阶段，也包含党的十九大以来所开启的实施中国特色社会主义乡村振兴的历史新阶段。

"三农"问题是中国现代化发展进程中的突出问题，也是习近平治国理政思想的一个重要内容。党的十八大以来，以习近平同志为核心的党中央，站在新的历史起点上，形成了一系列治国理政的新理念、新思想和新战略，它深化了马克思主义基本原理在中国发展实践中的运用，为实现中国特色社会主义新发展和中国民族伟大复兴中国梦提供了理论依据和行动指南。习近平同志结合对"三农"问题的长期思考和工作实践，坚持以农民增收富裕为核心和以发展中国特色的农业现代化为目标，提出包括推动农业供给侧改革、统筹城乡一体化、加强农村基础设施建设、建立新型农业经营体系、培养新型职业农民、进行精准扶贫等在内的一系列关于解决"三农"问题的新思路、新观点和新要求。这成为新时期中国破解"三农"问题、促进"三农"事业发展的理论指导和行动指南，也为农民思想政治教育工作在目标、内容、方法等方面与时俱进地发展提出新要求。

党的十九大以来，中国"三农"事业发展进入了新时代中国特色社会主义乡村振兴的重要历史阶段。乡村振兴是新时代中国特色社会主义"三农"事业蓬勃发展的总抓手，从补齐农村、农业发展短板的角度为农村全面建成小康社会、使中国不断迈向社会主义现代化提供关键性保障。与此同时，按照以人为本的原则，实施乡村振兴能够为农民提供好的生活保障和生活环境，意在使农民成为有吸引力的职业，让农村成为安居乐业的美丽家园。

新时代为农民思想政治教育孕育新的发展机遇，同时也使农民思想政治教育面临诸多的挑战。作为我党特有的解决农民思想问题的理论和实践活动，党的十八大以来，农民思想政治教育依据农村社会发展形势，根据党和政府贯彻农村政策的指示，用正确的思想观念、政治观点、道德规范指引农民；以实现马克思主义中国化先进思想对农民思想的教育引领为原则，不断使农民在头脑中消除封建思想及其他各种错误落后思想，不断使农民成为符合社会主义现代化要求的新时代农民。

二　农民

农民，顾名思义，即从事农业生产的人群。"农民"一词具有悠久的历史渊源，其诞生于封建时代，随着时代的发展而不断发生着嬗变。"农民"是一个具有多面向的概念，从不同的角度来分析，会对之产生不同的理解。

从价值性上考察农民概念。研究农民概念的内涵，也是一个价值判断的问题。特定价值观将约束农民问题的研究和解决。一方面，传统农民在思想文化上受几千年儒家思想的束缚，在政治上长期处于边缘地带，缺少代表自己主体性的政治权力，具有极强宗族观念和政治依附性。另一方面，长期处于封闭保守的地缘环境和单一的农业耕作方式的束缚，农民具有根深蒂固的封建小农意识。自中国共产党建党以来，其始终坚持马克思主义及其中国化的理论指导，不断正确且合理地帮助农民克服小农意识，逐步实现自身的现代化转变。随着新中国的成立，农民第一次获得了政治意义上的解放，实现了自身当家作主的愿望。在社会主义建设中，农民成为国家的主人和现代化建设的一支主力军。改革开放以来，在一系列农村政策的引领下，中国农村的政治、经济制度发生了深刻的变化。基层民主自治的政策的制定，大大地推进了中国民主政治建设的进程。通过村民集体选举出带领集体致富、维持乡村秩序的领头人，中国农民率先感受到社会主义民主政治的优越性，也越来越能够获得其在中国特色社会主义制度下的价值实现感。因此，从价值性来看，本书是以马克思主义基本原理和中国特色社会主义理论体系为指导，以历史唯物主义和辩证唯物主义的世界观和方法论来看待的农民问题，研究的是政治和思想文化领域的农民问题，而不是农民的所有问题。

从时间性方面考察农民概念。农民是一个具有丰富性和现实性的概念，抽象的农民概念是不可能存在的，即脱离了生产力要素结构的抽象农民是不存在的。作为社会历史发展中最具有活跃性的变量，社会生产力在不同的历史发展时期体现出不同的要素结构，亦决定着农民的不同存在形态。因此，分析农民的概念，应考虑对其进行时间性的区分。从历史的角度来考察，我们可以发现农民的存在形式受生产力发展水平的制约。传统的农民可以说是终身制，是职业和身份的代名词。他们终身生活在农村场域，从事农业生产，一切的生活来源都来自于土地，遵循农耕季节的生产规律，看天吃饭，没有其他的就业选择。与之相比，现代农民已经摆脱终身制的限定。随着改革开放和市场经济政策对农村社会的影响不断深入以及国家对城乡二元差别的政策的放开，城乡之间人才流动性的增强、农民自由择业和以服务行业为主的第三产业的蓬勃发展，越来越多的农民，尤其是青年农民放弃传统的农业生产生活选择到城市打拼，传统农民身份已经随着时代的发展越来越被消解。因此，从时间性来看，本书所研究的是全面建成小康社会要塑造和培育的现代新型农民。

从空间性上考察农民概念。社会生产和生活中的生产力要素结构在地理空间中随着资源环境等条件的不同而不同，因此，农民概念也具有空间性的特征。不同民族和不同区域的农民是在生存方式和生活的风俗习惯上有很大的不同，不能一概而论。就当前国内形势来看，处于东部较发达地区的农民和处于中西部欠发达或者不发达地区的农民在生产方式和生活方式上存在很大的差异。因此，为了便于研究范围的划定，从空间性来看本书所研究的农民是限定生活在中国广大农村地区的整体意义的农民，非进城务工人员，也非城镇化进程中的失地农民。从不同学科领域来考察农民概念。在考察农民概念时应充分考虑不同学科领域对农民的界定情况。农民特征在不同学科领域有不同的表现，应当以不同的视角审视之，以不同方法来解决之。政治学视域中的农民是一个户籍概念。中华人民共和国成立之初，由于冷战对峙局面和国内发展工业现代化的迫切需求，中国制定了城市户籍和农村户籍分开的政策，为了以农业支撑工业发展，以牺牲农村的发展而带动城市的发展。在这种历史背景下，农民特指具有农村户籍的居民，与具有城市户籍的居民区分开来。经济学视域中的农民特指产业农民，即从事农业生产以及相关活动的群体。与从事科技生产和工业生产不同，经济学视域中的农民是从事耕种农作物和畜牧业生产流通的行业群体。社会学视域中的农民是一种职业，代表着以农业生产为职业来维持生计的群体。历史学视域中的农民是一个不断发展演进的群体。在封建社会里，农民是被地主阶级剥削和压迫的对象，没有人身自由和政治权利可言。在资本主义发展时期，农民沦为资产阶级排挤和剥削的对象。在新民主主义革命时期，农民阶级在中国共产党的领导下与无产阶级形成巩固的同盟军，成为一起推翻三座大山剥削统治的主力军，为取得革命的胜利做出了巨大的贡献。在社会主义建设时期，农民群体积极地参与到以工农联盟为核心的新中国的建设事业当中。随着改革开放政策的推进与深化，农村社会在政治、经济、文化多领域发生了体制性变革，农民群体得以不断实现现代化的自我发展。文化思想是学科交叉的研究领域，可以借助不同学科的研究特点进行研究。文化思想视域中的农民，是从封建传统文化向社会主义现代文化不断过渡的思想载体。必须客观地指出，农民群体具有深厚的历史渊源，深受几千年封建传统文化思想的束缚，带有以小农意识为代表的封建落后文化的印记，与社会主义现代文化之间仍然存在一定的差距。虽然在社会主义现代化步伐的迈进中，农民的思想观念取得了巨大的提升，但由于文化思想的复杂性，仍需要经历漫长而曲折的转型期。为了与思想政治教育的研究主题一致，本书主要是从文化思想领域中来看待农民问题。

从农民思想政治教育的语境中考察农民。农民是思想政治教育的教育对象。这里的"农民"不仅指一般意义上的农民，还包括由普通农民身份选举而成为的村干部和村委会成员，即"农村的党员、干部和普通群众"。[①] 从思想政治教育的主客体统一的角度来看，教育者不是"单纯地传授政治文化知识与价值观念"，而主要应是"影响、改变受教育者的思想"；教育对象也不只是单纯的接受知识和思想的灌输，而是"一个反思、内化到固化的过程"。[②] 因此，无论是普通农民还是村干部，都是农民思想政治教育的教育对象，这是由思想政治教育的职责使命与农民自

[①]　南俊英、杨永德、张运景：《农村思想政治教育——回顾·思考·研究》，北京经济学院出版社 1991 年版，第 52 页。

[②]　李合亮：《解构与诠释：思想政治教育的基本问题研究》，人民出版社 2015 年版，第 284 页。

身的特点决定的。农民的经济和生活独立性较强，且以个体性和小群体性生产为主，这决定着当代农民群体内部所出现的阶层分化、农民思想政治素质现状、接受思想政治教育的意愿和条件等因素都影响着农民思想政治教育的有效性。[①] 村委干部既是村民通过村民自治民主选举产生，同时也是该制度和运行机制的主导者、组织者、参与者和推动者。村支书和村委会主任在本质上也是由农民产生，他们比普通农民更具有进步性，他们能够"有效激活村民的参与活力，挖掘村庄内部资源，实现村民的有效自我组织与管理，是实现村民自治价值的关键所在"。[②] 从某种意义上来说，出身于普通农民的村干部更需要教育，因为要有模范带头的作用和监管其他农民的责任。

相较于计划经济时代单一化的生产方式、平均化的收入水平，如今农民的生产经营方式、经济收入出现较明显的阶层分化现象。得益于改革开放以来的市场化改革和制度变迁，农民获得了更多的进城就业机遇，也获得了向国民经济二、三产业领域流动的更多的选择，其社会身份、职业领域等方面日益呈现多元化趋势。随着农村社会的不断发展改革，土地流转政策，城中村、城郊村改造，乡镇企业发展、农民群体的阶层分化日益明显。农民群体内部也出现了普通农民、农民干部、农村精英、社区农民、失地农民、半农半工、种粮大户、新农合新型农民、集体生产、土地流转、在外经商打工，返乡农民工等多种类型。党的十九大报告中所倡导的培养农民成为"新型经营主体"，也是培育新型农民的目标。随着新形势的发展，相对于之前所提出的培养"新型农民"的要求，党和政府近年来又提出了培养"职业农民"的新要求。有学者认为，"新型职业农民"是"职业农民"和"新型农民"的升级版。[③] 在新时代中国特色社会主义农村蓬勃发展的今天，在实现乡村的全面振兴目标、坚持以人为本原则的内在要求之下，我们对农民的理解要符合新时代的特点。

---

① 郑永廷主编：《思想政治教育学原理》，高等教育出版社 2016 年版，第 15 页。

② 刘思：《权力与权威：中国农村村民自治基本单元的组织基础》，《东南学术》2017 年第 6 期。

③ 郑雄飞：《职业化与成员权：新型职业农民的社会利益关系及其协调路径优化》，《山东社会科学》2018 年第 5 期。

　　本书所界定的农民是指乡村振兴和农村全面建成小康社会的背景下，生活在中国广大农村地区从事传统农业相关产业生产，接受新时代中国特色社会主义理论体系的理论指导，不断接受社会主义先进文化，摆脱封建传统消极思想文化，不断从传统向现代转变的中国特色社会主义实现乡村振兴战略的建设主体。徐勇认为："在现代社会科学的视域里，农民具有传统和现代的两极化属性：农民是传统社会的主要成员，也是任何跨入现代国家必须面对的社会群体。"① 当前，中国农民正在经历着从传统走向现代的过程，其存在方式和思想状况都在一步一步地发生改变，对农民的理解需要观念的革新。在研究农民思想政治教育问题时，要充分考虑到在农村全面建成小康社会和乡村振兴战略背景下农民群体所蕴含的时代意蕴，从多个维度来审视农民。

三　农民思想政治教育

　　做好农民的思想政治教育工作是推动农村社会事业又好又快发展的基本要求和重要保证。有学者认为："无论是革命还是建设时期，中国共产党对于农民问题是通过政策和策略来解决的，是通过大量的思想政治教育工作来落实的。"② 对农民思想政治教育进行研究，必须界定"何为农民思想政治教育"的元问题。农民群体具有传统封建社会悠久的历史熏陶，具有传统和现代双重特质，面临着传统思维方式向现代公民的巨大转变，是一个在不断发展和嬗变的群体。对农民群体开展的思想政治教育，一方面，要符合思想政治教育的一般原则和要求，另一方面也是其实现具体化、应用化的题中应有之意。思想政治教育具有丰富的历史内涵。历史上，党在革命、建设和改革各历史时期对思想政治教育经过了"政治工作"、"思想工作"、"思想政治工作"、"思想政治教育和政治思想工作"等意义相近、相互联系的命名。思想政治教育学科建立以来，经过三十多年的学科发展，思想政治教育不断将马克思主义理论与中国

---

① 徐勇：《农民改变中国：基层社会与创造性政治——对农民政治行为经典模式的超越》，《学术月刊》2009 年第 5 期。

② 杨素稳、李德芳主编：《中国共产党农村思想政治教育史》，中国社会科学出版社 2007 年版，第 4 页。

国情相结合，其科学内涵也不断地得到深化和完善。

目前，学界对思想政治教育内涵具有几种代表性的观点：第一种观点突出了思想政治教育的政治性，认为思想政治教育是以实现人的政治社会化作为目标的教育。比如张耀灿等学者认为："思想政治教育是指社会或社会群体用一定的思想观念、政治观点、道德规范对其成员施加有目的、有计划、有组织的影响，使他们形成符合一定社会、一定阶级所需要的思想品德的社会实践活动。"[1] 苏振芳认为："一定的阶级或政治集团，为实现一定的政治目标，有目的地对人们施加意识形态的影响，以期转变人们的思想，进行指导人们行动的社会行为。"[2] 总之，以张耀灿、苏振芳为代表的学者认为思想政治教育最主要的特点就是其政治性。他们认为从政治的角度看问题，突出其意识形态性，是思想政治教育与其他教育的最大的区别。第二种观点突出了思想政治教育的思想性，认为思想政治教育就是思想教育，包括一切思想内容的教育，如政治思想、哲学思想、道德思想、法制思想、审美思想等，这种认识在内容上比第一种要宽泛。比如学者邱伟光认为："思想政治教育是培养、塑造一定社会新人思想道德素质的教育实践活动，受社会经济政治文化的制约和影响，包括思想教育、政治教育、道德教育。"[3] 总之，第二种观点认为新时期思想政治教育随着时代发展，其内涵不仅局限于政治教育，是多学科交叉的理论和实践活动，涉及心理学、政治学、传播学等多学科的知识背景。第三种观点认为思想政治教育主要包括思想教育和政治教育两大方面。思想教育包括了人生观、价值观教育、思维方式教育以及自然科学和社会科学知识教育。政治教育则主要指的是政治思想、政治观念和理想教育等。比较有代表性的有陈秉公认为："一定阶级或政治集团，为了实现其政治目标和任务而进行的，以政治思想教育为核心和重点的思想、道德和心理综合教育实践。"[4]

随着时代发展，思想政治教育正在往多元化、多样化的趋势发展。

---

① 张耀灿、郑永廷等：《现代思想政治教育学》，人民出版社2001年版，第6页。
② 苏振芳：《思想政治教育学》，社会科学文献出版社2006年版，第19页。
③ 邱伟光：《思想政治教育学概论》，天津人民出版社1998年版，第11页。
④ 陈秉公：《思想政治教育学原理》，高等教育出版社2006年版，第7页。

当代思想政治教育基于中国基本国情设定，是党和国家对中国全体公民进行的有特定属性、目标、内容上符合特殊规定性的教育。思想政治教育工作以马克思主义理论方法论为指导而开展工作，其内容和形式都是"具体的"、"历史的"，不照搬任何教条的公式，也不预期成为包治百病的思想"良方"。因此，思想政治教育的有效开展落实，必须要针对不同人群的群体特点，不能一概而论。

农民思想政治教育是党和国家关于思想政治教育工作的总方针、总要求，是对农村实际情况、农民群体特殊性的具体落实。新时期农民思想政治教育是农村各项工作的"基础性"工作，其承担着向农民讲清中央新农村的决策部署，帮助广大农民正确认识形势、准确理解党和国家的大政方针的问题。[①] 党的十九大报告针对农民思想政治教育工作目标和内容提出了有关要求，即"加强农村基层基础工作，健全自治、法治、德治相结合的乡村治理体系"。[②] 与此同时，在新的历史时期保障农村经济发展、引领农民精神世界、提升农民政治素养、促进乡村社会和谐等也成为农民思想政治教育工作职责的主要体现。中国是传统的农业大国，农民历来是占中国人口总数的最大的一个群体。农民由于自身具有保守的局限性，不能自己指引自己寻求解放，在争取自由解放的过程中只能依靠一个强有力的组织力量，而历史因素决定了这个能够带领农民前进的组织力量就是中国共产党。中国共产党是开展农民思想政治教育的教育主体力量，从诞生之日起就重视农民问题，并密切联系农民群众，以工农联盟为纽带，发挥思想政治教育的优势，不断运用正确的指导思想充实农民的精神世界，帮助农民摆脱旧有的观念束缚，不断指引农民实现现代化。

本书认为，农民思想政治教育是党和政府根据政策和国情需要，运用正确的思想观念、政治观点、道德规范指引农民，实现马克思主义及其中国化的先进思想和农民传统思想相互碰撞整合，使农民在头脑中驱逐消除封建思想及其他各种错误落后思想，培养符合社会主义现代化要

[①] 杜君、张学凤：《新农村建设与农民思想政治教育》，《东北师大学报》（哲学社会科学版）2012 年第 3 期。

[②] 习近平：《决胜全面建成小康社会　夺取新时代中国特色社会主义伟大胜利——在中国共产党第十九次全国代表大会上的报告》，人民出版社 2017 年版，第 32 页。

求的新型农民的理论和实践活动。农民思想政治教育研究农民政治思想和行为的活动规律，以提高农民认识世界和改造世界能力为目标，是党动员农民、教育农民的强有力的武器；其指导思想是辩证唯物主义、历史唯物主义以及马克思列宁主义、毛泽东思想、中国特色社会主义理论体系的重要思想，从而具有鲜明的政治性和实践性。

首先，农民思想政治教育具有明确的意识形态属性。列宁曾经指出："任何时候也不可能有非阶级的或超阶级的思想体系。"① 不同阶级所倡导的主流意识形态是不同的，甚至是对立的。正如习近平同志所指出："能否做好意识形态工作，事关党的前途命运，事关国家长治久安，事关民族凝聚力和向心力。"② 从针对农民群体而开展的思想政治教育的角度来讲，中国的农民思想政治教育是社会主义国家特有的具有意识形态属性的宣传教育，是党和国家实现对农民进行社会意识形态教育，帮助农民提高思想觉悟的精神武器和宣传工具。在历史上，封建统治阶级进行的农民思想政治教育是为维护封建统治阶级统治利益而进行意识形态教育，带有明显的皇权人治的封建社会时代属性。在社会主义国家，思想政治教育代表着无产阶级及其政党的阶级利益，代表着最广大人民群众的根本利益，其意识形态属性表现出马克思主义的意识形态观的内在要求，体现出社会主义核心价值观从国家、社会、个人三个层面对农民思想观念、行为规范的要求。

其次，农民思想政治教育具有意识形态性和非意识形态性的双重功能。一方面，农民思想政治教育具有鲜明的无产阶级意识形态性。习近平同志指出："经济建设是党的中心工作，意识形态工作是党的一项极端重要的工作。"③ 农民思想政治教育的政治性、阶级性特征决定了其具有意识形态性，表明思想政治教育要作为维护无产阶级意识形态的思想宣传工具而具有为无产阶级利益服务的功能。另一方面，农民思想政治教育具有包括社会性、个体性等特征在内的非意识形态性，主要是指农民

---

① 《列宁专题文集》（论无产阶级政党），人民出版社 2009 年版，第 85 页。
② 习近平：《胸怀大局　把握大势　着眼大事　努力把宣传思想工作做得更好》，《人民日报》2013 年 8 月 21 日第 1 版。
③ 《习近平谈治国理政》第 1 卷，外文出版社 2014 年版，第 153 页。

思想政治教育具有为农村社会中农民的生存和发展而服务的功能，包含着政治教育以外的价值标准、理想信念、生活习惯、行为准则等方面的内容和要求。农民思想政治教育的意识形态性功能与和非意识形态性功能相比，因其代表着思想政治教育的性质和方向而处于主导地位；而非意识形态功能因为不能脱离意识形态功能而处于从属地位，是对意识形态性功能的补充。农民思想政治教育具有思想政治教育的功能，而更加突出针对农民而开展教育的主体性特点。虽然其他农村带有教育意义的道德教育活动、农业生产教育活动、科技普及教育活动和文化教育活动对提高农民精神文化素养都具有重要的意义，但对农民的教育影响只限于各自特定的领域之内，对农民的影响带有一定自发性和局限性。农民思想政治教育与其他农民教育不同，它从帮助农民确立正确的政治思想观，到帮助农民指导生活、生产中的具体实践，涉及政治、经济、文化、社会、生态教育等多方面，具有更加全面性和广泛性的影响意义，兼具意识形态性和非意识形态性的双重功能。

最后，农民思想政治教育在明确其基本内容的基础上，不断因时代发展需求而对外延性内容进行拓展。农民思想政治教育的基本内容包括政治教育、思想教育、道德教育三个方面，这三个方面以政治教育为主导、思想教育为根本、道德教育为基础。正确掌握三者之间的关系，能够充分发挥各种教育力量的作用，形成方向明确、重点突出、基础牢固、相互促进的良好的教育格局。农民思想政治教育是一种专门教育农民的活动，它不仅把农民的个体作为活动的对象，而且把农民作为一个整体，从思想和行为两方面，积极地施加影响，所以，思想政治工作作为教育农民的活动不是自发的，而是有目的、有系统、有计划的。随着时代的发展，党和国家对农民思想政治教育的内容进行了进一步的拓展。党的十八大报告再次明确指出："加强和改进思想政治工作，注重人文关怀和心理疏导，培育自尊自信、理性平和、积极向上的社会心态。"① 这在注重农民思想政治教育的基本内容的基础上，更加强调了农民思想政治教育在社会教育、心理教育等方面所应该发挥的重要作用。党的十九大报

---

① 《十八大以来重要文献选编》（上），中央文献出版社 2014 年版，第 25 页。

告中进一步对农民思想政治教育的内容提出要求，以实现乡村振兴战略为主线，更加强调以农民为中心、注重农民全面发展的教育要求。因此，新时代农民思想政治教育只有更加贴近农民，才能了解农民、依靠农民，满足农民创造和实现美好生活的需要。农民思想政治教育必须与时俱进，不断开发农民现代生活中所涉及的多方面教育内容，将心理教育、生态教育、科技致富教育、社会人际交往教育等内容逐步纳入思想政治教育的教育内容体系中。

党和国家根据农村社会发展形势，针对农民群体来开展教育活动，并通过思想政治教育工作这个载体来具体落实。广大农民遵照思想政治教育工作所规定的目标和所指引的方向，在思想政治教育者的带动和引领下，不断成为具有符合新时代中国特色社会主义要求的良好精神面貌，拥有高尚道德品质和先进科学文化知识的新型农民。本书聚焦于中国共产党对农民进行的以政治教育为核心，包括思想教育、道德教育、法律教育、政策教育等内容在内，以帮助农民改变落后观念、理解贯彻国家政策方针、适应农村社会发展形势为目标的教育。

第二节　新时代中国农民思想政治教育的理论资源

理论概括有利于对事物本质规律进行把握。对农民思想政治教育理论进行概括，有利于把握农民思想政治教育的本质。农民思想政治教育理论是马克思主义中国化理论在农民教育问题中的贯彻和延伸。从马克思主义经典作家的农民思想政治教育理论，到中国共产党人的农民思想政治教育理论，再到新时代中国特色社会主义农民思想政治教育的有关理论，这既是一脉相承的历史性延续，又是中国共产党人依据实际国情对马克思主义经典作家农民教育理论进行赋予时代性的继承和发展。对农民思想政治教育有关理论进行概括，有利于明确本书的理论立场和逻辑思路。

一　马克思主义经典作家的农民思想政治教育理论

马克思主义经典作家的农民思想政治教育理论丰富而深刻，是中国共产党开展农民思想政治教育工作的依据。在马克思主义经典作家看来，封建社会以及资本主义社会时期的农民阶级始终处于社会的最底层，始终是封建社会统治阶级和资产阶级压迫和剥削的对象。在这样的情况下，农民虽然是无产阶级的天然同盟军，但其在政治觉悟、生活方式和思维习惯等方面都有着较大的局限性，必须要有一个共同的理想信念和价值目标来引领。要使农民阶级成为无产阶级真正的同盟力量，必须对农民开展积极有效的思想政治教育工作。我们可以从马克思主义经典作家的著作中发现并梳理出很多极为深刻的农民思想政治教育理论。

1. 马克思恩格斯关于农民思想政治教育的相关理论

作为马克思主义理论的创始人，马克思恩格斯最早将关注的目光聚焦于农民的政治思想教育领域，并提出对农民思想政治教育的有关议题。在马克思恩格斯对农民进行宣传和教育的论述中，蕴含着大量的关于思想政治教育的理论因子。马克思还指出，农民"便是由一些同名数简单相加形成的，好像一袋马铃薯是由袋中的一个个马铃薯所集成的那样"。①在马克思恩格斯看来，农民虽然是庞大的群体，但相互之间缺乏联系、孤立无援，如果没有有效的政治思想方面的引领，只有受到来自资产阶级的极度压榨，而缺乏将斗争枪口无情朝向资产阶级阵营的觉悟。因此，马克思恩格斯十分重视对农民的宣传教育工作，主张工人阶级开展积极的思想政治教育工作吸引农民阶级加入工农联盟，对农民的小农意识进行改造，使之适应革命斗争的需要。

首先，重视农民思想政治教育的重要作用。马克思恩格斯对农民的性质和特点进行深入分析，强调了发挥思想政治教育工作对教育引导农民加入对抗资产阶级的工农联盟的重要作用。马克思深刻认识到帮助农民确立正确政治立场的重要性，认为农民阶级不能自发地进行革命，必须对农民进行教育宣传，使之克服保守性、保持革命性，从而取得无产阶级革命的最终胜利。为此，马克思还论述道："唤起这个阶级并吸引它参加运动，是德国工人运动首要的最迫切的任务。一旦农业短工群众学会理解自己的切身利益。在德国就不可能再有任何封建的、官僚的或资

---

① 《马克思恩格斯全集》第 11 卷，人民出版社 1995 年版，第 229 页。

产阶级的反动政府存在了。"① 在这里，马克思着重强调了引导农民参加革命的重要性，以及农民自身所蕴含的巨大的革命潜力。

其次，关于农民思想政治教育的主体。马克思恩格斯认为，开展农民思想政治教育的主体责任应该由无产阶级来担负。马克思恩格斯论述了工人阶级和农民阶级的天然联系，即"农业短工是农村中人数最多的阶级"，"而城市工业工人就在这里找到自己人数最多的天然同盟者"。②在他们看来，农民阶级不具备较高的阶级觉悟，也不能独立建立起自己的政党组织；农民阶级欲实现其自身解放，必须依靠无产阶级运用先进的教育理念和教育方法来唤起其斗争觉悟。相较之下，马克思恩格斯认为工人阶级比农民阶级更加进步，必须在联盟中担当起有效的领导职责，在思想政治教育中扮演教育者的角色。对此，在《法德农民问题》中恩格斯指出："我们党的义务是随时随地向农民解释：他们的处境在资本主义还统治着的时候是绝对没有希望的，要保全他们那样的小块土地所有制是绝对不可能的。"③ 因此，马克思恩格斯认为无产阶级要有效地开展思想政治教育工作，如此，"农民就把负有推翻资产阶级制度使命的城市无产阶级看作自己的天然同盟者和领导者"。④ 同时他们更进一步指出，有效的思想政治教育工作要使农民明白：一方面，农民阶级只有在工人阶级的领导下才能获得解放；另一方面，工人阶级也只有联合广大农民才能夺取并巩固政权，工人阶级的政党在教育中担负着责无旁贷的教育引导的使命。除此之外，马克思恩格斯还指出无产阶级政党要主动走进农民、教育农民，如此才能有效地和农民形成联合体。

再次，关于农民思想政治教育内容和目标。马克思恩格斯认为，农民具有根深蒂固的小农意识，这是束缚农民思想进步的根源，有效的农民思想政治教育内容和目标要针对帮助农民克服小农意识、转变落后思想而设计。对此，马克思恩格斯指出："通过消除旧的分工，通过产业教育、变换工种、所有人共同享受大家创造出来的福利，通过城乡的融合，

---

① 《马克思恩格斯选集》第 3 卷，人民出版社 2012 年版，第 31 页。
② 《马克思恩格斯文集》第 2 卷，人民出版社 2009 年版，第 211 页。
③ 《马克思恩格斯选集》第 4 卷，人民出版社 2012 年版，第 372 页。
④ 《马克思恩格斯全集》第 11 卷，人民出版社 1995 年版，第 232 页。

使社会全体成员的才能得到全面的发展。"① 为了进一步分析和解决问题，马克思恩格斯运用历史唯物主义的眼光，从小农意识形成的历史条件和现实处境入手，强调解决问题的路径在于帮助农民调整经济结构、改变生产方式。对此，马克思指出："都包含着极大的内在矛盾，都不是为了土地耕种者的利益，也不是为了土地占有者的利益，而是为了从土地上征税的政府的利益。"② 在这里，马克思恩格斯强调必须要教育引导农民，使农民认识到土地问题背后的本质，进而使农民认识到资产阶级政府对农民进行的剥削是残酷且无理的，从而以此唤起农民斗争的决心。

最后，关于农民思想政治教育的方式。马克思恩格斯清醒地认识到不同历史时期的社会生产力发展水平情况决定了其农业与工业相互联系的程度，也决定了农民阶级和工人阶级的合作关系。马克思恩格斯强调农民思想政治教育要从实际出发，运用客观辩证的方式不断结合社会形势而开展工作，在不同的政治形势下对农民开展的教育方式要有所区别。一方面，他们认为革命时期农民思想政治教育的主要方法是以灌输教育为重点，这是因为对农民进行松散自由的教育，"他们的处境在资本主义还统治着的时候是绝对没有希望的，要保全他们那样的小块土地所有制是绝对不可能的"。③ 另一方面，他们认为当无产阶级取得国家政权并进行社会主义改造时，为了争取农民政治立场的转变，应当遵循循序善诱的方式，以满足物质利益为核心。为此，马克思恩格斯还指出，社会主义改造时期的农民思想政治教育应该适当运用以人为本的方式，注重物质利益的满足，以使农民感受到社会主义国家优越性为突破口，将农民的思想观念引导到社会主义公有经济的轨道上来，并进一步对其实现经济、政治、文化等观念的全面转变改造。

马克思恩格斯依据其生活时代对农民思想政治教育所进行的理论阐释，对于新时代党和国家进行农民思想政治教育有着重要的指导和借鉴意义。在中国几千年的封建历史中，自给自足的小农经济曾经长期占据

---

① 《马克思恩格斯文集》第 1 卷，人民出版社 2009 年版，第 689 页。
② 《马克思恩格斯全集》第 12 卷，人民出版社 1998 年版，第 241 页。
③ 《马克思恩格斯文集》第 4 卷，人民出版社 2009 年版，第 527 页。

着农村社会经济的主要位置，农民的思想文化也曾经具有浓厚的小农特征。中华人民共和国成立以来，尤其是改革开放以来，伴随着农村经济文化形势的发展，中国农民的小农思想意识正在不断弱化。然而客观上讲，小农意识在当今农村中国政治和经济生活中仍存有生存空间，这也是阻碍农民在乡村振兴和农村全面建成小康社会中发挥主体作用的思想桎梏之一。马克思恩格斯农民思想政治教育理论对新时代中国农民思想政治教育有效性的提高，帮助农民克服小农意识的思想局限性，推进乡村振兴战略落实具有重要的指导作用。

2. 列宁的农民思想政治教育理论

作为世界上第一个社会主义国家的领导人，列宁在继承马克思恩格斯的农民思想政治教育理论的基础上，在不断探索俄国发展道路的过程中，对农民思想政治教育理论进行进一步探索和发展。

第一，与时俱进地注重农民思想政治教育的重要性。列宁继承了马克思恩格斯关于农民阶级局限性和工农联盟的思想，深化了对农民进行思想政治教育和巩固工农联盟等问题的重要性的认识。从革命时期到社会主义国家建设时期，列宁都高度重视农民思想政治教育的重要性。在列宁看来，对农民进行的宣传教育工作要放在一切工作的首要位置，只有该项工作能够有效落实，才能保证俄国革命的胜利。他指出俄国革命在很大程度上首先是一场"农民资产阶级革命"，没有农民的参加，这场革命便不可能取得胜利。因为在俄国"非常突出"的"第一个特点"，"就是我国的无产阶级不但是少数，而且是极少数，占大多数的是农民"。[1] 列宁同时指出，从一定意义上讲，"小农在现代社会中的地位本身必然把他们变成小资产者"。[2] 因此，列宁认为要不断地发挥农民宣传教育的有效作用，不断克服农民的思想局限性。列宁清醒地认识到要巩固工农联盟是"一项很困难的任务"，必须用无产阶级的思想意识去影响农民，使其摆脱"资产阶级的剥削、领导和影响"，并且"把他们争取过来，以便共同战胜剥削者"。[3] 关于该问题，他还进一步指出，"我们过去

---

① 《列宁专题文集·论社会主义》，人民出版社 2009 年版，第 196 页。
② 《列宁全集》第 23 卷，人民出版社 2017 年版，第 244—245 页。
③ 《列宁全集》第 42 卷，人民出版社 2017 年版，第 50 页。

怎样争取和今后如何继续'争取'农民（站到无产阶级这方面来）的问题"，这实际上是"极其重要的、根本的、世界性的（涉及世界政治的实质）"问题。① 事实证明，通过对农民问题的清晰认识和有针对性的思想政治教育，使俄国农民群众思想觉悟得到了较大的提升，苏联社会主义制度得到了进一步地巩固。

第二，长期坚持不懈发挥农民思想政治教育有效性。列宁认识到以往农民的思想观念和思维方式是在漫长的历史中形成的，要有效地改造他们的旧思想必须经过长期的灌输和引导。虽然提供物质利益是改造农民思维意识的保障，但同时不能忽视加强思想道德和科学文化知识教育的重要性。无产阶级政党必须不断地开展社会主义思想教育宣传，帮助农民进行精神洗礼，才能够真正建立社会主义理想国家。这正如列宁在谈到改造农民保守观念的社会主义农村合作化问题时曾指出："没有一场文化革命，要完全合作化是不可能的。"② 在列宁看来，思想观念的转变是漫长而具有反复性的，只有长期持久地启发和教育农民，从根本上保障农民思想觉悟的提升和对路线方针政策的认同，才能保证社会主义思想觉悟有效地落实到农民的内心深处，才能保证农民支持和拥护社会主义各项事业在农村有效落实发展。

第三，注重农民文化素质的教育。列宁清醒地认识到农民愚昧保守的直接原因是缺乏文化知识，要让农民理解社会主义必须先提高他们的文化水平；只有满足了农民对文化知识的需求，才能保证农民创造出巨大的社会财富能够支持社会进步发展。对此，列宁指出，"文盲是处在政治之外的，必须先教他们识字"，③ "在一个文盲的国家里是不能建成共产主义社会的"。④ 因此，农民文化素质方面的薄弱不仅严重影响新生苏维埃政权的巩固，而且不利于社会主义大工业的建立和社会主义精神文明建设的顺利进行。在列宁看来，只有农民群众文化素质提高了，农民才会改变其小农经济思想的落后性，从而才会更加拥护苏联社会主义现代

---

① 《列宁全集》第42卷，人民出版社2017年版，第94页。
② 《列宁专题文集·论社会主义》，人民出版社2009年版，第357页。
③ 《列宁全集》第42卷，人民出版社2017年版，第210页。
④ 《列宁全集》第39卷，人民出版社2017年版，第344页。

化道路的发展。为了进一步解决问题，列宁指出提高农民文化素养有效可行的具体做法是"应当用读和写的本领来提高文化水平，应当使农民有可能用读写本领来改进自己的经营和改善自己国家的状况"。① 同时，列宁认为提高农民的文化素质，需要深入农民的生活当中，与农民进行面对面的交流，通过实际开展下乡扫盲的运动来对农民进行文化教育。他指出："经常下农村的做法在这方面一定会起特别重要的作用，这种工作我们已经在进行，还必须有计划地加以发展。"② 基于此，列宁制定了对俄国农民进行文化扫盲的政策，倡议将社会各方面的力量动员起来，明确责任和目标，切实开展对农民群体而进行的文化知识的教育。列宁尤其注重年轻力量在文化教育中发挥的生力军作用，他特别强调指出："还需要青年一代自己把这个工作担负起来。"③ 不仅如此，列宁还分别针对学校教师、工人团体、城市党支部等群体进行了农民文化教育的任务安排。

第四，不断探索农民思想政治教育有效方式。为了巩固工农联盟，维护新生的苏维埃政权，列宁对农民思想宣传教育的方式方法的有效性也进行了有益的探索。列宁主张通过积极有效的农民思想政治教育方式来加强政治宣传。首先，从教育者自身的角度来讲，列宁指出共产主义干部是思想政治教育的教育者，要发挥榜样带头的作用，通过以身作则、率先垂范的方式来取得农民的认可，从而拉近与农民群体的距离而进行深入的教育。其次，从思想政治教育载体的运用的角度来讲，要注重研究农民群众感兴趣的事物，以之作为教育的载体，并以此来开展教育引导，从而有利于提高思想教育宣传吸引力和实效性，便于农民群众更好地理解教育的内容。比如列宁指出："要特别注意在农村和在东部地区兴建电影院的工作，在这些地方电影院还是新鲜事，因而我们的宣传将会特别有效。"④ 最后，从教育客体的角度来讲，列宁认为要从农村的实际情况出发，满足农民群众的实际需求和利益，通过讲道理和实际为农民办事相结合的方式来对农民群众进行共产主义教育。

---

① 《列宁专题文集·》（论社会义），人民出版社 2009 年版，第 264 页。
② 《列宁专题文集·》（论社会义），人民出版社 2009 年版，第 346 页。
③ 《列宁选集》第 4 卷，人民出版社 2012 年版，第 294 页。
④ 《列宁全集》第 42 卷，人民出版社 2017 年版，第 394 页。

总之，列宁对马克思恩格斯农民思想政治教育理论进行了继承和发展。列宁在对俄国社会主义革命和建设的实践活动中再次证明，思想问题不能仅从思想的角度去解决，开展农民思想政治教育必须把农民的思想问题和实际问题放在一起去解决，如此才能使教育落地有声、有情有理，在实际中取得好的效果。列宁主张开展农民思想政治教育工作必须把布尔什维克党支部建立在广阔的农村，拉近与农民群体的距离，为农民解决实际问题，如此才能更好地争取农民群众。历史证明，列宁对俄国农民思想政治工作方法、内容方针的探索与尝试是成功的，对新时代中国特色社会主义如何教育引导农民具有积极的借鉴价值。

二　几代中国共产党领导人的农民思想政治教育理论

思想是行动的前提，理论是实践的先导。在继承和发展马克思主义经典作家的农民思想政治教育的理论基础上，中国共产党的农民思想政治教育坚持以马克思列宁主义、毛泽东思想、中国特色社会主义理论体系为指导思想，为坚定农民对社会主义理想信念和党的方针政策的理解认同，启发农民的社会主义觉悟发挥着重要作用。以毛泽东、邓小平、江泽民、胡锦涛为代表的几代党中央领导人，始终坚持为人民服务的目标宗旨，把马克思主义理论与中国国情相结合，赋予了马克思主义农民思想政治教育理论的中国内涵。

1. 毛泽东的农民思想政治教育理论

近代以来，中国进入了半殖民地、半封建社会的历史时期，这决定了身处社会底层的农民要面对来自帝国主义、封建主义和官僚资本主义的三重剥削和压迫。农民群体占中国人口总数的近八成，做好农民的思想政治教育关系到整个革命的根本。以毛泽东同志为代表的党的第一代领导人在充分肯定农民革命进步性的同时，更注意对农民保守、自私、散漫、文化水平低等问题的教育。以毛泽东同志为代表的第一代中共领导人开辟了农民思想政治教育的新天地，他们关于有效进行农民思想政治教育的理论丰富而深邃。

首先，关于农民思想政治教育的重要性。注重农民思想政治教育，发挥农民思想政治教育对革命和建设的有效作用是毛泽东思想的重要内容。毛泽东同志在《论人民民主专政》一文中写道："严重的问题是教育农民"。可以说这一论断也体现出其关于农民思想政治教育思想的主旨。一是，在半殖民地、半封建社会的旧中国，农民群众受到严重的压迫，在本质上具有革命的可能性。但是他们的小农特点使其政治眼光受到限制，一部分农民则具有无政府思想倾向，所以他们不能成为战争的领导者，必须通过无产阶级教育来引导其走上革命道路。二是，在中国社会几千年的封建统治下和长期封闭的以农业为主的社会状态下，自私、散漫、落后是农民自身所体现的根本特点。农民群众思想上处于落后的状态，一些错误想法对于中国革命的进行是极大的阻碍因素，因此"只有渐次地设法提高农村文化程度，才能消除迷信宗教伦理及落后的道德观念"。①

其次，关于农民思想政治教育的内容。毛泽东同志针对农民政治思想、文化素质和日常生产知识等几个方面水平的提高，主张对农民进行包括社会主义思想教育、文化知识教育、农业技术教育等方面内容有机结合的农民思想政治教育。对此，毛泽东同志对每一个方面的教育内容都做了相对应的要求。关于思想教育方面的内容，毛泽东同志认为其有效性的发挥，"在于以共产主义的精神来教育广大的劳苦民众"。② 在文化知识教育方面，毛泽东同志始终注重在农民群众中间普及科学文化知识，高度重视对农民进行文化知识教育的重要性。在陕甘宁边区时期，毛泽东同志也指出："边区的经济发展了，农民也要求有文化。我们要使边区所有的老百姓，每人识一千字，搞他十年八年。如果能识一千五百字、两千字、三千字，那更好。我们至少要做到识一千字，每村要有一个冬学。"③ 最后，在农业技术教育方面，毛泽东同志早在延安时期就主张在小学和中学教育的课堂上设有农业常识课。基于此，毛泽东同志要求有关教育工作人员要针对农业常识课的需要而编写相应的教材，通过对农民进行农业技术教育来提高农民的生产思想认识，以达到提高农业生产效率、增加农业产量的目标，从而使农民更好地为革命工作服务。

---

① 腾纯、轩辕柯、蒋伟志：《毛泽东教育活动纪事》，湖南教育出版社 1993 年版，第46 页。

② 《建国以来重要文献选编（第十一册）》，中央文献出版社 1995 年版，第418 页。

③ 《毛泽东文集》第 3 卷，人民出版社 1996 年版，第154 页。

　　最后，关于农民思想政治教育的方法。毛泽东同志在新民主主义革命和社会主义建设的实践中，对农民思想政治教育的工作方法进行了系统总结。第一，与农民的实际生活相联系，注重对农民内心深处的所思所想进行考察，满足农民最切身的利益是开展思想政治教育的最根本的方法。"一切群众的实际生活问题，都是我们应当注意的问题。假如我们对这些问题注意了，解决了，满足了群众的需要，我们就真正成了群众生活的组织者，群众就会真正围绕在我们的周围，热烈地拥护我们。"①第二，深入农村进行调查，深入农民群众之中，向广大农民群众学习，与广大农民交心是开展好农民思想政治教育的必要方式。对此，毛泽东同志指出："要争取和依靠农民，就要调查农村。方法是调查一两个或几个农村，花几个星期的时间，弄清农村阶级力量、经济情况、生活条件等问题。"② 与此同时，毛泽东同志还强调知识分子出身的领导干部和文艺工作者要对农民进行思想政治教育就必须在思想感情上与文化素质相对较低的广大农民群众打成一片。对此他指出："我们知识分子出身的文艺工作者，要使自己的作品为群众所欢迎，就得把自己的思想感情来一个变化，来一番改造。"③ 第三，注重教育和自我教育相结合。毛泽东同志十分尊重农民的智慧，主张在对农民进行思想政治教育的同时，有关教育者也要以此反观自身，加强自我教育。毛泽东同志指出："许多东西单从书本上学是不成的，要向生产者学习，向工人学习，向贫农下中农学习，在学校则要向学生学习，向自己教育的对象学习。"④ 这充分体现了毛泽东同志在农民思想政治教育方法方面对马克思主义辩证法的灵活运用。

　　2. 邓小平的农民思想政治教育理论

　　以邓小平同志为核心的党的第二代领导集体，结合中国改革开放的具体实践，继承和发展了毛泽东时期农民思想政治教育的成果，将物质文明建设和精神文明建设进行辩证统一。针对改革开放以来社会中所出

---

① 《毛泽东选集》第 1 卷，人民出版社 1991 年版，第 137 页。
② 《毛泽东文集》第 7 卷，人民出版社 1999 年版，第 133—134 页。
③ 《毛泽东选集》第 3 卷，人民出版社 1991 年版，第 851 页。
④ 《毛泽东文集》第 7 卷，人民出版社 1999 年版，第 271 页。

现的有损精神文明的不良风气，邓小平同志深刻意识到思想政治教育的重要性，他指出："十年最大的失误是教育，这里我主要是讲思想政治教育。"① 在紧迫的现实问题面前，邓小平同志将覆盖全民的思想政治教育工作上升到一个新的高度，这其中对农民思想政治教育工作也提出了更高的要求。改革开放政策有利于解放生产力和发展生产力，意在实现国民经济飞速发展的目标，然而在改革开放背景下产生的社会问题，尤其是人们追逐物质利益而产生的思想问题是无法预料且影响深远的。邓小平同志认为改革开放时期整治社会不良风气的重要思想保障就是教育，尤其是思想政治教育。在教育方法上，邓小平同志认为做农民群众的工作离不开村党员干部的模范带头作用。由于农村相对闭塞的熟人环境，老百姓更加习惯于在与村干部的直接交流中获得接受教育宣传的机会。因此，邓小平指出，"就是凡是需要动员群众做的，每个党员，特别是担负领导职务的党员，必须首先从自己做起"。② 在邓小平同志看来，只有发挥好村干部自身的榜样带头作用，才能做好令农民信服的教育工作。

邓小平同志对农民思想政治教育问题在新的历史时期下进行了与时俱进的思考和回应，对社会主义背景下的农民思想政治教育做出了具体的规定。邓小平同志将发展农村经济，让农民在经济上富起来作为思想政治教育的物质基础。邓小平同志十分重视农民的利益和愿望，尊重农民的首创精神，并让农民的首创精神得到最充分的体现。他在《关于农村政策问题》中指出："农村搞家庭联产承包，这个发明权是农民的。"③ 邓小平同志十分重视提高农民思想政治教育的有效性，主张把农民培养成为符合社会主义要求的有科学理念和技术知识的现代农民。他认为农业的发展、农民的致富，一是要靠好的政策，二是要靠懂科学的人。"科学技术是第一生产力"，邓小平同志深刻意识到要使农民转变落后的致富思路、提高劳动生产率，必须掌握相应的现代农业科技知识。因此，他指出："将来农业问题的出路，最终要由生物工程来解决，要靠

---

① 《十三大以来重要文献选编》（上），人民出版社 1991 年版，第 539 页。
② 《邓小平文选》第 2 卷，人民出版社 1994 年版，第 342 页。
③ 《十五大以来重要文献选编》（上），人民出版社 2000 年版，第 527 页。

尖端技术。"① 在邓小平同志看来，农村落后、农业现代化水平滞后的问题，很重要的原因是由于对农业科技发展和农村人才培养资源投入的不足，更深层次上原因则是农民没有掌握与农业现代化相适应的科技知识和水平。因此，邓小平同志认为提高农民思想政治素质，不仅要加强农民的政治思想宣传教育和科学文化知识教育，也要从农民生活致富的客观需求角度出发，对现代农业科学发展和农业技术人才培养进行重点投入。

3. 江泽民的农民思想政治教育理论

面对改革开放以来农村社会凸显出来的种种思想文化领域的问题，以江泽民同志为核心的党中央高度重视通过思想政治教育解决现实问题的重要性，并对农民思想政治教育有效性问题进行符合时代特征的解读。与此同时，江泽民同志还指出："先进的正确的思想和优良社会风尚不去占领，落后的错误的思想和不良社会风气就必然会去占领。"② 因此，在江泽民同志看来，为了应对时代的新挑战，农民思想政治教育必须落实到各个基层，落实到实处，才能符合新时期社会发展和农民自身的需要。为了提高农民思想政治教育的有效性，以江泽民同志为核心的党中央在继承和发扬优秀经验的基础上，对农民思想政治教育问题在教育思路和教育方式上进行进一步的深化和发展。

第一，将物质文明建设和精神文明建设辩证统一，注重思想政治教育工作与其他工作的协调发展。江泽民同志指出："先进的正确的思想和优良社会风尚不去占领，落后的错误的思想和不良社会风气就必然会去占领。"③ 江泽民同志针对改革开放和社会主义市场经济发展的新形势，继续对农民思想政治教育问题进行探索。他认为："越是搞改革开放和社会主义市场经济，越要重视对农民特别是青年农民进行爱国主义、集体主义、社会主义思想教育。"④ 在这里，江泽民同志将青年农民的思想政治教育工作作为保障农民思想政治教育工作长效化发展的重点。在市场

---

① 《邓小平文选》第 3 卷，人民出版社 1993 年版，第 275 页。
② 《江泽民文选》第 1 卷，人民出版社 2006 年版，第 276 页。
③ 《江泽民文选》第 1 卷，人民出版社 2006 年版，第 276 页。
④ 《江泽民文选》第 1 卷，人民出版社 2006 年版，第 276 页。

经济蓬勃发展的新形势下，应该更加注重对青年农民进行物质文明教育和精神文明教育相统一的宣传教育。

第二，提高农民思想政治教育的有效性，必须注重以情理具在的方式打动农民，以循序渐进、循循善诱的方式取得农民的信任，调动农民的积极性。江泽民同志指出："必须把调动农民的积极性作为制定农村政策的首要出发点。"① 在他看来，只有通过教育引导和政策支持等多种方式才能最大限度地调动农民生产的积极性。江泽民同志指出："各级领导干部一定要牢固树立群众观点，带着对人民群众的深厚感情去做思想政治工作。"② 因此，这要求思想政治教育工作者只有牢固树立责任意识，确立主体担当，全心全意为农民服务，才能把农民思想政治教育做好。

第三，依靠科技进步振兴农业，减轻农民负担来为思想政治教育提供保障。农民问题一直是"三农"问题的核心，而农民问题的核心则是收入问题。随着中国现代农业的发展，江泽民同志指出只有实施科教兴农的战略，才能实现农业现代化和发展农业经济。思想政治教育工作始终不能脱离实际生活而空谈，农民只有生活富足了，才能感受到社会主义制度的优越性，才能发自内心地接受党和国家思想政治教育的精神理念。对此，江泽民同志高度重视对新时期农业科学技术的发展和运用，以弥补农业资源短缺和提高农民生产劳动的获得感。因此，江泽民同志坚持科学技术也是教育生产力的观点，要求各有关部门要在提高劳动者素质和农业科学技术水平方面积极开展工作，减轻农民负担，提高农民收入，为农民思想政治教育工作打下坚实的物质基础。

4. 胡锦涛的农民思想政治教育理论

党的十六大以来，以胡锦涛同志为核心的党中央继续重视并加强农民思想政治教育工作，不断加大支农惠农的力度，营造良好的农村精神文明氛围。胡锦涛同志在很多场合的讲话中对农民思想政治教育的发展提出了相关要求。与此同时，该时期党和国家颁布的相关政策方针也对农民思想政治教育工作多有涉及。胡锦涛同志在 2008 年与小岗村干部群众的座谈会上讲道："希望乡亲们齐心协力，努力把农业生产搞上去，把

---

① 《江泽民文选》第 2 卷，人民出版社 2006 年版，第 209 页。
② 《江泽民文选》第 3 卷，人民出版社 2006 年版，第 95 页。

文化生活搞丰富，把村庄环境搞整洁，使日子过得一天更比一天好。"①
这对加大农村经济、政治、文化等领域的资源投入做出了新要求，为农
民思想政治教育有效性的提高提供有力的保障。在党的十六届五中全会
的《中共中央国务院关于推进社会主义新农村建设的若干意见》中强调，
要树立先进的思想观念和良好的道德风尚，在农村形成文明向上的社会
风貌，这为思想政治教育提供良好的整体氛围。党的十六届六中全会提
出，加强对农民的宣传教育，加快培养新型农民，扎实推进社会主义新
农村建设是建设社会主义和谐社会的重要内容，这对思想政治教育的内
容和目标做出了具体要求。

　　胡锦涛同志指出："处理好调整农业结构、增加农民收入和保护粮食
综合生产能力的关系，把农业结构调整的重点放到提高农产品质量和效
益、提高农业竞争力上来。"② 与此同时，党中央深刻意识到中西部农村
文化发展不平衡是中国整体文化发展的根本特征，也是对该地区进行思
想政治教育不足的原因。注重对中西部文化基础设施、公共文化资源配
置的倾斜，将看不见的政策和看得见的实惠结合在一起，增强农民思想
政治教育的实效性。《关于积极发展现代农业扎实推进社会主义新农村建
设的若干意见》中指出："加强农村精神文明建设，开展以'八荣八耻'
为主要内容的社会主义荣辱观教育，引导农民崇尚科学、抵制迷信、移
风易俗"，这进一步对农民思想政治教育的内容进行了丰富和充实。与此
同时，党的十五届六中全会提出建设"生产发展、生活宽裕、乡风文明、
村容整洁、管理民主"的社会主义新农村的重大战略决策，这也对农民
思想政治教育的教育内容、教育目标、教育环境等方面提出了新的要求，
成为开展农民思想政治教育工作的依据。

三　新时代中国特色社会主义农民思想政治教育理论

　　党的十八大以来，面对中国社会经济高速发展、农村社会不断变革
的复杂形势，以习近平同志为核心的党中央进一步在思想指导、政策支
持、资源给予等多方面加强了对农民思想政治教育的重视程度。在全面

---

① 《胡锦涛文选》第3卷，人民出版社2016年版，第116页。
② 《胡锦涛文选》第2卷，人民出版社2016年版，第175页。

建成小康社会的背景下，以习近平同志为核心的党中央深刻认识到新时期农民思想政治教育工作的有效性发挥必须密切结合时代新形势和新特点，必须符合农村发展的现状和满足农民群众的切身利益，只有将思想政治教育与农民生存发展放在一个立体空间之下进行有机的结合，才会赢得广大农民群众的信任和支持，使农民思想政治教育成为有源之水。党的十九大报告中，习近平同志将"建立健全城乡融合发展体制机制和政策体系，加快推进农业农村现代化"，以及实现"产业兴旺、生态宜居、乡风文明、治理有效、生活富裕"的振兴乡村战略目标作为新时代党和国家解决"三农"问题的指导思想，[①] 这也成为新时代农民思想政治教育的总的指导原则和方略。习近平同志的农民思想政治教育思想丰富且系统，可以从以下几个方面来进行概括。

第一，关于农民思想政治教育主体建设。习近平同志认为提高农民思想政治教育有效性的关键是提高思想政治教育主体的有效性。首先，必须加强农民思想政治教育的重视程度和工作力度。这要求农民思想政治教育主体必须在加强党对农村工作全面领导的过程中不断加强对自我的严格要求，必须始终高度重视农业、农村、农民问题，把"三农"工作牢牢抓住、紧紧抓好。习近平同志在党的十九大报告中指出，要坚持党对一切工作的领导，确保党"总览全局、协调各方"的地位。[②] 这其中，也包含着对各级党委为主导、以基层党组织为主力的农民思想政治教育的工作的高度期待。以习近平同志为核心的党中央十分重视基层党组织建设，将基层党组织作为农民思想政治教育的绝对主体，积极引导基层党组织在整个教育的过程中发挥主力作用。其次，必须不断加强农民思想政治教育主体制度化、常效化、规范化的工作。习近平同志指出，农村工作要引进优秀人才，为思想政治教育工作提供有力的外生性补充，提供新鲜血液。党的十八大以来，党和政府不断鼓励机关干部下乡和优化大学生村官制度的建设，这有力地加强了农民思想政治教育人才队伍

---

① 习近平：《决胜全面建成小康社会　夺取新时代中国特色社会主义伟大胜利——在中国共产党第十九次全国代表大会上的报告》，人民出版社 2017 年版，第 32 页。

② 习近平：《决胜全面建成小康社会　夺取新时代中国特色社会主义伟大胜利——在中国共产党第十九次全国代表大会上的报告》，人民出版社 2017 年版，第 20 页。

的壮大和发展。乡村振兴战略中对推动农民思想政治教育工作制度化、规范化提出了要求。这在客观上对农民思想政治教育主体的补充、发展以及交流进行了政策规定，有利于培养选拔一批能够对农业、农村、农民有深厚感情，传承"三农"工作的价值理念和优良传统的工作队伍。

第二，关于突出农民的主体性地位。在新的农村发展的起点，乡村振兴离不开农民发挥的主体作用。对农民群体进行更多的关注，是开展好农民思想政治教育工作的重点。习近平同志高度重视农民实现与中国特色社会主义社会现代化发展同步的个人素质的现代化，并要求让农民成为有尊严的职业。为了顺应新时代农民的新发展目标，党中央多次在政策文件中提出培养新型经营主体的目标。党的十九大提出，要"培养新型农业经营主体"，"实现小农户和现代农业发展有机衔接"。① 这其中，培养新型经营主体目标其实质也是促进农民的现代化发展，这也是农民思想政治教育目标现代转型的主要思路。习近平同志要求对农民开展思想教育与致富结合起来，并指出："小康不小康，关键看老乡。一定要看到，农业还是'四化同步'的短腿，农村还是全面建成小康社会的短板。中国要强，农业必须强；中国要美，农村必须美；中国要富，农民必须富。"② 习近平同志强调不断增加农民收入是实现思想政治教育的物质保障。总之，以习近平同志为核心的党中央高度重视农民的生活、生产、致富发展等多方面价值需求，为开展思想政治教育工作提供了坚实的物质保障。

第三，关于农民思想政治教育的内容。随着党的十九大的召开，农民思想政治教育形成了以新时代中国特色社会主义理论为主线，以乡村振兴战略和全面建成小康社会为要求的具有整体性和层次性相统一的内容体系。农民思想政治教育的内容加入了党的十八大以来习近平同志治国理政思想，以及党的十九大所提出的新时代中国特色社会主义理论的有关内容。同时，农民思想政治教育也从农民个人角度加入了新的内容。一是中国梦教育。习近平同志在执政之初提出了中国梦的执政理念，将

---

① 习近平：《决胜全面建成小康社会　夺取新时代中国特色社会主义伟大胜利——在中国共产党第十九次全国代表大会上的报告》，人民出版社 2017 年版，第 32 页。

② 《十八大以来重要文献选编》（上），中央文献出版社 2014 年版，第 658 页。

实现中国梦看作每一个中国人的梦，将实现广大农民群众的中国梦看作国家中国梦的重要组成部分。中国梦的内容与农民每一个人的梦相结合，有利于农民的爱国主义和集体主义思想的形成。二是与农民息息相关的发展理念教育，即五大发展理念教育。五大发展理念为农民在生产致富、保护环境、社会协作等多方面提供了理论指导。三是社会主义核心价值观融入农村。党的十八大报告中所提出的社会主义核心价值观，为新时期农村社会的乡约民规提供了规范和指导，有利于农民将旧有的乡约民规与符合当代中国特色农村社会发展的价值观念相结合。四是加强农村生态文明教育。思想政治教育为农民传递生态文明理念，为当今农村的生态建设提供思想引领，有利于引导农民从自身做起爱护环境，突出其农村生态文明建设的主体性。

第四，关于农民思想政治教育的方式。首先，运用网络新媒体来对农民进行思想政治教育。近年来，农村的网络应用率不断提高，越来越多的农民开始运用手机和互联网来实现日常的娱乐、消费和获取信息。2016 年中央一号文件指出："大力推进'互联网＋'现代农业，应用物联网、云计算、大数据、移动互联等现代信息技术，推动农业全产业链改造升级"。① 这在客观上要求新时期党和国家开展的农民思想政治教育要注重运用农村互联网的渠道，抓住互联网技术在农村普及的契机来开展好工作。其次，高度重视思想政治教育在精准扶贫中发挥的"扶志"和"扶智"的积极作用。精准扶贫的内在本质是给农民提供精神思想和科学技术的支持。要想从根本上改变农村落后贫困的局面，必须从长远发展的角度，通过提高农民摆脱贫困的奋斗意识和相应的科技文化水平来解决问题。农民子女所接受的教育水平，所掌握的知识，决定了未来农村人口的整体素质，也决定着以城市为主导的整体国民教育水平。习近平同志在湖南考察时指出，"发展是甩掉贫困帽子的总办法，贫困地区要从实际出发，因地制宜，把种什么、养什么、从哪里增收想明白，帮助乡亲们寻找脱贫致富的好路子"，"要切实办好农村义务教育，让农村下一代掌握更多知识和技能"。② 习近平同志关于"三农"问题和农民教

① 《十八大以来重要文献选编》（下），中央文献出版社 2018 年版，第 105—106 页。
② 《习近平金秋踏访三湘大地》，人民日报（海外版），2013 年 11 月 6 日第 1 版。

育问题的思想理论给新时期农民思想政治教育有效开展提供了新要求。

从马克思恩格斯最早对农民阶级二重性的认识和工农联盟思想的确立开始，马克思主义经典作家和党的历届领导人都在对农民思想政治教育问题从理论和实践方面进行不懈探索。从某种意义上说，马克思主义的发展史就是一部农民马克思主义理论教育的历史。农民阶级和工人阶级具有天然的联系，马克思主义经典作家和党的历届领导人都充分地意识到，社会主义事业在革命、建设和改革各个时期都离不开农民的参与和支持。历史和现实证明，只有通过对农民进行思想政治教育的方式，使农民在思想上克服自身的小农局限性，才能真正确立共产主义思想，积极投身于社会主义的各项事业当中。与此同时，要确立农民的主体性地位，鼓励农民的生产积极性，积极开展对农民的科学文化教育，确保农民在农业合作化生产中的利益。农民思想政治教育问题是一个涉及多方面、多因素的系统工程。因此，新时代农民思想政治教育要以新时代中国特色社会主义理论体系为指导，在农村培育和践行社会主义核心价值观，真正为解决好乡村振兴背景下的农民问题发挥积极作用。

第二章

新时代中国农民思想政治教育
面临的新形势与新要求

认清农村社会新形势，为党和国家的农村工作服务是新时代中国农民思想政治教育工作的重要任务。作为当前党和国家农村工作的重要方针部署，实现乡村振兴战略和农村全面建成小康社会成为农民思想政治教育面临的新形势，为农民思想政治教育工作的开展提供了新要求、新机遇和新挑战。

第一节　乡村振兴战略为农民思想政治教育
提供了新的发展引领

党的十九大报告中首次提出乡村振兴战略，并将其置于七大战略的首要位置，体现出新时代党和国家对农村、农业进行优先发展的总体思路。[①]党的十九大报告指出，"农业农村农民问题是关系国计民生的根本性问题，必须始终把解决好'三农'问题作为全党工作重中之重"。[②] 这充分肯定了新时期"三农"问题在党和国家各项事业中的重要地位。乡村振兴是解决新时期"三农"问题的纲领和总抓手。新时代农民思想政治教育要以乡村振兴战略为指导，以实现农村全面发展、城乡融合为目标，以实现农民素质的现代化为工作落脚点，积极配合党和国家的农村工作的贯彻落

---

① 《中共中央国务院关于实施乡村振兴战略的意见》，人民出版社 2018 年版，第 1 页。
② 习近平：《决胜全面建成小康社会　夺取新时代中国特色社会主义伟大胜利——在中国共产党十九次全国代表大会上的报告》，人民出版社 2017 年版，第 32 页。

实。党的十九大报告之后，党和国家在中央经济工作会议、中央农村工作会议和 2018 年中央一号文件中分别对乡村振兴战略进行了进一步的规划和部署，拉开了新时代中国特色社会主义乡村振兴道路的史诗序幕。

一 乡村振兴战略的时代背景和重要地位

乡村振兴战略的提出有其特定的背景，这是由中国新型城镇化发展的现状而决定的。近年来，中国城乡发展不平衡的问题严重制约着社会主义现代化实现的进程。改革开放以来，中国虽然对城镇化发展战略进行着不断的探索，然而中国城乡收入的差距并没有缩短，反而呈现了加大的趋势。当前，中国城乡发展水平存在很大的差距，城市居民和农民的收入差距依然很大。据资料统计，改革开放初期中国城镇居民人均可支配收入与农民人均纯收入之比为 2.57∶1；在连续五年（1982—1986年）中央一号文件的政策引导下，该比例曾一度缩小为 1.71∶1。然而，随着近年来中国新型城镇化战略的落实，中国城镇居民人均可支配收入与农民人均纯收入之比出现了明显的增高：2011 年该比例增加到 3.13∶1；2014 年该比例虽有所缩小，但仍为 2.92∶1，仍高于改革开放初期的比例。① 因此，总体而言，近年来中国新型城镇化发展战略并没有很好的解决城乡发展不平衡的问题，农民以农业生产为主所获得的经济收入不能满足其现实需求。由于发展思路和政策模式中的结构性、制度性原因，农村发展所需要的资金、资源要素没有充分满足，农村的发展潜力没有得到充分的释放，农村闲置的资源没有得到合理利用，这客观上要求党和国家解决"三农"问题必须突破短板，运用更加科学的发展思路。

党的十九大报告指出，实施乡村振兴是新时代"三农"工作的总抓手，这深刻表明了乡村振兴战略的重要意义和重要地位，也象征着中国"三农"事业发展进入了新的历史阶段。乡村振兴战略是新时代中国特色社会主义关于"三农"问题的新思路、新要求、新举措；是解决农村社会主要矛盾、实现"两个一百年"奋斗目标的必然要求；也是体现农民当家作主、实现社会主义共同富裕原则的重要保障。中国社会主义事业

---

① 《全面小康热点面对面》，人民出版社 2016 年版，第 44 页。

的现代化要以农村的现代化为前提：只有实现农村区域的全面振兴富强，才能补齐中国社会发展的短板，为全面建成小康社会和全面建设社会主义现代化国家打下坚实的基础。基于此，党的十九大报告所提出的乡村振兴战略是对新型城镇化发展规律的深刻总结，体现出党和国家将城镇化发展重心从城市转变为农村的重大思路调整。也就是说，乡村振兴战略的实质是从原来以城市为主导、农村为依附的发展思路，转变为以农村为重点、城乡共融的发展思路，即中国的城乡关系从"寄生对立关系、偏利排斥关系、非对称互惠共生关系"转变为一种新型的"对称互惠共生关系"①。

　　当前，中国城市现代化发展以及新农村建设工程已经取得了显著的效果，城市的发展水平以及农村的既有条件已经具备了实现乡村振兴的可能性。一方面，乡村振兴已经在农村具有应有的基础。据有关数据显示，中央财政对"三农"的投入从 2003 年的 1754.5 亿元增加到 2013 年13799 亿元。② 另一方面，中国的城市发展已经取得飞速的发展，具备了配合和保障乡村振兴战略而应有的基础。"中国中心城市功能扩散趋势明显，城市中心区空间迅速扩张，外围乡村经济增长与城镇化增速显著，中心城市已经从点状空间转变为城市区域，进入到大都市区城乡功能地域发展阶段。"③ 因此，为了实现中国社会主义现代化整体可持续发展，必须抓准重点、补齐短板，优先突出乡村的战略地位，这也是乡村振兴战略的立意所指。

二　乡村振兴战略的科学内涵和基本要求

　　作为新时代党和国家关于"三农"问题的重大战略决策体系，乡村振兴战略具有丰富的科学内涵和内在规定性，并不断随着党和国家农村发展改革实践而进行着深化和完善。

　　乡村振兴战略体现了新时代中国特色社会主义指导思想对农村发展

---

　　①　武小龙：《城乡对称互惠共生发展：一种新型城乡关系的解释框架》，《农村经济问题》2018 年第 4 期。

　　②　《中央财政今年三农投入计划 1.38 万亿元　再创新高》，2013 年 3 月 6 日，腾讯网（https://finance.qq.com/a/20130306/006784.htm）。

　　③　张婧、李诚固：《中国转型期中心城市城乡关系演变》，《地理学报》2012 年第 8 期。

的具体要求，是党和国家在推动农村现代化发展的时代背景下不断焕发农村活力、缩小城乡差距的重要举措。把中国建设成为社会主义现代化强国必须实现农村和城市同步发展的现代化。在现有的国情形势下，必须重点发展农村，补齐城乡发展不平衡的短板。乡村振兴战略体现了党和国家解决"三农"问题的新思路，突出党的政治领导和社会主义制度优越性，强调了中国发展的资源优势向农村倾斜的战略思路，坚持农村全面振兴的系统性和协调性。乡村振兴关乎乡村的全面振兴，是一个具有多视角、宽领域的决策方针。首先，从农村的产业经济基础，到人力资源和组织动员，再到文化氛围、生态环境等软实力因素，乡村振兴在内容上做出了系统性规定，回答了"振兴什么"的问题。其次，乡村振兴在内容要求上与新型城镇化的发展方向具有内在一致性。"实施乡村振兴战略，并不是放弃城镇化，更不是在现阶段总体上推进以城镇人口向乡村迁移为标志的逆向城镇化。乡村振兴和新型城镇化是解决中国'三农'问题缺一不可的两股重要驱动力量。"① 因此，乡村振兴五方面的内容体现了内容自洽性和逻辑必然性的统一。

相比党的十六届五中全会所提出的新农村建设"生产发展、生活富裕、乡风文明、村容整洁、管理民主"的目标要求，乡村振兴战略进行了深化和发展。对于乡村产业、人才、文化、生态、组织五个领域"如何振兴"的问题，习近平同志做出了"产业兴旺、生态宜居、乡风文明、治理有效、生活富裕"五个方面的具体要求。② 这体现了党和国家对社会主义新农村建设已有的成绩的肯定，也是对如何进一步深化和发展社会主义新农村建设提出的要求。

乡村振兴的五大发展要求和社会主义新农村建设的发展要求具有内在一致性。从"生产发展"到"产业兴旺"，其实质是对中国农业发展所取得成果的肯定，并进一步明确了新时期农业发展的目标。近年来，随着新的科学技术和新的发展理念的运用，农村发展活力得到了进一步释

---

① 李国祥：《实现乡村产业兴旺　必须正确认识和处理的若干重大关系》，《中州学刊》2018 年第 1 期。

② 习近平：《决胜全面建成小康社会　夺取新时代中国特色社会主义伟大胜利——在中国共产党第十九次全国代表大会上的报告》，人民出版社 2017 年版，第 32 页。

放，农业一、二、三产业进一步融合发展，农村在各地整合资源、因地制宜走现代农业发展等方面取得了长足的进步，这为农业发展迈向历史新台阶，取得繁荣兴旺打下了坚实的基础。在新的历史基点上，"产业兴旺"为农村现代化发展提出了新的要求。从"村容整洁"到"生态宜居"，对农村生态文明建设提出了标准更高且更加全方位的要求。这更加符合新时代中国特色社会主义以人为本、关注农民实际生活的立意原则，也是对人与自然和谐相处的传统文化理念的践行。乡村振兴战略保留了原来新农村建设中的"乡风文明"这一要求，这具有重要的意义。这一方面是对新时代中国特色社会主义文化自信的响应，更加突出和彰显精神文化功能在新时代农村建设中的重要性。另一方面，也体现出党和国家对当前农村精神文明建设，尤其是提升农民文化水平和思想觉悟的重要性的深刻认识。从"管理民主"到"治理有效"，相比以村民自治为主的治理方式，乡村振兴战略更加强调自治、法治、德治相结合的新时期社会治理体系的系统性、科学性、合理性和有效性。从"生活宽裕"到"生活富裕"，体现了乡村振兴实践对农民群体生活水平提高要求的切实满足。因此，在决胜全面建成小康社会、实现两个一百年奋斗目标的历史新进程中，实现乡村振兴战略是满足农民日益增长的美好生活需要，从摆脱相对贫困到逐步摆脱绝对贫困，化解当前农村社会矛盾的必然选择。

三　加强农民思想政治教育是实施乡村振兴战略的重要保证

乡村振兴战略所要求的农村农业优先发展、逐步实现城乡融合发展的目标，其实质是"通过共同发展的路径来破除多元因素间的对立，有效达成各个因素间的顺利衔接，实现一体化共生的常态关系格局"[1]。在补齐短板，强调平衡发展、协调发展、融合发展的思路转变过程中，乡村振兴战略依据科学合理的原则和切实可行的路径为农民思想政治教育的开展提供了新的指引。基于此，农民思想政治教育要依据新时代中国特色社会主义理论的总要求，将乡村振兴关乎于党的领导、农村资源配置、农民的主体地位、乡村振兴全面性和系统性、城乡关系的处理、生

---

① 武小龙：《共生理论的内涵意蕴及其在城乡关系中的应用》，《领导科学》2015 年第10 期。

态文明建设等多方面的要求作为其工作开展的依据。

1. 从乡村振兴的核心领导的角度，农民思想政治教育必须坚持党对农村工作的全面领导。党的领导是乡村振兴的灵魂，为农村各项事业保驾护航。作为党组织的末梢神经，基层党组织担负着党对基层工作领导和管理的实际工作，在乡村振兴战略中发挥着至关重要的作用。因此，坚持党对农村工作的全面领导，要"加强农村基层党组织对农村社会各领域社会组织的政治领导和思想引领，树立和强化农村基层党组织在农村重大事项、重要问题、重要决策、重要工作等方面的领导权威和最终决定权"。[①] 乡村振兴要将加强党的建设和对各项工作的领导作为首要原则，并应尤其注重基层党组织的建设；要建立自治、法治、德治相结合的乡村治理体系，培养懂农业、爱农村、爱农民的"三农"工作队伍。因此，农民思想政治教育要以乡村振兴战略为指导原则，加强党对农村工作全面领导的重要性的宣传。

2. 从振兴乡村资源环境的角度，农民思想政治教育必须积极加强对农村发展资源优先满足的宣传教育。乡村振兴战略坚持农村的全面振兴，坚持统筹城乡融合发展和农村"四化"同步建设。乡村战略将城镇化发展的重心转移到农村，以此为保障和前提，积极调动农民在乡村振兴中的积极性、主动性、创造性，维护好农民的根本利益，以农民的实际需求的满足为工作的落脚点。乡村振兴城乡融合的发展理念，其实质就是"摒弃一切有碍于人的全面发展的因素，充分调动方方面面的积极性、创造性，才能真正推动农业、农村、农民的全面发展"。[②] 因此，农民思想政治教育要以乡村振兴战略为指导原则，加强对党的最新的方针政策的宣传，坚持对农村优先发展的主体地位的宣传和引导。

3. 从乡村建设的主体性角度，农民思想政治教育必须坚持对农民主体地位的尊重，坚持人与自然和谐相处，坚持因地制宜地科学发展农村生态文明建设。乡村振兴的提出，为新时期农民思想政治教育工

---

① 霍军亮、吴春梅：《乡村振兴战略背景下农村基层党组织建设的困境与出路》，《华中农业大学学报》（社会科学版）2018 年第 3 期。

② 缪雨：《人的全面发展视域下的乡村振兴战略》，《云南民族大学学报》（哲学社会科学版）2018 年第 5 期。

作提供了新机遇和新挑战。乡村振兴给农民带来了更多的主动权，更加突出农民的主观能动性，使农民在快速发展的农村形势中不落伍，并使农民积极响应国家政策而获取自身发展的更多的空间。"城乡关系从竞争走向融合的过程是解决人为造就的社会分层走向平等的过程，其历程正是对市民权的再造过程，新型城镇化提出对'人'的尊重正是这一过程在中国的再现。"① 农民思想政治教育必须引导农民在思想观念上做好迎接乡村振兴战略快速发展的思想准备；在素质上达到乡村振兴发展的内在要求；在行动上能够与党和国家的发展思路一致，积极响应乡村振兴的战略举措在农村的落实。"乡村振兴战略的核心是构建和谐社会，和谐社会的本质是人与人之间的关系是平等的、均衡的和稳定的，互惠互利是构成均衡社会关系的重要原则之一。"② 因此，新时期农民思想政治教育要将以人为本的思想贯穿于对乡村振兴战略的宣传和落实工作当中。

对于乡村振兴实现的时间规划，党和国家也做出了基本的安排，这也为农民思想政治教育的工作进行了安排部署。依据 2020 年、2035 年、2050 年社会主义现代化的三个重要发展阶段，党和国家将乡村振兴的具体规划也分别对应为"制度框架和政策体系基本形成"、"农业农村现代化基本实现"、"乡村全面振兴，农业强、农村美、农民富全面实现"三个阶段。③ 由此，党和国家对乡村振兴战略在各个阶段所应有的具体内容做出了体系化、步骤化、具体化的规定，这也对农民思想政治教育在未来长时间的评价标准、目标内容、方式方法、载体建设、机制建设等方面工作的规划部署做出了战略安排。

第二节　农村全面建成小康社会为农民思想政治教育提出新的要求

建设小康社会是中国特色社会主义的重要任务。当前中国进入全面

---

① 张文明：《新型城镇化：城乡关系发展中的"人本"回归》，《华东师范大学学报》（哲学社会科学版）2014 年第 5 期。

② 范建华：《乡村振兴战略的理论与实践》，《思想战线》2018 年第 3 期。

③ 《中共中央国务院关于实施乡村振兴战略的意见》，人民出版社 2018 年版，第 48 页。

建成小康社会的决胜阶段，这无论是从中华民族发展的历史的角度来讲，还是从社会主义制度创建到发展历史的角度来讲，都具有跨时代的意义。从实现中华民族伟大复兴的中国梦的角度来讲，全面建成小康社会标志着第一个百年奋斗目标的完成，又为实现第二个百年奋斗目标，即中国最终实现社会主义现代化打下坚实的基础。农村地区实现现代化是全面建成小康社会的重要指标，也是党和国家工作的重点和难点问题。全面建成小康社会与农民思想政治教育在理论、实践以及价值方面具有密切的联系。认清农村全面建成小康社会的新形势是开展农民思想政治教育工作的必要环节，加强农民思想政治教育是建成全面小康社会的重要指标。

一　全面建成小康社会的历史渊源和科学内涵

小康一词最早出自《论语》的"民亦劳止，汔可小康"。段玉裁在《说文解字注》中认为"康"字源自"糠"字，即谷之皮，里面包含着人们赖以为系的粮食作物。康，同时也具有安康之义。传统社会里，"小康"成为人们期待安定富足生活的具体表述。儒家思想视域下，小康社会被认为是财产公有、政治民主、社会文明、社会保障健全和社会秩序稳定的"天下为家"的社会形态。《礼记·礼运》也将小康社会等同于"大同社会"。

以马克思、恩格斯、列宁为代表的马克思主义经典作家在其著作中论述了构建未来社会的基本思想和指导原则，为中国共产党人所倡导的中国特色社会主义小康思想提供了宝贵的思想来源。马克思指出："谁用政治经济学的范畴构筑某种意识形态体系的大厦，谁就是把社会体系的各个环节割裂开来，就是把社会的各个环节变成同等数量的依次出现的单个社会。"① 在马克思看来，社会和人的生命一样是一个复杂和各个要素相互作用且趋于同一的整体，是综合在一起辩证统一的有机体。在《资本论》第一卷序言中，他又补充道："现在的社会不是坚实的结晶体，而是一个能够变化并且经常处于变化过程中的有机体。"② 马克思运用辩证唯物主义进一步对人类社会进行深入剖析，发现社会是一个多种要素

---

① 《马克思恩格斯文集》第 1 卷，人民出版社 2009 年版，第 603—604 页。
② 《马克思恩格斯全集》第 42 卷，人民出版社 2016 年版，第 17 页。

同时存在、相互作用并有机互动的整体，它不是僵硬死板、静止孤立的，而是不断运动、不断更新的。列宁对马克思恩格斯的社会发展思想进行了合乎时代的分析和论证。在他看来，社会主义发展的两阶段都属于社会主义制度，都是生产资料公有制；但是共产主义发展第一阶段，即社会主义制度下的生产力还没有发展到很高的水平时，仍带有资本主义制度的因素。

　　在坚持马克思主义社会发展理论的核心思想和基本原则的基础之上，中国共产党人结合中国具体国情，对小康社会的实现进行了与时俱进的探索。党的第一代领导人着重从大力发展物质文明的角度提出了关于社会主义现代化建设的总体规划蓝图。毛泽东在《论人民民主专政》中论述到："经过人民共和国到达社会主义和共产主义，到达阶级的消灭和世界的大同。康有为写了《大同书》，他没有也不可能找到一条到达大同的路。资产阶级的共和国，外国有过的，中国不能有，因为中国是受帝国主义压迫的国家。唯一的路是经过工人阶级领导的人民共和国。"[①] 新中国成立以来，党的几代领导人力图国富民强，坚持走出一条符合中国国情的社会主义艰难探索之路。事实证明，小康社会的实现只有依靠新中国成立以来党和国家各族人民的不懈努力奋斗来实现。中国特色社会主义视域下的小康社会是中国现代化建设的重要组成部分，是一个具有多层次、宽领域的系统工程。深刻总结中华人民共和国成立以来我们党在社会经济民生发展方面的功过得失，邓小平对社会主义现代化的发展规律有了更加清醒的认识。邓小平所提出的"小康"是一个综合性的概念。首先，"小康"是一个衡量人民生活水平的概念。人民群众的生活质量提高，实实在在感受到社会发展所带来的物质满足和精神愉悦是衡量是否达到小康生活水平的主要标准。其次，"小康"也是一个经济发展水平的概念。社会经济基础的奠定，是达到小康社会水平的必要条件。最后，"小康"还是一个社会发展水平和状态的概念。小康社会的建设水平与社会主义现代化战略发展进程密不可分、相辅相成，共同体现出党和人民为提高社会发展水平，使中国迈向现代化国家而奋斗的美好愿望。

---

① 《毛泽东选集》第4卷，人民出版社1991年版，第1471页。

按照党的十三大制定的战略目标，到 20 世纪末，中国的现代化发展共需要"三步走"的过程分次来实现，其目标是不断解决人民的温饱问题，不断使国家往较高水平的小康社会程度发展；逐步实现国民生产总值再翻两番，社会主义现代化水平达到中等发达国家水平。在保证前两步目标顺利完成的前提下，党的十五大重新对第三步战略进行具体化的设计，提出了"新三步走"发展战略，明确了在新世纪分别从 2010 年、2020 年、2050 年三个时间节点有目标、有任务、有步骤地向中国特色社会主义现代化发展目标迈进的总体思路。2012 年，党的十八大报告将"为全面建成小康社会而奋斗"列为报告主题，对全面建成小康社会做出了更加明确的安排。为贯彻落实好党的十八大确立的全面建成小康社会的目标，2014 年，习近平同志提出了"四个全面"战略布局，将全面深化改革、全面推进依法治国、全面从严治党作为全面建成小康社会动力和保障。① "四个全面"战略进一步丰富完善了中国特色社会主义理论体系，使得全面建成小康社会的思路更为清晰。

全面建成小康社会具有丰富的意蕴，是基础性、全面性、历史性和辩证性的统一。第一，小康社会是一个基础性的概念。"小康"社会不同于"大康"社会，是一个具有民本思想的基础性社会概念，而不是追求生产力高度发达和各项高指标的社会发展概念。在以马克思主义理论为指导，坚持人民民主专政的社会主义制度下，满足人民生活的富足稳定的最基本需求是党和国家利益的根本宗旨，也是社会良好运行的最基础和最本质的条件。因此，小康社会建设是基于中国生产力落后、人民生活水平不发达的客观前提，是为人民生活幸福和社会稳定发展提供基本保障的中国特色社会主义重要任务。第二，小康社会是一个具有系统性、整体性和全面性的综合概念。小康社会的基础性规定也决定了其涵盖社会各领域的全面性特征，要求政治、经济、文化、生态等各领域最基本的现代化实现。也就是说，只有实现社会全面性的平均小康，补齐短板，才能真正具有基础性作用。第三，小康社会是一个充满厚重感的概念。小康社会针对中国地大物博、人口众多的现实因素，是具有大国标签、

① 魏礼群：《"四个全面"：新布局、新境界》，人民出版社 2015 年版，第 22 页。

悠久历史底蕴和民族厚重感的政治诉求。对于一个大国来说，越是基础的问题越为重要；只有牢固的基础才是中国这艘巨轮远航的保障。第四，小康社会是一个充满辩证性的概念。构建小康社会其背后折射出复杂的社会问题。小康社会解决的问题，不是少数人而是大多数人的问题，解决的是大部分人富起来过好日子的问题，而不是少部分人富起来的问题。因此，全面建成小康社会针对的是社会各种不公平、贫富差距加大的问题、社会各阶层分化、相互之间冷漠、不和谐的问题，是坚持"均贫富、等贵贱"的小康，而不是以牺牲多数人的利益来实现少部分人利益的小康。

全面建成小康社会是党的十八大以来党在新时期实现社会发展、人民幸福安康的主要目标，也是基于马克思主义社会有机体理论，为中国特色社会主义各项事业发展提供基础性、保障性前提的伟大实践。首先，全面建成小康社会是中国特色社会主义不断实现现代化，将理论自信、道路自信、制度自信、文化自信的内在要求不断落实到实践中的必然选择。从小康社会的提出，到对小康社会的目标要求具体化和现实化的奋斗过程，我们党和国家经过长期坚持不懈的奋斗过程，逐渐建立起了相对完善的人民民主专政的政治制度，形成了比较完整的工业体系和国民经济体系，将走科学发展、可持续发展国家发展道路作为长期目标。其次，全面建成小康社会是巩固我党执政地位的重要保证。"人民对美好生活的向往，就是我们的奋斗目标。"[1] 中国共产党作为中国特色社会主义事业的领导核心，在全面建成小康社会的历史进程中，不断提高领导水平、执政水平，坚持以一切工作为人民服务的宗旨，提高拒腐防变的能力，通过加快实现社会发展来满足人民群众的利益需求，通过解决人民群众最关心、最现实的生活问题来提高其在人民群众中的政治威信，有效地巩固自身的执政地位。从改革开放以来中国社会发展变革的历史来看，我们党坚持以建设小康社会为社会发展目标，在依据不断发展的世情、国情、党情而进行的实践摸索中不断解放社会生产力、激活社会生产潜能、提高人民的生活水平和生活质量，通过取得的一个个举世瞩目

---

① 《习近平关于社会主义社会建设论述摘编》，中央文献出版社2017年版，第4页。

的发展成就来赢得人民的信任和支持。事实证明，党只有不断奋斗努力，带领人民不断走向幸福生活，实现全面建成小康社会的目标，才能长久地得到人民的拥护。

二　农村全面建成小康社会的重要地位和要求

习近平同志指出："小康不小康，关键看老乡。"① 全面建成小康社会最需要着重加强的是农村地区的建设。新时期里党和政府提高对农村问题的重视程度，将农村地区实现全面建成小康社会视为最薄弱的环节，将农业实现由传统向现代的转变作为全面小康社会的基础，将农民群体能否享受到小康社会的发展成果视为衡量全面实现小康社会的关键因素、重要指标。当前中国城市发展速度较快，城市居民生活水平较高，已基本完成实现小康的任务。从某种意义上讲，全面建成小康社会主要针对的是发展相对落后的农村地区，农村地区全面实现小康社会是党和国家各族人民奋斗的重点和难点。从另一方面讲，新时期"三农"体系的若干问题的解决也是需要以农村全面建成小康社会的实现作为重要前提。农村全面建成小康社会也是新时期党和国家能否顺利解决"三农"问题的关键点和落脚处。农村全面建成小康社会是中国全面建成小康社会最重要的部分。党和政府以及全国人民必须直面问题，真正体现全面建成小康社会的全面且深入的落实成效，切实解决农村全面小康的"最后一公里"问题。

全面建成小康社会更加体现其全面性，是囊括各区域、各产业和最广泛人群的小康社会。一方面，只有农业高度发达、农民生活水平全面提高才能体现全面小康的完整性、无差异性，才能真正建成国家的全面小康。另一方面，农村全面建成小康社会更加体现其复杂。当前"三农"问题依然有很多亟待解决的领域，比如农村基础条件落后、地域广阔、环境复杂；传统农业模式对现代农业发展形成束缚；农民面临着社会转型期所产生的思想文化焦虑，这些问题都亟待党和国家来妥善解决。魏后凯等学者的研究发现，农村全面建成小康社会的总体实现程度逐年提

---

① 《十八大以来重要文献选编》（上），中央文献出版社 2014 年版，第 658 页。

高，但在文化娱乐、平均受教育水平、村民选举、农产品绿色安全、土地流转等方面仍然存在很多问题和不足。① 这充分突出当前农村全面建成小康社会的关键问题所在，也体现了农村全面建成小康的实质要求和难点所在。因此，完成农村全面建成小康社会的目标，需要解决农村一系列相关问题，是一个涉及农村全方位、多领域的具有全面性的工程。首先，从内容上看，农村全面建成小康社会是要将政治、经济、文化、社会、生态文明五大领域全面包含在内的形成一个整体推进的系统工程，符合社会发展多方面的具体要求：要实现农村经济可持续增长，整体文明程度明显提高；要实现人民生活水平得到显著提高，社会公共服务不断优化，社会保障体系不断完善，贫富差距进一步缩小，扶贫对象数量进一步减少；要不断按照资源节约型、环境友好型的标准来指导农村、农业的现代化发展。其次，从区域上看，全面建成小康社会是涵盖国家所有区域的小康，是包括所有不发达地区，尤其是广大农村地区的小康。全面建成小康社会的基础性和全面性意味中国东部、西部、中部所有城市人口和农村人口全部迈进小康的社会建设目标。最后，从发展进程来看，从 2012 年到 2020 年，国家要实现各项社会发展水平的总体提高，不能一蹴而就，这是国家总体社会发展水平从基础的问题温饱向有条件的富裕水平不断发展的动态过程，即动态性和全面综合性的统一。② 农村全面建成小康社会与乡村振兴战略、农村精准扶贫、农村深化改革等一系列重要的战略措施具有密切的相关性。农村全面建成小康社会对农村的整体脱贫提出了艰巨的考验。作为新时代中国特色社会主义总任务的重要组成部分，乡村振兴的实现与党的十九大所提出的第二个百年奋斗目标相一致，也是以农村全面建成小康社会作为重要基础保障。因此，农村全面建成小康社会是小康社会建设的攻坚阶段和完成阶段，标志着党和国家建设小康社会不断取得事业的推进，在新时期肩负更加艰巨复杂的任务，是党和国家中国特色社会主义现代化建设的必经之路。

---

① 魏后凯等：《中国农村全面建成小康社会进程评估》，《人民论坛·学术前沿》2016 年第 18 期。

② 卢青、靳如意：《中国农村小康社会发展水平测度研究综述》，《社会科学动态》2018 年第 6 期。

三　加强农民思想政治教育是全面建成小康社会的重要指标

思想是行动的前提，观念是实践的先导。当前，农村全面建成小康社会的要求，为农民思想政治教育工作提供了新思路。加强农民思想政治教育工作，也是农村全面建成小康社会的重要指标。中国共产党的农民思想政治教育坚持以马克思主义理论和中国特色社会主义理论体系为指导思想，坚定农民对社会主义理想信念和党方针政策的理解认同。新时期全面建成小康社会所承担的多方面任务和目标，也成为农民思想政治教育的相关任务和内容，为新时期农民思想政治教育工作的开展提供新引领、新要求、新思路。

1. 政治方面

在农村全面建成小康社会的过程中加强思想政治教育，能够推进农村管理体制创新，建立起一套具有新时代中国特色社会主义要求的农村基层管理体制来提升农民的政治认知，坚定农民的政治信仰，激发农民的政治热情，提高农民的政治参与水平。一方面，思想政治教育是党和政府指引农民思想、调节农村社会精神生产的工具。任何一个时代的社会生产都可以分为物质生产和精神生产两方面，这其中思想政治教育属于精神生产，同样对社会发展进步具有积极价值。党和国家通过思想政治教育来主导农村社会的上层建筑领域，引导农民思想观念并确保用马克思主义占领农村的主流思想阵地；对各种非马克思主义的意识形态进行批判，维护农村意识形态安全。需要思想政治教育能够培养农民政治意识，提高其参政议政水平，以推进农民的政治社会化的进程，保证农村社会的政治稳定。要用符合新时代中国特色社会主义政治要求的教育内容来引导农民，使农民成为社会主义忠实的支持者和继承者，从而确保党和政府与农民群体成为荣辱与共的政治联系共同体。另一方面，思想政治教育能够保障涉农政策的宣传落实。思想政治教育向农民群体宣传党和国家的"三农"政策，使其理解政策的基本精神，从而在实践中积极拥护和贯彻政策。与此同时，思想政治教育的开展能够促进党政干部与农民进行广泛接触、深入交流，充分了解农民的政治意愿，保证基层群众意愿能够及时反馈给上级部门，将群众对政策的满意度作为进一步制定完善政策的现实依据。因此，思想政治教育有助于党和政府构建以解决农村复杂问题和调节农村社会秩序为目的政策沟通机制，调动农民贯彻政策的积极性。

2. 经济方面

农村全面建成小康社会背景下的农民思想政治教育在经济领域发挥积极的引领作用，能够更好地推动农村社会的经济的发展，激发农民现代的主体意识、竞争意识、生存意识、经济意识；使农民逐步建立经济主体思想，激发科学的思想观念支配经济行为的经济价值。

首先，农民思想政治教育服务于市场经济建设。农村经济建设发展是新时期党和国家开展工作的中心任务。党的一切工作，包括思想政治教育在内，都要紧紧服务和服从于经济建设这一中心任务。坚持共同富裕的原则，使农民走上富裕的道路是党的农村经济工作最终旨归。与之相应，思想政治教育不能落入空谈口号的窠臼当中，只有与现实进行紧密结合，尤其是在农村与农民的经济生活相对接，才能更加具有说服力和感召力。从发展农村经济的角度来讲，对农民进行思想政治教育工作，能够使其作为一种精神生产力，引导和促进农民进行劳动致富，通过端正农民思想观念和激发生产积极性来促进农村经济发展的有效运行。具体表现为：一方面，农民思想政治教育属于上层建筑的范畴，能够对经济基础形成反作用力。农村经济发展的基础是农村生产力，而影响农村生产力起主导作用的因素就是劳动者，即农民本身。思想政治教育通过做农民的思想工作来动员农民、激发农民的生产积极性和创造力，为推动农村经济发展发挥重要的经济价值。另一方面，农民思想政治教育能够构建和谐的舆论环境和健康的社会风气来促进农村经济的发展。思想政治教育用社会主义先进文化帮助农民扫清封建思想的残余，使农民用客观、全面辩证的眼光看待经济发展中所出现的问题；帮助农民树立现代经济思维，摆脱狭隘的眼光，树立可持续发展的经济理念；构建有利于经济进步的乡村道德风尚，营造勤劳实干的劳动氛围；对农民心理问题进行平衡解决，调节因收入差距拉大而引起的人与人之间的隔阂。总之，农民思想政治教育通过加深农民经济思想认识的方式，为农村经济发展和生产力的提高提供保障。

其次，通过开展农民思想政治教育能够启发农民的经济意识，调整落后的农村生产关系。思想政治教育使农民认识到旧有生产关系阻碍生产力发展的局限性，使其不断适应与社会主义市场经济相符合的生产关系和生产方式，积极参与到农业现代化体系建设中，提高生产效率，实现经济创收。一是指导农民投入到新的生产关系的实践中，通过不断调整生产关系来促进生产力的发展，促进农村社会经济的平稳有序发展。二是帮助农民学习最新的农业科技成果和新的致富理念。通过动员帮助农民掌握最新的农业生产科技知识，将科学技术的提高转化到生产力发展当中，积极调动农民使用新的科学知识，运用生产工具从事现代农业生产。三是引导农民理解国家实施的农村经济方针政策的基本思想、路线、方针，引导和调节经济工作，保障社会主义制度和市场经济制度的有效结合，国家宏观调控的政治优势和市场经济激发经济效率优势相结合，为农村经济持续健康发展提供保障。保证农村经济发展方向沿着党既定的方针政策行进，解决经济发展大方向问题，在经济建设中提高农民参与感、增强凝聚力和向心力。四是保证农民的切身经济利益，唤醒农民表达自身利益诉求、维护自身利益的觉悟。通过不断进行经济政策的宣传讲解，农民认识到社会主义市场经济的内在本质、基本要求和发展目标。发挥思想政治教育对保障农民群体的最基本利益，合理公正地处理各种关乎农民切身利益的问题和保证农村中国特色社会主义经济体制不变的积极价值，彰显中国特色社会主义的本质和无产阶级专政、工农联盟国家为人民谋利的本质属性。

3. 文化方面

思想政治教育具有文化价值功能。全面建成小康社会背景下的农民思想政治教育以推动社会主义先进文化为职责，意在用新时代中国特色社会主义文化自信、社会主义核心价值观、五大发展理念等内容来启发农民，建设积极健康的农村文化新氛围。全面建成小康社会是一个丰富而多元的系统工程，文化建设是其中特殊而重要的组成部分。如何进行传统乡村文化与当代文化的结合，是农民思想政治教育需要关注的重点。把农民培养成为新时期乡村文化的创造者和传播者，为祖国的文化发展繁荣做贡献是乡村文化振兴的关键，也是考验相关文化宣传工作者和思想政治教育工作者能力的一项重要指标。农村社会文化是农民思想政治教育的重要背景，思想政治教育对乡村社会风俗礼仪制度和乡约民规的融合，也体现出其文化价值。

第一，思想政治教育具有文化选择功能。一方面，积极吸收同质性文化因子，不断完善思想政治教育的文化内容体系，以积极的态度吸收符合一定社会要求的思想、观念、知识、风俗习惯等文化因素，并容纳到已有的内容体系中来。另一方面，批判异质性文化因子，抵制不良文化因素对农民的影响。思想政治教育对其教育目标相左甚至相悖的异质性因素，则给予批判、扬弃、甚至拒斥。当前对农民开展思想政治教育，其文化选择价值更多地体现在对传统文化和对西方文化的积极批判性的吸收和改造中。

第二，思想政治教育具有文化属性。从本质上讲，思想政治教育本身具备宣传社会文化的功能。这其中符合"一定社会、一定阶级"所需要的思想观念、道德规范具有丰富多彩的文化形式，也内含着丰富多样的文化类型，比如政治文化、伦理文化等。思想政治教育能够彰显文化的价值，通过文化的影响来实现对农民政治道德社会化。一方面，思想政治教育发挥文化传播功能，不断强化自身对文化传播的积极作用，通过多种教育宣传形式帮助社会成员获取对政治、信仰的认识和认同，为社会成员学习政治文化提供平台和机制。另一方面，思想政治教育对文化具有分解和整合功能。思想政治教育能够对社会政治、经济、法治中的多元文化内容进行重新编排和优化设计，建构符合思想政治教育和农民自身需求的文化模板，使农民能够更加便利地进行互动交流，发挥在深层次文化变迁中所具有的积极而独特的作用。

第三，思想政治教育对文化的渗透和创造。在多元开放的现代社会，一元性的主流文化和多元化的非主流文化之间存在着内在张力。非主流文化存在不确定性因素，存在颠覆主流文化的主导地位和引领地位的隐患。思想政治教育必须发挥积极作用，处理好主流文化和非主流文化两者之间的辩证关系。一是使农民具备适应社会发展的文化底蕴和知识储备。二是使农民讲究科学方法，相信科学、尊重科学，增强其辨别真假、美丑的能力，并摒除其愚昧无知的思想。三是要致力于坚守农村文化阵地，加强农村精神文明建设，促进农村公共文化服务体系的完善。

思想政治教育以传播中国特色社会主义主流文化为目标，不断传播社会主义核心价值观，增强文化软实力，凝聚爱国主义和集体主义思想，引领农民接受主流文化思想。一方面，对农民进行社会主义先进文化的引导和渗透，不断与非主流文化碰撞和交锋。思想政治教育要发挥其文化渗透的功能，将主流文化合理地渗透到各种非主流文化当中，积极改造各种非主流文化属性，调节社会文化领域中的冲突，为农村文化的发展服务，使乡村文化成为传播思想政治教育的文化载体。另一方面，社会主义主流文化要与各种非主流文化抢夺主导权，维护乡村文化的马克思主义性质。从促进文化的丰富性上讲，要积极吸收各种非主流文化中的积极合理成分，丰富主流文化的内容，以促进思想政治教育工作进步发展。

4. 社会方面

农村全面建成小康社会背景下的农民思想政治教育以爱国主体、集体主义、无神论、崇尚科学的理念来教育农民，推动社会发展。一切从实际出发，这是党的优良传统，也符合马克思有关物质利益论述观点。注重眼前利益，以务实的眼光看待问题是传统农民以务农为本的基本生活写照。因此，对农民思想政治教育必须与农民的实际生活相结合，只有与经济生活以及农民的农业生产相结合，不开空头支票，给予农民看得见的利益，才能有效地调动农民的积极性，思想政治工作才能发挥实效性。正如抗日战争时期我党对农民的思想政治教育与土地革命、减租减息的政策相结合，就有效地获得了农民群体对革命的支持和拥护。改革开放以后，家庭联产承包责任制、消除城乡二元化、大力发展农业现代化、实行各项维护农民群体权益的政策，都对有效提高农民的物质利益起到了良好的作用。实践证明，要调动农民的积极性，取得农民的支持，就要使农民的物质利益得到满足，思想政治教育工作才能落到实处。

5. 生态方面

农村全面建成小康社会背景下的农民思想政治教育需要对农村生态问题进行重点关注。生态文明建设越来越成为社会关注的重点，近年来工厂过度排放、乱砍滥伐、违规种植、不合理的城镇化布局，对原本绿水青山的乡村造成了严重的环境破坏。生态问题已经成为一个引起全球和全社会共同关注的问题。封建社会生产力比较低下，以农业生产为主，没有工业产业对环境的破坏，农民深受原始质朴的道家文化思想影响，没有环境保护的思想理念。作为一种社会意识，生态意识受社会经济发展水平影响。当前，农民总体呈现生态主体意识淡薄，参与度不高的现象，这既与农村生产力发展水平有关，也与环保基础设施不完善、土地产权制度不健全有关。要在发展生态经济的同时创新、完善相关制度，为农民生态意识培养创造良好制度环境。农民思想政治教育要唤醒农民对生态环境的关注，把对环境教育的意识渗透到思想政治教育内容体系和实践活动中，深深地贯彻到农民的内心深处。随着环境宣传的力度加大以及环境法的逐步完善，思想政治教育工作必然要对农民进行环境法律法规、相关规章制度、生态伦理等有关知识的教育宣传。

第一，帮助农民树立保护乡村生态的责任感。农村的自然环境状况与每一个村民的生活体验息息相关，通过思想政治教育宣传将国家的绿色环保政策具体地讲解，帮助农民将对现实事实与生态环保价值的认识统一起来。将环境保护的道德责任与自身的切实利益结合起来。将五大发展理念中的绿色环保理念深入地宣传到位，最终的目的是制定一套既符合农民思考习惯又符合党的生态环保政策要求的规范体系，并通过教育宣传保证农民深入地将这套规范体系内化于心外化于行。不断地深入培养农民的道德良心、道德信念，培养农民保护环境、爱护自然的道德情操，进行有效合理的整合。通过思想政治教育的不断影响，培养农民长远的眼光，用可持续发展的眼光看待发展，将长远利益和短期利益结合起来认识问题，达到人类与自然和谐共处、相伴相生。

第二，帮助农民树立生态意识，掌握最基本的与生态有关的知识体系。中国传统文化中蕴含了丰富的天人合一思想。当代农民在记忆深处拥有丰富的敬畏自然、与自然和谐相处的思想意识。青山绿水的环境越来越成为现代社会需要珍惜的宝贵资源。现在农村由于不可持续发展的缘故，也出现了很多的污染，严重地影响到了社会的生态资源环境。要帮助农民正确的地看待绿色发展，正确地看待自然环境。思想政治教育必须弘扬传统文化厚重的天人合一的思想，教育农民爱护环境、爱护自然、明确自然与人类相互依存的关系，明确自然赋予人类的宝贵财富和深刻的思想内涵。

第 三 章

新时代中国农民思想政治教育
所取得的新发展与新成就

党的十八大以来，中国农民思想政治教育工作取得了新的发展。一方面，在党和政府的政策引领下，农民思想政治教育主体构成成分多元化、功能职责多样化，并呈现出年轻化、高学历、高素质的特征。另一方面，农民思想政治素质得到提高，其从传统观念不断向现代公民观念转变，在政治信仰、经济观念、文化素养、法治观念、生态素质方面具有积极的进步。与此同时，农民思想政治教育在积极配合党和国家农村政策的贯彻落实方面发挥了重要的作用。

第一节 新时代中国农民思想政治教育主体的新发展

在思想政治教育过程中，思想政治教育主体是负责教育工作顺利开展实施的群体，即"思想政治教育的承担者、发动者和实施者"。[1] 在中国农村，农民思想政治教育的教育主体担负着发起教育活动和引领农民提高思想政治素质的主导作用，以确保党和国家把教育内容和目标有效传递给农民。农民思想政治教育主体是开展教育的灵魂。在思想政治教育活动过程中，教育主体是整个思想政治教育活动有效性得以体现的重要影响因素。党的十八大以来，在党和政府的政策引领下，农民思想政

---

① 李合亮：《解构与诠释：思想政治教育基本问题研究》，人民出版社 2015 年版，第 275 页。

治教育主体有了新发展、新变化，为新时期农民思想政治教育工作的开展指明了新的方向。

一　农民思想政治教育主体构成成分的多元化

农民思想政治教育主体是党和政府在农村进行思想政治教育的代言人，具有特定的任务职责。党的十八大以来，随着农村政策的调整，农村政治领导的组织结构和功能发生了变化，主体由原本的上级有关部门指导、村"两委"具体落实的成分结构发展为由县镇乡三级有关干部人员、外来驻村干部、农村精英共同组成的更加多元化的有机教育队伍。在新时代中国特色社会主义全面从严治党向基层延伸的大背景下，县以下的党委宣传部门对农民思想政治教育的关注力度更加的突出。同时，以村"两委"为主力的驻村思想政治教育主体更加专业化。除此之外，近年来驻村干部和乡村精英在思想政治教育工作中参与度越来越高，发挥的作用也越来越大。这其中，驻村干部和乡村精英正在不断结合自身的优势，对农民思想政治教育的创新发展、建立新格局发挥积极的推动作用。

首先，县、镇机关党委宣传部门有关人员对农民思想政治教育进行总体指导、监督和管理。党委领导的理论宣传部门是农民思想政治教育的主导。县、镇宣传部门是县委主管意识形态方面工作的综合职能部门，主要负责新闻工作、文化工作、社会宣传工作等抓好精神文明建设的相关工作。因此，县镇机关的理论宣传部门的工作内容主要有以下几点：一是组织、指导农民思想政治教育工作的理论研究、理论学习、理论宣传和规划的工作。二是做好各级党员尤其是村两委的思想政治教育工作，对农民思想政治教育工作的具体实施进行规划、部署。三是会同有关部门研究和改进基层宣传思想政治教育工作、负责指导、协调和组织全县社会宣传工作；负责引导社会舆论，指导、监督、管理新闻宣传、出版工作，对新闻媒体实施方针政策的指导；负责指导、监督和管理全县网络新闻宣传。四是负责全县对外宣传思想政治教育工作，组织协调、指导和管理全县的对外宣传的工作。五是负责从宏观上指导文化艺术工作、精神产品的生产和文化市场的管理，对县文体局、县新闻中心、县文联等部门从政治方向和方针政策方面实施领导，负责宣传工作各部门有关工作的协调指导。六是负责全县群众性精神文明创建工作的规划和组织实施；协调、指导和监督全县各行业、村镇、农村社区各成员的思想道德建设等各类群众性精神文明创建活动。因此，县镇一级的党委理论宣传部门的相关工作人员是思想政治教育的设计、监督、管理的主体，对思想政治教育工作发挥宏观指导和引领的作用。

其次，村干部对农民思想政治教育的有效性发挥主力作用。村干部即村"两委"成员，一般指农村各级政治组织、自治组织的管理和负责人员，主要指党支部书记、村委会主任等村里的主要干部，同时包含治保主任、民兵连长、妇女主任、团支部书记和村会计等人员。① 村党委是党在基层的延伸，是党的神经末梢组织，是党实现对农村工作的全面领导的代言人、桥头堡。村委党务工作人员的任命必须经过上级党组织批准和任命，这是由党的根本任务和宗旨决定的。② 村委会干部是农民通过村民选举政策选举出来的干部，是由村民全体任命的领导人。村委会干部和村党委干部都担负着对农民进行思想政治教育的职责，这其中村党委是开展农民思想政治教育的核心力量。

再次，外来驻村干部是上级部门对农民思想政治教育主体的重要补充。外来驻村干部是指党以充实农村基层、夯实农村组织基础、推动农村社会经济全面发展为目的而外派到基层的第一书记、大学生村官等各种包村干部和驻村干部的总称。与村庄内的政治精英相比，外来驻村干部具有其独特的思想政治教育特征和优势。一方面，他们一般接受过良好的教育，具有过硬的理论水平和较开阔的看得问题的眼界；处于相对简单的人际关系中，具有较高的综合素养，对农民进行思想政治教育的目的比较单纯，没有宗族关系等内生性因素的羁绊。另一方面，外来驻村干部以具有弹性的工作方式参与到村庄治理和思想政治教育工作中，在优化村级领导班子、规范村民自治和推动农村经济文化思想发展等方

---

① 王雯：《中部地区村干部胜任能力要素实证研究：基于 H 省 X 市 P 镇三个村庄的调查》，宁夏人民出版社 2016 年版，第 28 页。

② 王雯：《中部地区村干部胜任能力要素实证研究：基于 H 省 X 市 P 镇三个村庄的调查》，宁夏人民出版社 2016 年版，第 29 页。

面发挥了积极作用。驻村干部一般都具有驻村年限，在服完役之后上级组织会另有安排，这会适当减少驻村干部的工作压力和倦怠性，也为思想政治教育工作提供新的思路。总之，驻村干部的这种特性为思想政治教育工作的有效开展带来了适当的空间张力，有利于拓宽思想政治教育的思路，提高教育的有效性。

最后，重视乡村精英在农民思想政治教育工作中的重要作用。新时期农民思想政治教育工作的有效开展需要处理好基层党组织、村民自治、外来驻村干部以及以乡村精英为代表的内生性权威的关系。乡村精英是农村有能力人群的代表，是"乡村社会中某些在经济、个人能力、社会资源等方面拥有优势，并利用这些资源取得了一定的成就，为社会做出突出的贡献，同时被赋予了一定的权威，能够对社会本身乃至其成员产生影响的社会成员"。[1] 乡村精英因为在村民之中具有较高的威望、较密切的伦理关系，能够发挥对农民的思想教化、解决纠纷以及价值引领等相关方面的功能。

乡村精英的产生有其悠久的历史渊源，其前身是古代乡绅。在封建社会，统治阶级的权力无法对农村进行全面延伸，只有通过任命地方乡绅来完成对农村的治理。由此，乡绅在古代社会承担着社会教化、促进政令上传下达、协调官方和民间矛盾等的重要作用，具有与思想政治教育类似的职责。"乡绅"一词具有丰富的外延，既包括在乡的缙绅，也包括出仕在外却仍产生乡村影响力的官僚，既可以是有功名者，也可以是有权有势的无功名者，其特点是为国家所承认，由国家利用察举、荐举、科举、捐纳和捐输等社会流动渠道而被纳入政权体系。[2] 相比较而言，古代农村的乡绅具有重要的影响力，可以利用内生性权威制定规则，影响封建时代乡村社会秩序的建立。

中华人民共和国成立以来，随着党对农村工作的领导，以及对农民思想解放的不断引导，乡绅的功能不断被人民公社等基层组织所取代，乡绅的地位和影响力不断被弱化。20世纪80年代以来，随着农村的改革开放和家庭联产承包责任制的实行，乡绅得以以乡村精英的形象出现，

---

① 徐茂明：《江南士绅与江南社会（1368—1911年）》，商务印书馆2004年版，第15页。
② 傅衣凌：《中国传统社会：多元的结构》，《中国社会经济史研究》1988年第3期。

在带动农民致富、解放思想、解放生产力方面产生积极的影响，对农民的思想文化、精神面貌产生了重要的影响。村党支部和村委会的成员为体制内精英，而体制外精英是国家权力序列之外带有明显乡绅和宗族色彩的"宗族精英、宗教精英、宗派势力、经济能人以及一些民间知识丰富、懂得乡间礼仪、能主持乡间仪式的文化精英和有威望的乡村中学教师等等"。① 农村精英发源于封建社会中担当稳定社会秩序和实现乡村礼教作用的士绅乡贤阶层，其产生和演变是中国封建社会结构从"封闭性流动"转向"开放性流动"的写照，遵循于"新生阶级的产生和旧存阶级的灭亡"的社会发展必然趋势②。本书所指的对农民思想政治教育具有协助作用的乡村精英，主要是指国家序列外的农村精英。

乡村精英具有成为农民思想政治教育主体的合理性和必要性。在新时期的农村，面对复杂多元的现实状况，农民的内心仍然具有强烈的依附感，需要获得传统意义上亲近的人伦根源感。在这种情况下，"只有具备现代意识的新型乡村精英通过乡村精英转换主导乡村社会的发展，乡村社会的自发秩序才能得到重新的形成、维护和发展"。③ 新时期里，乡村精英越来越成为一股重要的力量，承担着对农民思想政治教育主体的职责。在村干部的协同指导和配合下，通过乡村精英实现农民思想政治教育的本土化、生活化，能够提高思想政治教育工作的有效性。

二　农民思想政治教育主体功能职责的多样化

党的十八大以来，依据农村社会发展形势需要以及农村行政制度、农村经济制度改革的相关政策落实，党的农民思想政治教育主体的功能职责也日趋多样化。农民思想政治教育主体对农民具有榜样带头的重要作用，明确自身的责任有利于开展工作时增加内在驱动力。农民思想政治教育主体要对工作中自身所担负的重要责任和使命以及思想政治教育对农村各项工作发展、农民自身发展所具有的重要意义具有准确清晰的

---

① 王中标：《"乡村精英"发挥作用的制约因素及对策》，《特区经济》2007 年第 10 期。

② 王先明：《近代绅士——一个封建阶级的历史命运》，天津人民出版社 1997 年版，第 2 页。

③ 刘路军、樊志民：《中国乡村精英转换对乡村社会秩序的影响》，《甘肃社会科学》2015 年第 2 期。

认知。只有把握其"变"与"常"的关系，才能做好农民思想政治教育工作，保持思想政治教育"生命线"的特色和地位。在不同的历史时期，中国共产党始终发挥领导核心的作用，根据国内形势的不同，不断探索和总结农民思想政治教育的本质规律。伴随着时代的发展和农民自身现代化的发展，思想政治教育的教育主体已经不仅由党和政府来独立担当。作为思想政治教育的客体，农民自身也具有主动自我教育的能力。当前，党和国家正在有序推进实现乡村振兴、城乡融合一体化发展等各项事业，这要求担负农民思想政治教育工作的教育主体坚持党和国家制定思想政治教育的基本立场、观点、原则和方法；积极学习、深刻领会、继承发展党在历史上关于开展农民思想政治教育工作的成功经验；有效地调动作为教育客体的农民的积极性，与农民形成有效的共鸣和深入的交流；面对时代赋予的新变化和新挑战，不断丰富和优化思想政治教育的内容，不断改进工作方法，不断增强实效性。

当前，中国农民思想政治教育主体为不断地适应农村新形势，自身职责也随之变化，开展农民思想政治教育工作必须与农村新形势相结合。新时期农民思想政治教育主体要响应党的十八大以来党对农村工作的各项方针，尤其是重点关注党对新时期实现乡村振兴战略"必须把夯实基层建设作为固本之策，建立健全党委领导、政治负责、社会协同、公众参与、法制保障的现代乡村社会治理体制，坚持自治、法治、德治相结合"的相关要求。[①] 相比于原来的以政治宣传教育、维护乡村秩序、宣传和动员征收粮食税和负责计划生育等工作为主的思想政治教育工作，中国农民思想政治教育主体的功能职责有了新的发展。具体来讲，一是新时期农民思想政治教育主体更加强调党对农村工作的全面领导，负责全村农民丰富文化、思想引领，振兴乡风文明。二是新时期农民思想政治教育主体更加突出负责全村的经济发展的指导和规范等职能工作，带领农民致富、促进农村改革、加强农村党的建设、促进乡风文明的新发展。新时期的农村干部更多的将农民和村庄的利益关联起来。开展思想政治教育工作要调动农民参与公共事务积极性，代表全体村民与外来资本和

---

① 《中共中央国务院关于实施乡村振兴战略的意见》，人民出版社 2018 年版，第 19 页。

村庄洽谈；负责对土地流转政策方面的答疑解惑；处理培养新型经营主体所面对的各项基本矛盾、处理各类相关的事物。三是新时期农民思想政治教育主体担负着宣传农村生态文明建设的主要职责。生态文明建设是党的十八大以来党和国家提出的新的方针政策，是对中国发展中的生态问题的关注重点。党和国家所提出的五大发展理念也是对保护环境、进行可持续发展的政策理念性的指导。农村原本的青山绿水的生活环境在不合理的发展过程中正在面临着被污染和损害。因此，为了响应国家的号召，让党和国家的生态文明建设的方针政策切实落地，新时期农村生态文明建设的宣传和引导也是思想政治教育主体所应该担负的本职工作。

三　农民思想政治教育主体能力素质日趋优化

近年来在党和国家农村政策引领下，伴随着农村改革和城乡不断趋于一体化发展，与思想政治教育环境密切相关的农村自然环境、人文环境、经济环境等方面发生了深刻的变化。党和国家对农民思想政治教育主体的发展十分重视，并对机关干部下基层交流锻炼、基层民主自治村干部选举和培训等问题进行专门的政策规定和安排。由此，农民思想政治教育主体实现了较快的发展，向着"懂三农、爱三农、爱人民"的"三农"工作队伍的标准发展，呈现出年轻化、高学历、高素质的特征，其综合能力日趋优化。

农民思想政治教育主体是实现乡村振兴战略所依靠的人才队伍的重要组成部分。党的十八届三中全会以来，我们党把推进国家治理体系和治理能力现代化作为全面深化改革的总目标。实现基层社会的有效治理，离不开有能力、讲政治的基层人才队伍。党的十九大对建设一支高素质、高质量的专业化基层执政骨干队伍提出了新的要求，要求基层干部队伍要具备新时代中国特色社会主义发展要求的能力，为了确保国家对基层治理的统一性，要求基层治理要与中央高度一致；要求基层干部作为领导者和管理者，既有经济发展观念，又有政治觉悟，能够发挥榜样带头作用。

近年来，在国家政策引领下，"三农"工作队伍不断壮大，这也客观上促进了农民思想政治教育主体的发展。国家越来越重视对农村领导干部的综合素质、学历文化水平的提高，农村的建设离不开有文化、懂管理的新型农村管理队伍的培育，农民思想政治教育主体自身也呈现出了新特征、新面貌。在以提高农村经济发展水平、提高农民经济收入水平为主要任务的今天，学者赵波等人通过研究论证了村干部的文化素质和综合素质是影响农村经济发展的主要因素。[①]

　　思想政治教育主体具备更加合理的年龄结构有利于工作的有效开展。近年来单向城镇化发展造成了年轻农民外流、农村空心化、分散化等问题。在城乡资源分配不均匀的前提下，城市生活和工作更加吸引年轻农民的注意力，更多的年轻农民选择离开家乡，无心参与到本村的发展建设事务中来。在这种情况下，优化村民的年龄结构，把年轻干部充实到农村工作队伍中是思想政治教育工作发挥实效性的重要路径。选派大学生村官参与农村建设能够发挥优秀年轻大学生的优势，为思想政治教育工作带来有机活力。从党中央颁布《关于进一步加强大学生村官工作的意见》以来，大学生村官下基层政策已经实行了多年，并取得了喜人的成绩。大学生村官在协助村干部完成文化发展规划与计划制定、村民教育、村民文化体育活动组织、文体活动基础设施建设、村级文化发展与管理状况调研、相关政策宣传与信息服务等相关方面发挥着重要的作用，促进了思想政治教育工作的积极开展。大学生进入基层进行任职，一方面得到自我锻炼，另一方面可以运用自己所学的专业技术来协助村"两委"处理农村工作，发挥自己独特的优势来从事思想政治教育工作。这从客观上讲能够有效地改变思想政治教育工作队伍的年龄结构。不仅如此，近年来大学生村官在基层锻炼之后，继续考取公务员比例也不断提高。党和政府在提拔任用干部时，也将大学生村官作为重要的储备人才。国家给予大学生村官很多的优待，比如大学生进行公务员考试之前，相关部门会专门组织进行培训，并请已经考上的具有相同经验的往届大学生村官来进行面授；大学生村官如果在服役结束之后，有继续深造报考研究生的意愿，相关部门也会适当提供学费资助，并且对其生活上的关

---

① 赵波等：《村干部素质特征与农村经济发展的关系研究》，《农村经济》2013 年第 11 期。

怀也在增多。①这体现了党和国家对大学生村官的重视程度，也促进了农村思想政治教育主体的年轻化、高素质化，并畅通队伍交流更新的保障机制，吸引源源不断的人才进入思想政治教育主体队伍中。

近年来，很多外出经商、工作、求学的本村籍人员重新返乡，积极投身到村两委的竞选任职中，参与到思想政治教育工作中，成为新时期思想政治教育年轻化、高学历化的重要表现。随着近年来党和国家重视农村发展的相关政策不断落实，农村区域不断呈现出向好的发展前景，吸引了更多的外出人员重新返乡寻找发家致富的机会。实践证明，学历高、具有非农经历和企业工作经验的村成员在竞选村干部时更加具有优势，他们能够更好地完成引领村集体经济决策和发展、完善农村基层民主自治制度、提高农民收入水平等工作。② 与此同时，这些具有城市生活学习背景的村民被选举成为村干部，能够运用自己的经验和能力，使思想政治教育工作开展的思路更加具有创新性和时效性。

近年来，机关中青年干部下基层的政策也得到了有效落实，提高了农村思想政治教育主体的整体素质和能力。与此同时，下乡交流的干部也在基层得到了锻炼，丰富了阅历，对思想政治教育工作的开展具有很大的推动作用。实践证明，青年干部只有具备了丰富的农村工作经历，才能得到充分地锻炼，才能"了解基层，有大局意识、关心政策、读懂政策，发现问题"。③ 近年来，中央和地方先后出台了很多政策，健全和完善了机关干部下乡交流的制度。2015 年，中央多部门联合颁布《关于做好选派机关优秀干部到村任第一书记工作的通知》。山东省委先后选派4 批次共 2183 名优秀干部进驻贫困地区农村担任村"第一书记"，共选派3 万多名"第一书记"进村任职。山东省委在农村基层党组织建设方面，目前已在全省范围内对村级支部书记轮训一遍，提高了村干部群体的整

---

① 《大学生村官找到出路了吗？——在农村沃土实现人生梦想》，《中国青年报》2017 年 3月 13 日第 1 版。

② 赵仁杰、何爱平：《村干部素质、基层民主与农民收入——基于 CHIPS 的实证研究》，《南开经济研究》2016 年第 2 期。

③ 王卓：《党政领导干部队伍的结构性缺陷探析》，《四川大学学报》（哲学社会科学版）2012 年第 1 期。

体素质。[1] 2012 年和 2014 年，广西壮族自治区连续两次分别从自治区、市、县三级选派 3000 名机关干部赴 3000 个贫困村任村党组织"第一书记"，并不断加强驻村干部的长效机制，一直持续到 2020 年全面建成小康社会为止。[2] 驻村干部与当地的村干部能够发挥各自的优势和特点，相互补充、相互监督、相互配合，更加有利于思想政治教育工作的进行。在基层一线公开遴选干部，从基层选上来的干部，给市直机关注入了新鲜血液，市直机关与基层的联系更紧密，作风更务实，为基层服务更周到。这也畅通了基层干部的"上行"渠道和空间。全国范围从优秀村干部中考试录用乡镇机关公务员的工作，也吸引更多的优秀人才到基层一线干事创业。昆明市《关于全市 2015 年竞争性选拔乡镇副科级领导干部公告》公告明确，符合报名条件的村干部、大学生村官、乡镇事业编制人员只要通过经历业绩评价、面试以及群众考察三关就能够"连升两级"，直接走上副科级岗位。[3] 上下贯通，机关干部下基层，一方面帮扶农村，加强思想政治教育，解决农民的实际问题。另一方面增强自身的阅历，得到锻炼，增强上下级干部、机关与基层的干部之间的流动。贵州干部驻村采用"部门帮县、处长联乡、干部驻村"工作；组建同步小康驻村工作组。[4] 2015 年，福建省全省首批选派 6000 多名干部，安排在班子软弱涣散村、经济薄弱村、换届选举难点村和原中央苏区、革命老村干部的培训。[5]通过各个地区加强思想政治教育主体的现实举措，广大教育工作者不断凝聚共识，集中力量解决农民最关心的问题，并加强对落后地区村干部的交流和培训。在党和国家的高度重视和持续引导之下，农民思想政治教育主体随着农村形势的发展，自身的文化水平、工作能力、任职阅历等综合能力也在不断提高。

---

① 陶正付、李芳云：《"第一书记"助农村党建民生双提升——山东省"第一书记"制度建设实践探析》，《中国特色社会主义研究》2016 年第 5 期。

② 谢小芹：《"双轨治理"："第一书记"扶贫制度的一种分析框架——基于广西圆村的田野调查》，《南京农业大学学报》（社会科学版）2016 年第 3 期。

③ 《昆明市首次从村干部中选拔副科级干部——村官"赶考"不动笔》，人民网（http: // yn. people. com. cn/news/yunnan/BIG5/n2/2016/0506/c228496 – 28282811. html）。

④ 《"贵州大领导"当上"小村官"》，《人民日报》2013 年 7 月 2 日第 1 版。

⑤ 张义祯：《嵌入治理：下派驻村干部工作机制研究——以福建省为例》，《中共福建省委党校学报》2015 年第 12 期。

第二节　新时代中国农民自身思想政治素质获得提高

关注农民、造福农民是农民思想政治教育工作的出发点和落脚点。在新的历史阶段，能否提高农民的思想政治素质是检验农民思想政治教育工作成效的一个重要指标。因此，有必要结合党的十八大以来农村形势的新发展和党的方针政策的新要求，从政治、经济、文化、社会、生态五个方面对农民的思想政治素质现状进行分析和把握，考察新时代农民思想政治教育工作对农民思想政治素质提高所发挥的积极作用。

一　政治信仰日趋坚定

所谓政治信仰，是指"一个人对于自己所属的政治共同体的期待，甚至是对自己所希望的政治共同体的选择"。① 在中国，农民的政治信仰情况决定了其对党的执政地位和中国特色社会主义道路的认同度，以及与之相关的政治行为方向的选择。思想政治教育具有极强的意识形态性，提升农民的政治信仰是农民思想政治教育工作的重点。农民的政治教育是关于农民在顶层设计层面的社会主义意识形态的宣传教育。党的十八大以来，中国农民的政治信仰水平不断提高。美国政治学者拉里·戴蒙德教授认为："随着社会和经济发展，在下一时代，中国公民的政治期望和价值观将会发生剧烈变化。"② 在这里，拉里·戴蒙德所指的"中国公民"包含着广大的农民群体。党的十九大报告对近五年来中国民主政治建设给予肯定，指出："民主法治建设迈出重大步伐。"③ 这其中，党和国家对农民政治修养的培育给予高度重视，农民思想政治教育在农村社会的民主政治、法治建设中发挥的重要而特殊的作用，也取得了可喜的成就：马克思主义意识形态的主导地位在农村得到不断巩固，农民参政议

---

① 曹欢欢、王匡夫、蔡昊：《政治信仰：概念与相关问题》，《思想教育研究》2014 年第 11 期。

② ［美］拉里·戴蒙德：《评王长江〈中国共产党：从革命党到执政党的转变〉》，俞可平主编《中国治理评论》（第一辑），中央编译出版社 2012 年版，第 71 页。

③ 习近平：《决胜全面建成小康社会　夺取新时代中国特色社会主义伟大胜利——在中国共产党十九次全国代表大会上的报告》，人民出版社 2017 年版，第 4 页。

政的政治觉悟不断提高，对党和国家的政治认同感增强，关心政治形势、了解国情、农策的主观意愿也不断增强。

1. 农民的政治觉悟不断提高

近年来，农民的政治觉悟随着基层民主建设相关制度的制定落实而得到不断提高。这其中，农民政治觉悟的提升与思想政治教育对村民自治相关政策的宣传引导、协调贯穿具有十分密切的联系。1997 年，全国人大通过并颁布的《村民委员会组织法（试行）》，以及 1998 年全国人大会议通过的新《村民委员会组织法》标志着中国村民自治制度正式确立。从颁布之日起，中国的村民自治制度政策不断地发展和完善，2010 年 10 月，十一届全国人民代表大会再次对其进行了修订，颁布了《中华人民共和国村民委员会组织法》，对农民的政治权利、农村选举以及民主管理与监督等内容做出了更为详细的规定和说明，为农民参与政治生活提供了法律上的保障。正如学者于建嵘认为，村民自治"不仅在于能为现阶段中国社会发展提供一个相对稳定的社会环境，更在于为中国的民主化进行奠定了一个坚实的社会基础和积累民主化技术的宝贵经验"。[1] 基于此，通过在基层民主自治建设中贯彻党中央关于村民自治的政策精神，农民思想政治教育工作不断推动农民政治觉悟提高，引导农民在政治上积极进步，并促进农民参与民主选举、民主决策、民主管理和民主监督的有关程序更加完善和规范。有学者指出，当代中国农民是具有现代民主和法制意识的非自私自利的小农；中国农民的经济收入和教育文化水平虽然相对于城市居民而言仍然处于较低水平，但这并没有妨碍农民具有为参与民主制度运作而需要的相关政治意识。[2] 开展农民思想政治教育工作是启发农民行使政治权利、享有选举权和被选举权的基本政治权利的必要手段。总体而言，近年来村民自治政策能够有效落实，农民政治参与热情不断攀升，离不开思想政治教育工作的配合和宣传作用。

---

① 于建嵘：《岳村政治——转型期中国乡村政治结构的变迁》，商务印书馆 2011 年版，第446 页。

② 张光、Jennifer R. Wilking、于淼：《中国农民的公平观念：基于村委会选举调查的实证研究》，《社会学研究》2010 年第 1 期。

2. 农民对党和国家的政治认同感不断提升

党的十八大以来，随着以习近平同志为核心的党中央所颁布的一系列支农惠农的"三农"政策在农村落实，以及党的十九大以来乡村振兴战略目标的逐步明细，农民享受到了更多实实在在的实惠，其对党和国家的政治认同感正在不断提升。这其中，农民思想政治育工作在响应国家号召，提升农民爱国主义和社会主义认同感，以及优化基层干群关系等诸多方面发挥着重要的宣传引领作用。笔者在走访多地农村进行调研时发现，通过开展有效的思想政治教育工作，农民对党和国家农村政策的优越性更加容易理解和认同；农民内心深处更加容易建立起爱国主义和社会主义情怀；农民的封建保守观念和狭隘利己思想也更容易被改造。学者龚上华、朱俊瑞的调研也充分体现出农民近年来爱党、爱国、爱社会主义的积极性的提升。比如，该项调研显示农民在回答"如果您有机会出国，但条件是出国后不能再回来"的问题时，只有5%的农民选择"出国"，而剩下的将近73.3%的人选择"不出国"；在回答"如果您看见有人在村里公开宣扬支持国家分裂的言论时"，受访农民仅有6.9%选择"消极应对"，其他绝大多数人选择"打电话报警"或者"阻止教育不良言论的人"。① 根据另一项调研显示，农民高度认同党在意识形态领域的权威及影响力，对党的执政能力的支持度、满意度不断提高。该项调研也显示，绝大多数受访农民认为"中国共产党在农村的领导深得民心"；同时绝大多数农民"非常认同社会主义新农村建设"，并且"非常认同人民代表大会制度、中国共产党领导的多党合作和政治协商制度"，② 沈贤岚等人在关于社会主义核心价值观的调研中也发现农民的爱党、爱国的情怀在显著攀升。这其中，农民对"国家坚持走共同富裕道路，让农民享受改革发展的成果"的认同度最高，达到85.2%，其次是"中国比以前更文明"、"社会主义和谐社会能在中国建立起来"，分别为

---

① 龚上华、朱俊瑞：《中国农民政治信仰认同意识的现状与对策——基于江西省吉安市的调查》，《江西师范大学学报》（哲学社会科学版）2013年第8期。

② 莫绍深：《中央一号文件视域下民族地区农民政治认同》，《合肥工业大学学报》（社会科学版）2013年第10期。

81.3%、62.5%。① 以上调研所反映出的现实情况，彰显了党和政府近年来农村工作成绩，也是对农民思想政治教育宣传引导作用的积极肯定。

3. 农民关心政治形势、了解国情农策的主观意愿也不断增强

近年来，农民思想政治教育在帮助农民了解时事政治、向农民宣传国家政策的工作中发挥了突出的作用。首先，农民思想政治教育工作运用多种农民群体喜闻乐见的形式、渠道、方式、内容来宣传报道时事政治，有效增强了农民了解国家大事的便利性、真实性和准确性，这客观上激发了农民了解时事政治、学习政治知识的主观意愿。结合中国信息化发展的新成果，在运用电视新闻、报纸、书籍、宣传册、标语、广播等传统宣传载体的基础上，创新性地运用互联网、手机、微信等新载体形式来进行宣传教育，为农民获取资讯、学习时事政治提供了极大的便利。其次，农民思想政治教育工作在向农民以通俗易懂、深入浅出的方式宣传讲解国家政策方面发挥了重要作用。党和国家各项农村政策、各级部门下传到农村基层，通过上令下行的方式落实到农民群体。截至2017年年底，中国农村地区互联网普及率为35.4%，农村网民增至2.09亿，农民运用互联网了解信息改变生活的趋势越来越明显。② 从某种意义上说，农民关注国家政策的主动性越强，越能与党中央保持思想同步；农民越能理解农村政策的精神实质，就越能更好地享受应有的权利和待遇。近年来，农民思想政治教育有效地将农村政策的原则性和概括性宣传表达方式转化为符合农民生活用语和思维逻辑的宣传表达方式，更加有利于农民对政策的响应。在农民思想政治教育工作对农民进行政策宣传讲解下，农民对国家政策的理解、贯彻更加坚决。

二　经济观念不断更新

经济问题是农村发展绕不开的问题，也是农民生活最关心的问题。正如有学者对农民的心理分析道："农民长期以来一直以农作物种植为

---

① 沈贤岚、沈又红、郭庆：《农民社会主义核心价值观的认同度及影响因素研究——基于湖南省的实证分析》，《伦理学研究》2017年第3期。

② 《"互联网＋农村"亟待提速 网络入户遇两大难题》，2018年6月14日，腾讯网（https://tech.qq.com/a/20180614/013857.htm）。

生活收入来源，内心深处对富足生活是最为渴望的。"① 实现乡村振兴
和农村全面建成小康社会，首先要以富足的物质基础使农民过上好日
子。在城乡融合发展和农村市场经济发展的背景下农民要想实现致富增
收，必须改变计划经济时代的思想观念，更新思维方式，突破陈腐观念
的阻碍，摆脱小农经济和计划经济的思想禁锢，树立起与当前农村经济
形势相适应的思想意识、道德观念。党的十八大以来，农民思想政治教
育在宣传农村政策，帮助农民适应经济形势方面发挥了积极的作用。中
国农民也相应地开阔了眼界，不断进行着思想的解放以及经济观念的
更新。

1. 农民脱贫致富的思想觉悟不断提高

党的十八大以来所开展的精准扶贫工作，是对以往扶贫工作中出现
问题的纠正。在精准扶贫政策的引领下，农民思想政治教育对农民进行
"扶智"和"扶志"思想的宣传教育，调动和激发起农民脱贫致富的内在
动力，实现了脱贫致富的"自我造血"功能，有力地抵制了"等、靠、
要"的依赖思想和放弃主观努力的错误倾向。从解决农民贫困的内在根
源性的角度，新时代农民思想政治教育意在培养农民自力更生、艰苦奋
斗的精神，焕发农民的智慧和潜力。英格尔斯指出："落后和不发达也是
一种国民落后思想心理状态。国民的思想、心理和精神被牢固地锁在传
统思想意识之中，就构成了对经济与社会发展的严重障碍。"② 近年来中
国农民思想政治教育在精准扶贫中加大对农民致富斗志和致富文化知识
的培育，取得了良好的效果。近年来，农民思想政治教育"扶贫"、"扶
智"的积极作用在西部欠发达地区和革命老区具有显著的成效。比如，
藏族自治州碌曲县尕海乡尕秀村建立少数民族风情牧家乐、张掖市临泽
县倪家营乡南台村蝴蝶客栈、豌豆山客栈等，使乡村旅游正在成为乡村
振兴的"生力军"，有效地实现了经济水平的增长。③ 根据党和国家精准

① 陈南方、李志云：《新农村建设视域下新型农民市场意识的培养》，《东北师范大学学
报》（哲学社会科学版）2010 年第 4 期。

② ［美］阿历克斯·英格尔斯：《人的现代化：心理·思想·态度·行为》，殷陆君译，四
川人民出版社 1985 年版，第 3 页。

③ 《村庄变景区农舍变旅馆——甘肃发展乡村旅游助力脱贫攻坚记事》，人民网（http://
liuyan. people. com. cn/n1/2018/0815/c58278 - 30229786. html）。

扶贫的政策精神，党的十八大以来中国各地农村体现出了新的发展风貌，具有了新的致富思路；不断打破原有消极保守的生产格局，根据当地特色和资源而进行就地开发；以科技创新思维结合大数据互联网而进行电子商务、农家乐旅游业等项目的开发宣传，有效地实现了财富增收。

2. 农民不断树立正确的市场经济观念

改革开放以来，以发展生产力为目标的社会主义市场经济体制得以建立，农村家庭联产承包责任制的确立解除了"集体化"生产模式对农民生产积极性的束缚。自此，农民的经济观念发生了转变，逐渐适应新时期市场经济的发展形势，其生产方式和经营方式也逐渐多样化。然而，改革开放之后的相当长的时间里，在城乡二元对立的背景下，农民长期处于市场经济中的弱势地位，无法正确地把握市场经济的脉搏。党的十八大以来，在农民思想政治教育的引领下，农民开始更加注重以市场需求为导向，以提高经济效益为目标，以理性的眼光看待城乡二元的经济差距，在尊重农村经济发展规律的基础上不断配合党和政府城乡融合政策。在思想政治教育对加强农村生产力号召的引领下，农民群体感受到政府在实际生活中的实惠，感受到了相关政策对提升生活质量的帮助，同时具有了提高生活水平致富奔小康的强烈意愿。农民的经济思路从粮食作物交换到粮食作物和经济作物交换并举，从第一产业向第二、三产业拓展，不断适应市场的需求，不断地为获取更好的生活而开动脑筋、积极生产。

3. 农民致富增收的思路更加丰富

随着党和国家对农村资源投入力度的加大，农民是否能够有效利用国家资源成为衡量农民经济能力和经济观念的一个重要指标。也就是说，只有提高农民的组织能力，培养农民对接国家资源的能力，才能使农民充分利用好国家给与的资源，实现更加有效的脱贫致富。[①] 因此，农民思想政治教育的一个重要的功能就是在党和政府的政策引领、资金技术支持以及村干部的带头引领下有效组织农民，使农民具有抓住商机、合理利用农村本地的自然资源优势的思想觉悟、魄力和胆识；使农民逐步适

---

① 王睿、贺雪峰：《当前三农政策中的若干重大问题》，《天津行政学院学报》2015 年第 3 期。

应由按劳分配到按劳分配与按生产要素分配相结合的经济体制。有关数据显示，在各有关部门的积极努力配合下，农民摆脱贫困、增强致富的意愿不断增强，2017 年中国农产品加工业和休闲农业、旅游业分别取得了长足的产业发展，取得了可喜的成绩，其营业总值分别达到了 22 万亿元和 7400 亿元的数值。① 通过数据我们可以分析出，近年来中国农村一、二、三产业融合发展态势形成了良好局面，很多贫困地区在经济上具备了自力更生、自主"造血"的意愿和能力；农民逐步以理性的态度看待经济问题和从事经济行为；与此同时，农民的生产积极性和创造性得到了进一步的发挥，很多地区积极解放思想、大胆创新改革，因地制宜"一乡一业、一村一品"的格局逐步形成。

党的十八大以来，在党和国家的政策引领和指导下，农民逐渐打破了旧社会所具有的等级、宗族之间的人伦壁垒，不断建立与市场经济相适应的共享、合作、良性竞争的经济理念。在市场经济多劳多得的分配制度下，农民的自主能动性得到了充分的发挥。市场经济在商业交换方式背后，也蕴含着人与人的自主性原则和交换原则，而在这种原则的运行中，广大农民的平等意识和维权意识逐渐增强，成为具备平等合作观念的现代农民。在农业现代化发展和实现乡村振兴的大背景下，中国农民正在探索和实践农村集体产权运行模式，创立以农民专业合作社、股份制以及股份合作制等多种形式的现代化农业经济组织，提高了农业生产的管理程度和收入水平。中国农村多地区的实践表明，中国农民的经济观念正在不断更新，中国农民在为农业现代化的实现而开动脑筋、鼓足干劲。

三　文化素养总体提高

《中共中央国务院关于实施乡村振兴战略的意见》指出，"乡村振兴，乡风文明是保障"，要"按照有标准、有网络、有内容、有人才的要求，健全乡村公共文化服务体系"。② 党的十八大以来，党和国家通过各种思想政治教育的方式不断向农村宣传中国特色社会主义文化，将社会主义

---

① 《农村一二三产业融合助力乡村振兴》，中华人民共和国中央人民政府网（http：//www. gov. cn/xinwen/2018－06/16/content_ 5299182. htm）。

② 《中共中央国务院关于实施乡村振兴战略的意见》，人民出版社 2018 年版，第 16 页。

核心价值观和中华优秀传统文化相结合，扎实开展农民精神文明创建活动，营造良好的乡风文化，使中国农民的文化素养不断提高。

1. 农民文化水平不断提高

党的十八大以来，中国农村各地区因地制宜地开展丰富农民精神文化的各项活动，不断帮助农民提高文化水平。全国各地开展建立农民教育的学习班和丰富农民精神文化的活动场所。截至 2016 年，中国农家书屋藏书量已达到 10.84 亿册。①随着中国农村农民的文化水平不断提高，中国农民对自身文化发展的需要也越来越强烈。在思想政治教育的大力推广下，社会主义精神文明建设逐渐深入农民的内心。据有关调查显示，从 2013 年以来，中国人均文化消费水平实现了较大的增长，至 2016 年城镇区域该项数值达到 1268.7 元，农村区域该项数值达到 251.8 元。② 虽然城乡文化消费水平仍然存在很大的差距，但就中国农村文化事业发展而言，这体现出了较好的趋势和较广阔的前景。在对农民群体进行的思想政治教育实践中，各级政府和党组织积极联合网络、宣传、教育、新闻、出版以及文学艺术等部门一起参与各地农民思想政治教育工作中去，占领了农村的思想文化阵地，丰富农民的精神生活。中央从政策上积极鼓励各地结合自身实际，从民生问题入手开展群众性精神文明创建活动，加强了农民思想政治教育工作。农业互联网大数据库教育平台的建立也加强了对农民精神文化素质的培养。近年来，中国各地有很多农村文化活动，为提高农民文化水平提供了保障。农民文化素养的提高，可以从重视对下一代的培养上得到体现。中国文化管理协会新农村文化建设管理委员会、大河报、河南省扶贫开发协会、河南省朗诵协会在河南省新乡市卫辉市顿坊店乡中心学校比干完全小学举行了全国"农村诵读讲堂"示范点落户。③ 各地政府连同相关文化组织所开展的文化教育活动对农民文化素养的提高起到了重要的推动作用。各地党委和政府开展的农民思想政治教育工作，积极参与到农村公共文化建设中，为提高农民文化素

---

① 《对十二届全国人大四次会议第 8651 号建议的答复》，中华人民共和国国家新闻出版广电总局网（http：//www. gapp. gov. cn/sapprf/govpublic/9830/919. shtml）。

② 徐勇：《乡村文化振兴与文化供给侧改革》，《东南学术》2018 年第 5 期。

③ 《河南省多城市启动"农村诵读讲堂"》，中国新农村文化网（http：//www. chinanww. org/index. php？id＝16）。

养的活动搭建平台、提供引导和帮助。

2. 农民文化视野有了进一步的拓展

近年来，在党和政府各级相关部门宣传引导下，农民正在逐步摆脱保守思想，努力提高自身文化素养，使农村精神文明建设水平紧跟全国发展形势。农民传统的小生产思维方式逐渐被社会化的大生产观念所取代，腐朽落后的思想意识在不断弱化。在全国各区域出现了数以万计的精神文明模范个人、模范村、模范乡。以江苏泗阳县为例，截至 2017 年 8 月 4 日，全县 21 个乡、镇、街道已推荐乡贤人选 1351 个，其中专业成就类 330 人，道德模范类 271 人，工匠艺人类 317 人，热心公益类 356 人，劳动模范类 28 人等等。再比如，江苏连云港市赣榆区弘扬传统文化，评选 10 名代表作为赣榆区"十大乡贤"。① 与此同时，农民群众的文化境界和欣赏水平有较大提升，不再局限于听村广播、看老电影等活动，而是有了图书馆、文化站等各种类型文艺节目，创造了丰富多彩的文艺形式。据统计，截至 2016 年 5 月底，全国农村已成立数字院线 315 条；截至 2016 年 5 月 31 日，数字电影交易服务平台共有可订购影片 3431 部。绝大部分农村地区实现了有电影可看，不少放映队配备了流动放映车，不少地方由放映胶片电影转向放映数字电影，由主要放映旧影片转向放映新影片，由室外放映转向室内放映，学习意识和科学艺术也不断地深入到了农民群众内心。② 在相应的教育宣传中，思想政治教育把农民群众紧密地团结了起来，共同建设生产发展、生活富裕、生态良好的新时代社会主义农村。农民在生产实践中体会到了知识的重要性，其尊重知识、崇尚科学的意识越来越强了。

3. 社会主义核心价值观正在不断深入农民内心

在几千年的文化积淀中，传统的乡村道德形成了一套稳定的价值体系，如"孝顺、仁爱、守信、谦虚、忍让、宽恕、耿直、诚实、慷慨、负责"等观念在农民身上有明显表现，传统观念已经沉淀于农民的文化血液当中。在封建社会，传统的封建伦理观念已经形成了一套完备的制

---

① 季中扬等：《新乡贤文化建设中的传承与创新》，《江苏社会科学》2018 年第 1 期。

② 《农村：5 月农村电影市场点评（2016 年）》，国家新闻出版广电总局电影数字节目管理中心网站（http：//www.dmcc.gov.cn/）。

度，将农民的思想观念规范于三纲五常、宗族伦理等一套行为准则。根据学者谭德宇的另一项调查，当被问到"您是否认为集体利益比个人利益重要"时，73%的农民的回答"是"，15%的农民回答"视情况而定"。这说明大部分人是以集体利益为重的，他们愿意参加社会的集体活动，并在自己力所能及的范围内帮助他人。① 随着市场经济理念和方式不断对思想观念进行冲击，农民原来所具有的勤劳纯朴的天然品质也逐渐呈现出多元化的发展趋势。在城乡之间不断交流合作、贸易往来和信息共享的前提下，农民群体也向往与城市人在吃穿住行等各个方面等同的条件。农民所具有的诚实、憨厚、勤劳互助的特质正在经受着考验，只有在文化认同和道德伦理重建的进程中逐渐矫正才能真正促使传统农民向现代农民转变。党的十八大以来，在党和国家所倡导的对传统文化的创造性转化和创新性发展的背景下，农民逐步实现观念的转变。当前，农民正在不断地继承传统文化的优秀成分，摒弃传统文化的糟粕，运用爱国、敬业、诚信、友善的社会主义核心价值观来武装自己的头脑，社会主义核心价值观正在不断深入农民内心。

四　法治观念有所加强

按照党和国家所倡导的全面依法治国方针的要求，对农民进行普法教育，培养农民的法治观念成为农民思想政治教育工作的重点。新时期将法治教育与农民思想政治教育进行有机结合，最终是要培养农民形成自觉遵纪守法的习惯和"信法、守法"的一种内在法治观念，改变农民内心深处的封建人治观念，使农民能够从内心深处得以遵循法治的基本精神原则，对法律精神充满敬畏感，认同法律精神的内在本质，最终成为法律的承载者维护者。② 对农民进行法治教育，使农民具有相应法律素养是思想政治教育的重要任务，也是实现自治、法治与德治相结合的农村社会治理的重要保障。从农村社会进步发展的角度来讲，农民法治观念的进步是其实现现代化发展的重要组成内

---

① 谭德宇：《农民社会主义核心价值观认同状况调查——以湖北民族地区为例》，《湖北民族学院学报》（社会科学版）2015年第2期。

② 石雁：《法治教育中的思想政治教育渗透》，《思想教育研究》2013年第2期。

容。培养农民法治观念是巩固党的基层治理体系的重要支撑。仝志辉等学者指出，当前中国基层社会治理方式是"通过具有强社会性的基层党组织来弥合与统摄行政制度自身固有的治理技术化趋势及制度内卷化困境"。① 党的十八大以来，农民思想政治教育在加强基层民主法治建设、维护农村社会的稳定、提高农民的法治观念方面都发挥着积极的作用。农村的法治环境有了显著的改善，农民的法治观念和法律素养都有了明显的提高。

第一，农民掌握法律知识、遵纪守法的行为增多。党的十八大以来，在全面依法治国方针在农村的宣传落实中，农村的法治环境不断地优化，农民的法治意识不断增强。一方面从农民个人的角度来讲，在城乡一体化发展以及农村网络信息化不断普及的背景下，农民获取法律信息，学习法律知识的机会不断增多。农民学会运用法律思维来解决问题，不断将法律的原则和精神实质内化到自我的思想行为当中。另一方面从基层政府所开展的法律教育实践活动的角度来讲，全国各地有关部门积极开展普法下乡活动对农民进行法律知识的讲授以及倡导遵纪守法行为的宣传，从案例讲解和政策宣传的角度唤起农民法治意识的觉醒，为创造良好的农村法治氛围，逐步减少农民和城市居民法律素质差距提供了有力的保障。最后从国家政策的角度，2018 年国务院颁布《关于开展扫黑除恶专项斗争的通知》，开启了新一轮全国范围打黑除恶活动，严惩农村恶霸问题、村"两委"成员的涉黑等问题，大大加强了广大农民的打黑除恶的信心，净化了农村的法制环境，对不法分子的不良行为进行有效的处罚和震慑。

第二，农民依法维权的意识逐渐增强，逐渐学会以国家法律政策为武器开展维权活动。通过近年来思想政治教育的法律宣传和法治教育，农民不断地树立起依法行事、依然维权的思想观念。农民运用法律的手段来维护自己的合法权益，学会借助上级政府的权威来对抗基层干部的"枉法"行为。这种新型的农民"依法抗争"方式在内容和形式上兼具有政治抵抗和政治参与的特点。于建嵘则认为，20 世

---

① 仝志辉等：《新时代乡村治理新体系之"新"在何处——基于历年中央一号文件的比较分析》，《福建农林大学学报》（哲学社会科学版）2018 年第 3 期。

纪 90 年代以后的中国农村在许多方面进入"依法抗争"的新阶段。"具有明确政治信仰的农民利益代言人为核心，直接挑战他们的对立面，即直接以县乡政府为抗争对象，是一种旨在宣誓和确立农民这一社会群体抽象的'合法权益'和'公民权利'的政治性战争。"① 党和国家对农民群体不断进行法治教育、不断开展培养农民法制意识的活动，使农民群体逐渐摒弃了以往的对人治的依附观念，开始学会运用法律武器来维护自己的合法权益。党的十八大以来，国家对社会的高度管控逐渐松绑，宽容、理性、民主、法治的社会宏观环境的出现，更是极大激发了农民的权利意识。法治观念是农民走向现代化的重要指标之一，也是农民摆脱封建人治思想和小农逆来顺受思想的重要武器。在党和政府所倡导传法、懂法、为法的思想政治教育工作立意宗旨之下，农民的法治观念不断提高，感受到了运用法律武器和践行法律要求的重要性。

五　生态意识开始觉醒

党的十八大首次将生态文明建设与政治建设、经济建设、文化建设、社会建设并列起来，突出了生态文明建设在当前中国特色社会事业发展中的重要性。长期以来，农村社会的生态问题没有得到应有的重视，农民在传统观念中习惯了自然风光的农村环境，并未对生态问题具有深刻的认识。然而，随着农村工业开发，以及各种工业化学垃圾的不良排放所导致的环境污染问题日益增多，培养农民的生态意识显得愈发具有必要性。农村生态文明建设的重点应该放在农民的生态意识培育之中，正如习近平同志所说，"宁要绿水青山，不要金山银山"。② 近年来，依据党和国家生态文明建设的思路，在思想政治教育工作的宣传引导之下，农民的生态素质开始觉醒，农民也逐步认识到维护青山绿水的生活环境的重要性。

1. 农民开始养成保护环境的习惯

近年来，在党的政策宣传以及教育实践活动中，农民逐步结合生活实际开始关注生态问题，并具备了较为基本的环保常识和观念。农民开始思考环境状况与自身生活的关系，了解到生态文明问题对生活健康的

---

① 于建嵘：《农民维权与底层政治》，《东南学术》2008 年第 3 期。
② 《习近平关于社会主义生态文明建设论述摘编》，中央文献出版社 2017 年版，第 21 页。

重要性，更加重视生态伦理和生态道德的相关事宜。比如很多人在注重家庭和院落卫生的基础上开始注重公共环境卫生，不断克服乱扔生活垃圾、随意排放生活污水的不良习惯。在党和政府有关部门的外部宣传以及农民自身生活体验下，农民正在潜移默化地转变观念，不断提升生态文明素养。政府有关部门在农民技术培训中对农民进行有关生态科学技术知识的培育，促进农民生态伦理行为习惯的养成，积极帮助农民树立正确的生态道德观、价值观。学者张丽等的调研显示，百分之八十以上的受访农民认识到污染所带来的危害，也有改善环境提高生活质量的意愿。[1] 通过以上数据，我们可以发现，农民开始认识到自己在环境保护中的主体地位，并逐渐开始养成保护环境的习惯。

2. 农民开始具备生态文明的价值理念

当前，农民生态文明理念正在逐步提升。虽然受到小农意识利己主义的观念影响，农民在经济利益和生态环保两者之间，还仍然更加注重前者的重要性，但是不难发现，农民的生态文明意识已经觉醒，正在不断加强对生态文明价值理念的理解。近年来，党和政府在农村进行的一系列加强环境保护的措施得到了农民的普遍的支持。学者郑凤娇的调查显示，将近百分之八十的受访农民意识到农药残毒对身体的危害性，并拒绝使用和食用。[2] 农民认识到破坏生态环境是不道德的甚至是违法的，在遇到自身经济利益和生态利益的冲突时，会进行相应的取舍。虽然在因环境保护而涉及个人的利益的时候，农民在生态道德行为与生态道德认知上会存在不一致，但是近年来这种现象已经有了很大改变。对农民的调研数据显示，在回答"人与自然的关系"的生态文明理念问题时，比如问及农民"村里建设一个有严重污染的工厂，但可以带来巨大的经济效益"时，仍存在"支持建设"的选择。[3] 学者陈秋红于 2015 年 7 月到 8 月在浙江省、安徽省和四川省开展农户问卷调查和村庄调查，调查

①　张丽、崔彩贤：《环境伦理视野下的农民生态道德研究》，《西北农林科技大学学报》（社会科学版）2013 年第 2 期。

②　郑凤娇：《湖南省农民生态意识现状调查分析》，《湖南人文科技学院学报》2013 年第 6 期。

③　郑凤娇：《湖南省农民生态意识现状调查分析》，《湖南人文科技学院学报》2013 年第 6 期。

显示，农民满意度比以往提高了 11 个百分点。[①] 以上调研的结果显示，农民在实际生活中对党和政府生态文明建设的一系列举措的认识不断加深，积极参与到党和政府推进的一系列促进环境保护的活动中，开始不断理解、认同党和国家所宣扬的生态文明理念。

3. 农民逐渐明确生态文明建设从自身做起的主体性责任

中华人民共和国成立以来，因为城市和农村所分工的产业不同，农村地区受到的工业污染程度较轻。在过去相当长的一段时间里，农民仍然留有自然资源和绿色环境永不枯竭的思想。以往在大多数农民看来，追求幸福就在于对物质财富的追求。社会进步的最主要表现是物质财富的不断增长，在经济至上的价值取向下，农民往往把经济利益作为第一要义，以物质财富的增长作为生存的目标。对待生态问题，农民更多是保守而孤立的个体，在党和国家所主导的农村生态文明建设和解决农药污染、保护农村生态环境、加强绿色食品安全监管的具体的工作中，农民缺少参与积极性和主体性，也缺少践行生态文明的内在动力。随着农村社会的发展，越来越多的农民感受到周边环境的变化，感受到了农村生态文明建设的重要性。党的十八大以来，随着党和国家开展农民思想政治教育帮助农民树立科学的生态理念，农民逐渐明确了保护生态要从自己做起的主体意识。农民作为乡村振兴建设发展的主体，应当具备保护生态环境、建设生态文明的责任意识。党和国家的生态环保的方针政策的颁布和落实，归根结底需要农民的支持和配合。因此，党和国家要让广大农民充分认识到以牺牲环境资源的可持续发展为代价换取经济的发展最终会导致生态状况的日益恶化，使得经济发展陷入恶性循环的状态。近年来，中国农村生态文明建设的发展，很大程度上得益于农民从自身做起的生态文明主体意识的培育，也得益于广大"三农"工作者对生态文明建设的重要性的大力宣传。

第三节　新时代中国农民思想政治教育积极贯彻落实党的"三农"政策

农民是农村的主体，党和国家政策的落实最终要依靠农民的参与完

---

① 陈秋红：《美丽乡村建设的困境摆脱：三省例证》，《改革》2017 年第 11 期。

成。对农民进行合理的宣传引导，使农民积极贯彻落实党和国家的农村政策，是农民思想政治教育的目标。农民思想政治教育得以有效开展，能够更加有利于农民对党和国家农村政策进行理解、拥护和贯彻。党的十八大以来，党中央颁布了一系列支农惠农、促进农业现代化的"三农"政策。农民思想政治教育工作以宣传讲解、贯彻落实"三农"政策为任务，将精准扶贫、农业现代化、农村生态文明建设等相关政策与农民思想政治教育的教育目标、教育内容、教育方式载体进行有机结合，实现了新发展。

一　在贯彻"精准扶贫"政策中培养农民"扶智、扶志"思想

贫困问题一直以来几乎都是世界各国共同面临的重大治理问题。自新中国成立以来，中国共产党就将解决农民脱贫问题，促进农业发展作为国家发展的重要战略决策。

2013 年，习近平同志在湖南调研中首次提出"精准扶贫"的理念，是对党和国家历年扶贫工作的深化和发展。[①] 精准扶贫更加明确了党和国家关于扶贫的主体、对象、内容、方式，是在新的历史时期更好地解决农民贫困问题，使农村全面建成小康社会的有力抓手。精准脱贫对中国特色社会主义发展和实现中华民族伟大复兴具有重要意义。当前，中国正处于全面建成小康社会的决胜阶段。据有关数据显示，从 2012 年至 2016 年，中国的扶贫工作取得了十分显著的成效，贫困发生率从 10.2% 下降到 4.5%。[②] 精准扶贫工作取得了显著成效，为全面建成小康社会奠定了坚实基础，充分体现了以习近平同志为核心的党中央的英明决策和政治担当精神。

习近平同志指出："扶贫要同扶智、扶志结合起来。智和志就是内力、内因。"[③] 中国于 2020 年实现了全面脱贫，一大批贫困户摘掉了贫困帽子走上了致富路。因此，要提高扶贫工作的针对性和有效性，必须要

---

① 《习近平在湖南考察时强调深化改革开放推进创新驱动实现全年经济社会发展目标》，《人民日报》2013 年 11 月 6 日第 1 版。

② 《更好推进精准扶贫精准脱贫 确保如期实现脱贫攻坚目标》，《人民日报》2017 年 2 月 23 日第 1 版。

③ 《习近平谈治国理政》第 2 卷，外文出版社 2017 年版，第 90 页。

"扶志"，要增加贫困地区的"造血功能"，从单纯的物质和资金支持增加到人力资源的开发和培育，发展教育，扶知识、扶技术、扶思路，提高贫困群众脱贫致富的综合素质，让贫困农民群众掌握脱贫致富的技能，才能真正实现脱贫致富。

党的十八大以来，农民思想政治教育工作以党中央精准扶贫战略规划为内容和目标，将"扶贫扶智"理念与思想政治教育目标进行有机结合，取得了与时俱进的发展。思想政治教育目标是"一定社会对教育者所要造就的社会个体在思想政治品德方面的质量和规格的总的设想"。[①] 党和国家建立思想政治教育学科理论和实践工作最终要以人为目标，关注人的思想问题，以提高人的思想觉悟和思想意识，改造人的落后思想为落脚点。"教育目标应为思想政治教育系统中单独的构成因子，而非仅仅是渗透在教育者和教育内容等独立要素中的'隐形'要素。"[②] 有效的教育目标可以让各要素发挥最大的功能效应。党的十八大以来，农民思想政治教育发挥积极的经济领域的引领作用，能够更好地推动农村社会的经济发展，激发农民现代的主体意识、竞争意识、生存意识、经济意识；使农民逐步建立经济主体思想，发挥科学的思想观念支配经济行为的经济价值。党的十九大报告中所说的培养农民成为"新型经营主体"，也是培育新型农民的目标。中共中央国务院发布的《关于实施乡村振兴战略的意见》中提出"大力培育职业农民"，"全面建立职业农民制度"，"使农民成为值得尊敬的职业"等，这些都是新时期党和政府对农民发展的新的目标要求。近年来，各地广泛开展的对农民进行的科技扶贫的活动，以及培训农民学习先进农业知识的学校和机构也逐渐增多。与此同时，农民文化扶贫工作也越来越得到各地的重视。比如，近年来在湖北省政府和各相关部门的大力倡导下，省内行政村基本实现综合性文化服务站的全覆盖，为贫困农民学习先进文化知识提供了极为便利的条件。[③] 甘肃省委和省政府高度重视扶贫开展工作，

---

① 郑永廷主编：《思想政治教育学原理》，高等教育出版社 2016 年版，第 173 页。

② 凌烨丽：《高校思想政治教育生态论》，江苏大学出版社 2016 年版，第 95 页。

③ 刘玉堂、张蕊：《湖北农村"文化小康"建设的现状分析与发展策略》，《湖北社会科学》2017 年第 11 期。

通过召开乡村旅游和旅游扶贫大会等形式，制定扶贫开发的政策，对农民贫困户进行脱贫致富的思路启发、实践引领，带动25万贫困人口实现脱贫。[①] 通过各地所开展的与农民思想政治教育有关的科技扶贫、文化思想扶贫等有关的活动，农民的文化水平不断提高，致富的意愿和精神动力也不断增强，这客观上更加有利于精准扶贫政策的贯彻落实。

二　在贯彻农业现代化发展政策中倡导农民学习科学理念

党的十八大以来，我们党坚持将"三农"事业摆在全党工作的重要地位。习近平同志在2013年中央农村工作会议上提出："中国要强，农业必须强；中国要美，农村必须美；中国要富，农民必须富"的"三个必须"原则，将"农业基础稳固，农村和谐稳定，农民安居乐业"作为我们党新时期对三农问题的总体要求。[②] 党的十八大以来，党和国家对坚持农村现代化、农业现代化的发展方向进行了农村土地基本制度和经营政策的改革。党和政府通过农民思想政治教育工作动员农民、教育农民，使农民在思想上树立科学生产的观念，用科学理念来实现农业现代化的决心和信心，在对"三农"政策落地和推广中发挥积极有效的作用，体现了农民思想政治教育的当代价值。农业现代化即农业生产方式的现代化、农业经营管理体系的现代化以及农民主体素质的现代化。农民作为农业生产主体，是实施农业现代化的生力军。根据国家有关部门统计数据显示，中国农业科技研究、科技推广主要缺乏高端型人才，这制约了中国农业科技创新发展和农业科技成果的应用推广。因此，培养和造就具有高科技能力的新型农民，将决定着现代化农业发展的速度和质量。

对农民进行组织培训，使农民能够认真落实对现代农业科学技术的学习，将现代科学技术发展成果运用到农业现代化的生产当中，是乡村振兴、文化振兴和组织振兴的重要保障。近年来，党和政府高度重视以

---

① 《村庄变景区农舍变旅馆——甘肃发展乡村旅游助力脱贫攻坚记事》，人民网（http：//country. people. com. cn/GB/n1/2018/0815/c419842 - 30229131. html）。

② 《习近平关于全面建成小康社会论述摘编》，中央文献出版社2016年版，第21页。

科学技术引领农业现代化的发展方向。为此，农业农村部办公厅印发《乡村振兴科技支撑行动实施方案》，从政策层面对农业现代化提供技术支撑，并对培养具有先进理念、科学技术水平，以及有担当精神的农业带头人提供了具体要求和措施建议。① 为了响应国家政策号召，各地有关部门积极开展思想政治教育工作，对农民进行国家扶持农业科学技术、大力发展科技农业现代化的相关政策进行深入宣传，并对其重要意义和内容进行讲解；根据村官、农村致富带头人和普通农民等群体的接受能力的不同来聘请专家、制定学习教材、确立教育内容和研究模式，并合理安排相关交流研讨活动。2018 年 6 月 27 日召开的国务院常务会议确定，探索政府购买服务等机制，建设涉农公益服务平台，加大对农户信息技术应用培训，使手机成为广大农民的"新农具"，使互联网成为助力农村一、二、三产业融合发展的重要设施。② 随着农村信息化的发展，农民运用手机新媒体工具生产和交流的人数不断增多。一方面，为农民思想政治教育工作提供更加便利的平台。另一方面，更加有利于农民学习先进的科学知识，培养先进的科学理念。根据央视网报道，2017 年，全国返乡创业人员超过 740 万，返乡农民工占 72.5%。2018 年上半年，中国乡村旅游达 16 亿人次，营业收入达 4200 亿元。至 2018 年 10 月中国共有 2800 万农民开始从事农村的新产业和新业态。当前中国现代化农业发展所取得的成绩，离不开农民思想政治教育对农民所进行的农业现代化发展的新政策和新思路的宣传贯彻。同时，农村现代化所倡导的中国农业新产业也得到持续快速发展，这充分体现了党和国家科学发展理念在农业现代化领域的运用，也是党和政府有关部门对农民进行思想政治教育工作所取得的积极成果。

三　在贯彻农村生态文明建设中开展"美丽乡村"主题宣传

改革开放以来，生态问题逐渐成为影响中国社会发展的重要问题，

---

① 《农业农村部办公厅关于印发〈乡村振兴科技支撑行动实施方案的通知〉》，中华人民共和国农业部网站（http://www.moa.gov.cn/govpublic/KJJYS/201809/t20180930_ 6159733.htm）。

② 《国务院：探索政府购买服务机制　使手机成为农民新农具》，新华网（http://www.xinhuanet.com）。

农村生态文明建设的必要性也逐渐凸现出来。面对当前生态系统退化、环境污染严重、资源约束趋紧的严峻形势，我们党站在中华民族持续发展和中国特色社会主义发展的历史高度上，注重绿色发展的必要性和紧迫性，强调尊重自然、保护自然、和谐发展的绿色发展理念。为了加强新时期生态文明建设的凝聚力和向心力，"美丽中国"的生态文明建设目标在党的十八大中第一次被正式写进了报告中。与此同时，党和国家为了更好、更快地完成生态文明建设的任务，在"十三五"规划中明确制定了有关的规划内容。党的十九大报告中也明确地提出"坚持人与自然和谐共生"、"像对待生命一样对待生态环境"等论断，这些重要论述充分彰显出以习近平同志为核心的党中央在生态文明建设中清醒的问题意识。作为建设"美丽中国"目标的重要组成部分，近年来全国各地农村纷纷开展以"美丽乡村"为主题的生态文明建设活动。经过党和国家有关部门以及农民群体的努力，中国的农村生态文明建设取得了好的成效。

近年来，农民思想政治教育工作也在宣传落实"美丽乡村"建设活动中实现了自我进步和发展。这对农民进行相关的生态教育宣传，帮助农民树立正确的生态观念具有非常重要的价值。正如杨雪梅所指出的，没有生态观念，再好的生态制度和行为都无法成为自觉。[1] 这离不开农民思想政治教育在贯彻农村生态文明建设中对农民所开展的生态教育重要作用。通过开展思想政治教育对农民进行农村生态文明建设的教育，培养农民的生态文明意识，为农村生态文明建设提供理论支撑和精神动力，是解决当前农村生态危机、建设美丽乡村、培养新型农民和发展生态农业的有效方法。采用正确的教育方法是保证生态文明教育效果的重要方面；明确农村生态文明教育主体、健全生态文明教育的保障机制是实现教育目的的保证。建立健全农村生态文明教育，要加强农村生态文明教育顶层设计，建立健全乡镇政府、村委会等基层政权组织的作用，完善公众参与机制以及政绩考核制度以完善资金管理制度；通过发展生态农业、生态旅游业等增加收入，以加强农村生态文

---

① 杨雪梅：《农村生态文明教育方法探究》，《中国农顺》2014 年第 16 期。

明教育物质保障；通过对适合农村环境教育方法的研究，将农村生态文明教育与农民的法制教育、科技培训以及乡村文化建设相结合，以达到美丽乡村建设的最佳效果。近年来，党和政府开展的农民思想政治教育工作在贯彻农村生态文明建设，开展"美丽乡村"主题宣传中发挥了重要的作用。学者陈秋红于 2015 年 7 月到 8 月在浙江省、安徽省和四川省开展的农户问卷调查和村庄调查显示，美丽乡村建设的开展明显提高了农民的满意程度和生态文明意识。美丽乡村建设的开展提高了农民对村庄规划、村庄设施建设、村庄生态保护和环境治理、村庄产业发展、村庄公共服务的完善与乡村文化发展现状的满意程度均值。① 这其中，农民思想政治教育工作与农村生态文明建设相结合，积极宣传"美丽乡村"的相关政策理念，培育农民生态文明理念，引导农民积极贯彻政策。

四　在贯彻农村信息化发展战略中实现教育的方式载体创新

党的十八大提出，中国要走新型工业化、信息化、城镇化农业现代化的中国特色社会主义"四化"同步建设道路。信息化建设是与发展信息化建设培养、发展以计算机为主的智能化工具为代表的新生产力，使之造福于社会的历史过程。信息化有助于更新农业资源结构，减少农业生产风险，提高农业经营效率，改善农业生态环境，助推乡村振兴战略的进一步落实。党和国家依据农村信息化的要求对新时期农民思想政治教育工作在载体、方式的应用上面提出新的要求和新的思路。近年来，农民思想政治教育运用农村信息化发展的成果更好地实现了载体方式的创新，更加有效地完成了相应的工作任务。

相对于城市，农村是信息化薄弱的地区。农村的信息化发展是中国信息化发展的短板，也是未来中国信息化发展的重要任务。崔凯等学者对国外相关研究进行梳理，指出充分利用现代传播技术的扩散效应提高农村地区信息传播能力，有利于提高农民信息的获取、接受、利用和反馈能力，对于促进农村城镇化和农业现代化发展具有重要助推作用。② 学

---

① 陈秋红：《美丽乡村建设的困境摆脱：三省例证》，《改革》2017 年第 11 期。
② 崔凯、冯献：《农村信息传播：一个国外文献述评》，《情报杂志》2017 年第 3 期。

者马亮在对中国 28 个省份 324 个村庄近万家农户的入户调查数据显示，农民对政府在教育、医疗、户政和交通等基本公共服务领域运用互联网寄予了很高的期待和需求。① 随着中国信息化道路的深入发展，网络新媒体不断地融入农民的生活，农民群体中运用手机互联网等新媒体的人数也在不断攀升。由中国社会科学院农村发展研究所、中国社会科学出版社联合发布的《中国农村发展报告（2017）》显示，有 54.3% 返乡创业人员通过运用"互联网＋"模式来了解市场动态、政策法规和进行产品推广，2016 年农村网商数量达 800 万家，占全国网商总量的 25.8%；农村电商销售额 8945 亿元，占全国总量的 17.4%。② 党的十八大以来，农民思想政治教育工作运用新载体和新技术来开展教育，同时为进一步有效地提高农业生产效率、促进农村传统工业的升级转型、整合农业资源提高经济效益、提高农民的生活质量、改善农民的生活方式发挥积极的宣传引领作用。

此外，作为互联网时代的产物，手机是当前普及率最高的新媒体之一，手机不再是一个简单的移动通信工具，而具有了意识形态功能。手机可以使传统思想政治工作优势同现代信息技术相融合。通过微博、微信、政府网站、政务微信、政务微博和移动客户端等音视频文件，人们可以及时获得大量信息。思想政治工作可以利用手机媒体的便利性，通过形式丰富的内容将党和国家的政策精神及时有效地传送给广大农民；通过农民群体喜闻乐见、便于接受的方式帮助他们了解新时代中国特色社会主义的有关思想言论，了解时事政治、国家大事，树立正确的思想政治立场。这其中，比较有代表性的是四川省广汉市农民思想政治教育工作利用"为村"手机平台获得了非常好的教育宣传效果。③ 综上所述，农民思想政治教育工作农村信息化时代的成果，实现了教育方式和载体的更加丰富的发展，也更好地为党和国家的农村政策和任务服务。

---

① 马亮：《中国农村的"互联网＋政务服务"：现状、问题与前景》，《电子政务》2018 年第 5 期。

② 《中国农村发展报告（2017）显示：过半农村创业人员"触网"》，人民网（http：//society. people. com. cn/n1/2017/0727/c1008 - 29433363. html）。

③ 刘雪兰：《自媒体平台的党建与治理功能——以广汉市"为村"为例》，《农村经济与科技》2018 年第 15 期。

第四章

新时代中国农民思想观念所存在的
问题与原因分析

运用辩证的眼光看待中国农民思想政治教育的成绩和不足，是进一步开展好该项工作的前提。在农村市场经济、农村城镇化、农村深化改革发展的时代潮流中，农民的精神思想领域也正在受政策、环境、经济等因素的影响而不断发生改变。在农村社会剧烈的发展变革中，农民的物质生活水平相较于以往有了很大的改善，但与之相伴产生的很多涉及精神思想和文化信仰等领域的问题依然没有解决。对新时代中国农民思想政治教育所存在问题及其原因进行分析，是进一步提高农民思想政治教育有效性的前提。

第一节　新时代中国农民思想观念所存在的问题

党的十八大以来，中国农民思想政治教育虽然取得了成就，但也不可避免地存在一些问题。一方面，在物质利益满足的情况下，农民陈旧的封建观念又有复兴的趋势。另一方面，农民与城市居民的素质之间还存有不小差距。总之，农村宗教、宗族、宗派"三宗"问题，以及农民的道德观念、民主、法律维权方面所出现的问题都是当前思想政治教育所迫切需要解决的。

一　观念保守落后

党的十八大以来，中国农民思想政治观念有了进一步的现代化转变，但仍然存在很多保守落后的因素。相比较城市居民，农民的生活空间较为闭塞，科学文化水平较低，容易产生保守腐朽、小富即安、封建迷信、盲信伪科学等思想倾向。农民精神空虚和信仰不坚定是产生迷信和很多思想问题的根本原因。

当前，很多地区的农民仍然受根深蒂固的保守思想束缚，在内心深处仍然无法摒弃封建腐朽思想和习俗的影响。很多地区的农民在价值观念、思想文化等方面依然存在真空迷茫的问题，其思想价值观和内心的精神秩序处于破而未立的状态，自私自利、不思进取的小农观念依然具有存活的空间。在过去相当长的时间里，很多地区的扶贫工作多运用给钱、给物、立项目、搞开发的"输血式"的方式，在某种程度上反而助长了农民对党和国家"等、靠、要"的依赖思想，使农民没有树立起正确的脱贫致富观念。贫困的观念导致贫困的生活。农民精神世界和思想观念的消极成分，是阻碍乡村振兴和农村全面建成小康社会发展的一个重要的因素。

除此之外，很多地区农民的文化水平较低，接受改造封建陈旧观念的能力不足，这种现象在不发达地区的表现最为明显。截至 2013 年，西部地区人口在初中、高中、大专学历及以上人口比例均低于其人口在全国人口中的比例，西部地区 15 岁以上人口文盲率占全国的 35.83%。[①] 很多地区的农民依然具有片面的教育观，轻视文化教育的重要性。落后的教育观和文化水平的不足直接对农民思想政治教育工作带来了消极影响，也影响农民落后观念的改造。一是功利化的教育观念。长期受落后的教育观、人才观的影响，许多人把教育当成子女升学与成才的敲门砖，一旦农村子女考上好的学校则投入大量的财力物力进行教育投资，而如果子女在基础教育阶段未能达到理想的学习成就，父母则拒绝支付学费，让子女辍学。与此同时，很多家庭只专注于学生的考试分数而轻视学生其他综合素质的提高，一切学习时间和精力都为应试让路，对学生的健康快乐成长产生不良影响，这种情况导致了教育与农业生产、农村经济发展相脱离，教育与人的自由全面发展相背离的局面，文化教育本身对

①　刘好光：《中国西部发展报告（2013）显示——教育对经济发展支撑能力不足》，《中国教育报》2013 年 7 月 26 日第 1 版。

人的思想观念和综合素养的提高所发挥的积极作用无法得到重视和发挥。二是教育人才外流，缺乏责任感。当前，农村基础教育从根本上讲属于应试教育，即"在农村为城市培养高级专门人才"的教育，当地学习成绩优异的好学生苗子学有所成，成为人才栋梁之后，大多离开农村到条件更好的大城市发展，不愿意返乡为家乡的教育事业做贡献，这造成了农村文化精英的单向人才外流，导致农村的教育资源和人才日益空心化。三是成年农民思想僵化，接受继续教育的主观意愿和客观能力不足。与此同时，当地政府给予农民接受继续教育的机会较少。很多地区农民仍然沿用传统农业种植方式和文化生活习惯，由于惯性思维和小农生活方式，无法很好地接受新科学技术知识。乡村振兴依靠的是最广大农民群众的支持，不能仅依靠少数的精英和"三农"工作者的努力，这需要农民在思想观念、文化素养、科技知识方面都要达到相应的水平。只有具有合格的综合素养，农民才能很好地贯彻国家农村发展的政策，运用好农业科学技术工具，把握好历史机遇，不断推进农村、农业的现代化。因此，新时代中国农民思想政治教育工作必须要逐步改变农民保守落后的腐朽思想因素，提高农民的现代化综合素养，从根本上为乡村振兴提供内在保障。

二　宗族问题复杂

目前，中国部分农村地区的宗族问题十分严重，影响着党的基层执政地位，也为农民思想政治教育素质提高带来阻碍。宗族宗派问题具有悠久的历史渊源，是农耕文明社会的产物。作为一种人类学意义上的社会单位，宗族形成于传统宗法制的社会背景之下，是以传统大家族血缘为纽带而形成的社会组织网络、人际关系以及价值观的总和。在古代皇权不下乡的历史背景下，以家族血缘为基础，以氏族大家长为核心领导而形成的宗族相对来说具有极强的地方性向心力和凝聚力，对人们精神生活和现实生活具有强大的影响力、统治力。在相当长的封建历史区间里，由于农村特殊的政治环境、地理环境，农村宗族具有强大的生命力和影响力，从某种意义上可以说是农村权力的象征。中华人民共和国成立以来，随着社会主义政权在农村的巩固，宗族宗派问题得到了有效的解决。然而，改革开放以来，宗族宗派问题又以新的形式卷土重来，部分地区出现宗族干预基层民主选举、干预农村行政事务、参与黑社会活动、影响党的基层统治地位等问题。从积极的意义上讲，宗族对稳定民心，形成地方凝聚力有一定的价值，然而，农民若过多受封建宗族观念和社会关系的裹挟，客观上会阻碍自身现代化发展的进程，也会阻碍其思想政治素质的提高。如果一个村庄的行政部门中大姓家族人口占比较高，或宗族成员担任行政职务，则一般当地行政工作受到宗族势力干预的比例会高，这是当今很多地方农村宗族势力参与农村地方行政工作的一种普遍现象。

作为宗族的核心成员，农村精英对农村社会秩序运行产生复杂的影响。在古代社会里，乡村精英能够有效地实现对村民的社会教化和精神洗礼，为维护和保障统治阶级的政权，规范农民的思想行为发挥着重要的作用。正如钟兴菊所指出的，"农村精英的权威和影响力来自于村民的认可，能够很好地发挥沟通作用，形成国家公权力与乡村私权力之间的'第三权力'"。[1] 然而，当前部分地区农村精英不能合理地摆正自身位置，这也成为影响乡村社会秩序的主要因素。一是部分地区的农村精英在乡村振兴各项事业发展中表现出自由散漫、自私自利的思想和行为，在党和国家农村政策落实的过程中发挥出消极作用。客观上讲，由于存在一定的历史局限性因素，农村精英只有在坚持党的领导的原则之上，摆正自身的位置，克服自身的局限性，充分发挥其积极作用，才能实现新时期更好的自身发展。然而，当前很多农村的精英出于个人考虑，不愿意让渡出自己的利益，并没有在实际上为改变农村落后面貌，助力乡村振兴做出贡献；也并没有从内心深处产生为解决村民切身利益问题而奋斗的责任感。二是农村精英的思想政治教育认可度有待提高。在农民的印象中，精英所发挥的作用仍然是传统的社会教化和矛盾调节，并没有从内心深处认可其新时期的积极作用，总把其与传统封建思想混为一谈。农村精英在配合党和政府进行思想政治教育的过程中，并没有得到农民的支持。这严重影响了其发挥思想政治教育的正面作用的积极性和

---

① 钟兴菊：《走向"第三领域"：乡绅阶层之于乡村自治的探讨》，《天津行政学院学报》2013 年第 1 期。

实效性。必须注意到的是，绝对的权力和威望容易使人走向无人监督的极端状态。在乡村相对闭塞的空间里面，乡村精英因为其特殊地位缺乏严格的监督机制，很容易贪腐、欺压百姓，势力控制，被人诟病。近年来，中国有些地方的农村精英代表当地宗族的利益，参加到村委会以及在村党支部任职，然而，其在思想觉悟上并没有达到相应的要求，仍然在很大程度上沿用封建宗族的权力威望和人治思想来进行乡村事务管理，在政治宣传、普法教育、道德教育方面无法表现出先锋模范和政治表率的作用。这客观上不利于党和国家的政策方针的落实，也助长了封建因素在农村的遗留，淡化了农民的现代法治观念。因此，当前宗族问题所表现出来的封建落后特征影响党的基层执政、扰乱现代农村社会秩序、阻碍农民思想政治觉悟提升，是乡村振兴背景下党和政府必须解决的复杂性问题，也是开展好农民思想政治教育工作必须回应的紧迫性问题。

三　功利思想严重

改革开放以来，中国农村所实行的包产到户的家庭联产承包责任制度打破了原有的人民公社生产方式和生产制度，极大地促进了农民的生产积极性和自主性，为农民解放思想、发挥致富潜能提供了现实机遇。在这样的政策背景下，农村原有的与农民直接利益关联的生产组织和社会组织发生了改变。在失去了与村集体密切联系的组织和生产载体之后，农民的生活方式也逐渐开始产生改变，其思想观念也处于传统和现代的交融期。随着时代的发展，在市场经济的冲击影响下，尤其是在近年来城镇化发展的推动下，农民在思想道德领域出现了很多比较明显的问题，其中集体主义观念和传统道德观念淡化的问题最为突出。

第一，部分农民把个人利益与集体利益对立起来。从"大锅饭"式的人民公社的集体生产制度中脱离出来，新时期农民更容易将个人家庭的利益与集体的利益区分开来。正如任路指出的："随着社会的开放性和流动性增强，由于农民的家庭本位以至于农村出现了'无公德的个人'，这与国家治理的要求背道而驰。"[1] 受传统的小农意识影响，农民思想里

---

① 任路:《"家"与"户"：中国国家纵横治理结构的社会基础——基于"深度中国调查"材料的认识》,《政治学研究》2018 年第 4 期。

具有极强的利己主义观念色彩，这种思想虽然在经历 20 世纪社会主义革命和建设运动改造后有了很大的改变，但随着改革开放以来农村社会形势和各项相关制度的变革而有回归的趋势。当前，很多农民的价值观有正在往不断庸俗化、极端利己化的方向发展的趋势，很多农民在市场经济的影响下，正在成为精致的利己主义者。学者沈贤岚等人在湖南省多地的调研中发现，55.8% 的农民会为了利益选择撒谎。甚至一部分农民为了自己的利益，会选择损坏集体的利益，只顾个人生活的便利、个人收入的提高而不惜损害他人的利益以及集体的利益①。因此，作为新时代教育农民的思想工具，农民思想政治教育要发挥重要的引领作用，对农民进行集体主义精神和社会公德教育的引领。

第二，部分农民的思想行为与农村社会的规范和要求脱节，造成乡村社会秩序失序。近年来，农村社会凝聚力下降、公共精神缺失、人心涣散等问题有日益凸显的趋势。原本维系人与人之间心灵距离的乡村凝聚力正在逐步弱化。农民脱离集体独立生活的主观意识越来越强。很多地区村集体为农民分解忧愁的能力有限，使农民在面对日常生活中所遇到的困难时无法从村集体那里获取足够的帮助，也降低了对集体和村组织尽义务的责任心。农民的思维逻辑里存在显著的个体功利性因素，农民只想享受农村社会发展所带来的福利而拒绝奉献自己，不愿意尽到自己的义务；只支持对自己现实有利的事情，对自己无直接利益可图的公共事务则漠不关心，缺乏社会责任感。部分地区农民群体中大多数人没有参与村务管理的经历，少数虽参加过村民大会但没有比较合理的行使自身权利，也没有在内心深处认同村民自治的管理。很多农民的短期利益和长期利益相矛盾，比如当前农民虽然普遍对生态问题有了一定程度的关注，但是远没有对生态有足够的重视，没有足够的忧患意识和危机感，更缺乏相关的生态道德。在中国以政府为主导型的环境保护制度体系中，很多农民缺少应有的环保责任感和主体觉悟，也缺少参与和保护农村公共环境的意识。总之，通过开展农民思想政治教育工作，提高农民的公共责任感和乡村主体性，培养农民的集体主义权利和义务意识是

---

① 沈贤岚、沈又红、郭庆：《农民社会主义核心价值观的认同度及影响因素研究——基于湖南省的实证分析》，《伦理学研究》2017 年第 3 期。

乡村振兴中一项必要的工作。

第三，部分农民对传统道德观念的认同感具有不断降低的趋势。传统道德观念是中华民族几千年农耕文明所形成的优秀思想精华，以儒家思想为代表，包含着尊师重道、尊老爱幼、诚实守信、勤劳肯干、与人为善、团结互助等理念的很多优良品质在农村地区得到了很好继承和发扬。中国传统文化起源于农耕文化，农村道德传统和习俗是传统文化的重要组成部分。农村祖祖辈辈流传下来的道德观念以及相关要求是农民为人处世、确立思想行为的重要原则和标准，对营造农村和谐风气、培养农民道德品质具有重要的规范引导作用。相当长的时间以来，相比较于城市，农村因为闭塞的生产、生活环境，以及人与人更加密切的人伦关系和交往距离，对传统道德观念进行了更好的保留。时至今日，村里很多年长的农民头脑中也保留着较完整的关于传统优秀道德观念的印象。然而近年来随着城镇化的发展、农村制度的变革以及受现代城市自由主义思想的影响，在市场经济的风气和思潮影响下，很多农民在追求致富发财的过程中忽略了遵守道德的重要性，片面地追求物质利益而背弃了祖祖辈辈流传下来的传统道德观念和准则。现如今，很多农民将道德传统中孝敬老人、赡养老人的优良传统抛在脑后，尤其是很多新一代农民的家庭责任感降低，拒绝赡养老人；家庭成员为赡养老人的义务和继承财产而产生纠纷，兄弟姊妹之间甚至会出现尔虞我诈、对簿公堂的情况。与此同时，很多农村地区在土地改革中出现财产和权利的争夺，在基层民主选举中出现拉票贿选、侵吞村集体财产，甚至搞黑社会敲诈勒索活动等不良现象。种种问题都与当前农民的传统道德观念认同感弱化有密切的关系。

四　信教问题凸显

宗教问题近年来成为影响部分地区农民思想政治教育有效性的重要问题。"宗教信仰实际上是以超自然的神秘方式实现社会控制，将社会的不同个人、群体、社会势力等社会存在和社会发展的各要素联系起来。"[1]

---

① 赵宇霞、李春晓：《现阶段宗教对农村的影响与对策思考》，《当代世界与社会主义》2010 年第 5 期。

与城市相比，农民的科学文化水平偏低，对宗教的认识力和明辨力相对较低。在农村相对闭塞的环境中，宗教的传播也更加便利。近年来，中国部分地区的农村宗教问题越来越复杂。一方面，从积极的角度讲，农村宗教具有一定积极的社会意义。另一方面，宗教信仰对农民的现代科学思维方式的养成具有消极的影响，导致农民运用科学知识改造外部世界的主观能动性降低。从农民思想政治教育工作开展的角度来讲，农民信教行为是对党的农村基层意识形态领导地位的挑战。在很多方面，宗教文化的教义与思想政治教育的立场原则存在分歧。因此，正确处理宗教问题是实现乡村振兴战略目标背景下中国农村文化事业振兴的重要任务。

首先，宗教容易导致农民社会主义和集体主义认同感降低。客观上讲，宗教能够对人们的精神思想具有一定的统治力，对人们的社会参与具有凝聚力，但其本质上具有浓厚的唯心主义意识形态色彩，与社会主义国家所倡导的唯物主义意识形态背道而驰。宗教是人的精神鸦片，能够给人虚幻的慰藉。在现实生活中，宗教使人暂时摆脱心灵的痛苦，在精神超越中寻求崇高，从而能够寻求片刻的安宁。由于农村相对落后的科学文化教育资源，以及相对闭塞保守的环境，这更加容易使宗教教义在农民之中得以传播。随着近年来中国各地农村城镇化发展和空心化现象的凸显，在现实需要面前中老年农民群体以及生活当中遇到挫折的农民群体更加愿意将现实的希望寄托到宗教当中，以作为精神的依靠。与此同时，当前很多地区出现有组织、有预谋的通过开展宗教活动来实现个别人别有用心的意图，更有一些地区出现打着宗教的幌子来实现谋财害命、骗钱骗色的邪教组织活动。种种问题表明，农村宗教问题对党的基层组织的领导，以及农村社会主义和集体主义观念的建立带来极大的挑战。因此，将信教农民从宗教的意识形态中争取回来，倡导农民积极入世的思想和行为，引导和培养农民积极正确的社会主义现代化的思想观念是教育工作的主要任务之一。

其次，宗教容易导致农民科学理性和法治意识降低。宗教作为唯心主义意识形态与中国特色社会主义所崇尚的民主法治的先进科学理念有分歧。从某种意义上讲，宗教虽然很容易使人在精神方面得到满足，但同时也会对人进行精神奴役，降低人的科学理性和社会法治观念。有学者指出："宗教信徒主体特征呈现'四多一贫'，即文盲多、老人多、妇女多和病人多，群体贫弱状态明显。"① 随着近年来农村社会空心化、留守妇女老人、贫富差距加大、社会矛盾纠纷等问题的产生，宗教团体会采取一定的救助方式来帮助农民，使农民产生精神依赖感。在现实的不满和挫折面前，宗教往往容易给农民传递一种消极被动的理念，使农民倾向于默默地接受现实，寻求神灵的保佑或者寻求来世的解脱，在遇到矛盾纠纷的时候选择息事宁人、消极避让的方式。比如基督教的寻求上帝宽恕、佛教的轮回转世、道家的与世无争等都会给人产生一种"彼岸意识"，使人默默接受现实而放弃主观努力。从消极的意义上讲，宗教使农民在现实当中遇到挫折和不公正待遇时采取消极的处事观念和错误的解决方式，这更容易助长农村不良行为、不法行为的嚣张的气焰，降低党和国家对农村治理的效果以及全面依法治国向基层延伸的效力，对农村现代化的实现产生不利影响。因此，在新时代乡村振兴的要求下，农民思想政治教育的迫切任务是帮助农民树立科学理性、规则观念和法律意识，让受宗教影响的农民从"彼岸意识"中回归到现实生活当中，使农民用科学理性和法律思维来解决生活中遇到的问题，并对宗教的本质和不良影响进行深入宣传。

农村宗教问题对当前中国农村发展社会带来复杂的影响。通过正确的教育引领，加强党的农村基层意识形态的领导，帮助农民树立对宗教的正确认识，是农民思想政治教育工作的必要任务之一。当前，中国农村的宗教问题是复杂且持久的，它是"一种自成一类的事实，一种使社会成立的基本条件"。因此，农民思想政治教育应该帮助农民树立正确的宗教观，在遵循中国基本信仰自由的政策基础上，严厉抵制邪教的存在，这一定意义上也是对于农村区域的"一种对共同体道德基础的重建"。② 因此，农民思想政治教育对农民宗教观的改造是一个涉及农村政治建设、经济建设、文化建设、社会治理等多方面的意义的系统工程。基于此，新时代农民思想政治教育必须积极作为，在实际工作中帮助农民树立正

---

① 王春云：《农村宗教问题的组织立法学分析与对策》，《山东社会科学》2010 年第 2 期。

② 梁永佳：《中国农村宗教复兴与"宗教"的中国命运》，《社会》2015 年第 1 期。

确的"三观"。

五　法治意识式微

基于复杂的历史原因、城乡二元化的现实困境以及中国农村各地区的差异性环境，当前很多地区农民的法治意识和政策意识仍然落后，仍然与城市居民和现代公民具有不小的差距，这也成为影响乡村振兴和农村全面小康建设的阻碍。农民的法治意识需要提高，很多地区因农民法治意识不足而出现的问题仍然很多。

第一，法治观念依然受人情观念的严重影响。传统的封建社会，农村相对封闭，在这相对单一独立的社会单元里，主导农民生活逻辑的是传统观念或习惯，广大农民往往用礼教、宗族标准来判断善恶是非。随着现代社会的变迁和发展，农村的物质生活水平虽然有所提高，但农村的基本社会关系、农民群体的结构仍然被延续，在农民潜意识里，道德伦理观念依旧比法律更受推崇，他们认为生活中各类纠纷用礼俗的观念协调解决比诉至法律更为实际，人治思想依然大于法治思想。

第二，农民在很多方面的法律维权意识依然淡薄。"人治"的传统文化深刻影响着广大农民，农民群体对法律职能的认识和理解整体上较为薄弱。由于经常将法律与刑罚相联系，对司法机关存在畏惧心理，并且担心诉讼成本大等问题的存在，农民在遇到生活中的各类纠纷时通过"托关系"来"私了"等解决纠纷的方式仍然大量存在，有些情况下为了实现自己的利益诉求，甚至出现"群体上访"等极端形式，法律虽然在身边，但却不能成为他们随手可得的工具，不能随时给他们提供利益的保护。他们宁可忍气吞声、自认倒霉，而不愿意主动去研究国家的法律法规，依法维护自己的合法利益。随着中国改革开放的深入发展和群体利益的多元化，农民的思想出现传统和现代相互交织的复杂状况。市场经济的"理性人"冲击使得农民在从事经济活动时能根据市场需求和个人的实际状况做出理性的抉择，权利背后的法律意识停留在工具层面，法律仅仅被农民视为维权可利用的工具，很多地方农村也存在农民过激化的维权诉求表达行为，他们将"说""闹""缠"作为维权的主要方式。董海军在对农民维权行为进行观察后指出，当下农民利益受到不法侵害时，多数不会采取法律维权方式，在农民的眼中，"法仅仅是维权博弈的一种'势'，即可供选择的路径之一"①。在当前中国全面实现乡村振兴的伟大工程中，农民的法治意识和维权意识仍然存在很大的提高空间，对广大农民进行法治宣传教育是思想政治教育工作所面临的重要任务。提高法治意识，依法维护自己的合法权益，是农民适应时代发展、摆脱传统观念的必经之路。

第二节　新时代中国农民思想观念存在问题的原因分析

分析中国近年来农民思想政治教育出现的问题，我们可以从基层干部的职能失范、社会转型期对农民的价值观冲击、农村社会不断空心化、新型农村社区出现以及农村网络发展及新媒体技术应用几个方面来归结原因。

一　基层干部的职能失范降低了思想政治教育有效性

基层干部是思想政治教育直接的组织者、开展者，其队伍素质和能力是思想政治工作的保障。在目前的基层，思想政治教育工作并没有设立专职人员来担任，多由基层党政干部兼职。做好思想政治教育工作是一个复杂而长期的工作，是对教育者综合素质的考验。目前，基层思想政治教育者在文化程度、理论素养以及从事教育工作的艺术性和巧妙度方面还存在明显的差距，无法胜任解决复杂问题的职责。当前，有些农村基层干部把经济问题作为工作重点，将思想政治教育工作作为基层工作的摆设，只为了应付上级考察、标榜政绩，对农民思想政治教育的重要性和紧迫性没有给予足够的重视，没有建立具体的农民思想政治教育内容、计划等体系。这些基层干部多属兼职，他们普遍文化程度较低，理论素养较差，作风不够扎实，方法简单，难以胜任复杂多样的新情况、新问题。有的干部缺乏敬业精神，有的干部则存在不能廉洁自律、官僚主义严重甚至以权谋私等不良情况，严重损害了农民群众的利益。农民

---

① 董海军：《依势博弈：基层社会维权行为的新解释框架》，《社会》2010 年第 5 期。

群众因此对这些基层干部丧失了信心，农村的思想政治教育工作必然就失去了号召力。总之，基层干部的职能失范降低了思想政治教育有效性。

第一，村"两委"之间存在矛盾。有学者调研时发现：基于人权、财权和决策权的权力划分，村党支部书记和村委会主任之间往往产生矛盾，集中表现在：①有的村党支部抓住权力不放，以党领导的名义不正确对待村委会的工作，有的支部书记独揽大权，使村委会的工作成为摆设。②有的村委会自认为由全体村民选举产生，更能代表村民，因而不征求村党支部的意见，不听从党支部的领导。③有些村"两委"之间存在矛盾，双方都不履行各自的职责，导致村子成为一片散沙，无人管理。①

第二，许多地方基层干部出于自身利益，采取与政策背道而驰的处理问题的方式。①由于监督乏力，弄虚作假地应付上级检查，政策执行缺失问题不能有效遏制。②国家农民教育政策与地方政策的转化程度较弱。由于中国广大农村存在较大的区域差别，不同地区的需求和发展水平亦有所不同，国家政策与地方现实需求不能有效结合，标准化和本土化没有达到协调统一。不能做到因地制宜，在符合国家农民教育政策的理念基础上，针对各个地区之间的不同，制定实现农民教育目标的策略。③有些地方政府在执行国家政策时，还存在对农民教育政策不能准确领会，执行偏离的情况，一些地方政府只遵照执行其中一部分内容，而对其他内容忽略不见。

第三，很多地区的村干部无法胜任新时期的农民思想政治教育工作。很多农村地区没有设立专业从事农民思想政治教育工作的岗位和教育机构，而基层党员由于忙于日常事务，群众观念淡化，往往在农民群众中造成不良影响。随着乡镇干部年轻化进程的加快，多数干部是由复员军人以及大学生村官等担任，由于他们的农民思想政治教育工作经验不足，缺乏长时间的积累过程，对农民思想政治教育工作中出现的新情况、新问题往往感到陌生和棘手。学者戴先任 2016 年在对河北省 13 个乡镇 276 个村的调查显示，55 岁以上的村书记占 46%，60 岁以上的占 26.9%。②

① 范如平：《农村基层党组织凝聚力分析》，《科学社会主义》2014 年第 3 期。
② 戴先任：《村支书老龄化现象须重视》，《农村工作通讯》2018 年第 12 期。

这正说明了很多地区思想政治教育队伍还存在着老龄化、边缘化的问题。

第四，农村干部思想政治教育工作的组织机构、监督机制不健全。当前，中国广大农村地区农民思想政治教育工作缺少系统性和规范性，没有专业研究农民思想政治工作的会议制度，工作内容、工作任务的规划制定缺失；党政各部门对农民思想政治工作的目标管理责任制度不明确，各部门之间互相协调配合的制度存在短板，这造成了党政各部门各自为政的局面；农民思想政治工作没有量化考核制度，评估机制不健全。这些情况的存在，影响了农村思想政治工作的开展。而由于农村干部思想政治教育工作组织机构、监督机制不健全，近年来中国广大农村的监管越来越薄弱，腐败案件出现了人数越来越多、金额越来越大的趋势。有数据显示，2015 年，中央纪委"共部署 89 条'村官腐败'问题线索的督办工作，内容针对土地征收、土地流转、'三农资金'管理、惠农补贴、扶贫救济、低保资金管理使用等方面"。[①] 当前，农村干部队伍中出现的贪腐问题，严重影响了农民思想政治教育工作开展的有效性。

二　社会转型期对农民的价值观产生复杂的影响

近年来，农村社会的剧烈的发展变革对农民的思想观念带来了巨大的冲击。据吴春梅等学者通过访谈笔录和调查问卷统计，中国广大农村地区农民的价值追求整体上呈现出传统与现代相互交融的特征。[②] 中华人民共和国成立之后，虽然农民在生活和思想方面取得了很大的进步，但由于其曾经长期处于计划经济和城乡二元制度背景之下，农民习惯于将土地种植所收获的经济价值作为唯一的生活来源，以此形成了单向度的经济观念。农民原有的思想遗传、思维惯性，不能短时间内被全部改变。传统小农意识和经济观念影响其经济行为。学者何均力在华北地区米村调研的时候发现，在该村，"高音喇叭"最初是以"国家象征"的姿态存

---

①　《履责挺纪治"蝇贪"》，中国共产党新闻网（http：// fanfu. people. com. cn / n / 2015 / 1019 / c64371—27713202. Html）。

②　吴春梅、刘可：《社会化路径下农民价值追求的实证分析》，《中南民族大学学报》（人文社会科学版）2017 年第 2 期。

在，而如今却成为了"广告工具"。① 这是一个代表农村从集体主义大锅饭时代不断进行时代转型的真实写照。在社会转型期，以村干部为代表的村集体对农民的私人生活的干预越来越少，农民的思想观念也不断从一元化转变为多元化。

第一，很多地区农民的小富即安、自私自利的思想观念依然存在。封建社会自然灾害和战争频繁，辛苦劳作的成果很容易被战乱或者自然灾害损害。所以，农民形成了只注重眼前利益，不注重长远利益的思维方式；形成了一种今朝有酒今朝醉的习惯，只要略有富足就注重享受。以上这些因素制约着农民经济思想解放和自身现代化的发展。农业生产文明所决定的农民生活方式中有落后的成分，这与社会主义现代化发展理念是相互背离、相互矛盾的。因此，全面建成小康社会必须要破除这些落后思想，通过体系化的物质保障和思想宣传来帮助农民摆脱传统的禁锢。其一，传统农业生产根植自然界，人们在生产劳动中依靠自然界来取得生产资料和获取劳动产出。自然界的气候变化让人捉摸不定，对土地的产出起到了决定性作用。传统式以自然界为工作对象的农业种植方式，对农民的思想观念的形成具有重要的影响。其二，看天吃饭的机会主义观念会使农民消极保守，注重眼前利益、对变革创新采取消极的态度，安于现状。其三，在土质允许的情况下，农民在属于自己的"一亩三分地"里可以随意种植农产品，从事生产行为，获得了相对封闭且自由的思想行为方式，形成了小农生产方式的个体性行为，增长了自由散漫的因素。

第二，市场经济的改革发展促进了农村的现代化发展，深刻影响了农民价值观的转变。广大农村长期固有的短视性、狭隘性的自然经济模式与现代化农业发展的实体要求已不相适应。因此，应利用社会商业资本，发展"三农"领域，从事现代农业生产、加工及销售等经营活动。同时，从农户手中获得土地经营权以扩大经营规模，农户将土地流转给商业资本，使原本处于农业生产者地位的农民偏资本化，使农民有了多元的价值观。同时，不同年龄段的农民对思想政治教育的认知水平出现

① 何钧力：《高音喇叭：权力的隐喻与嬗变——以华北米村为例》，《中国农村观察》2018年第4期。

分层现象。农民的思想观念和政治觉悟因为不同年龄段所承载的年代记忆不同而出现分化。广大农村中老一辈农民和新一代农民对思想政治教育的体悟有明显的区别。一方面，居住在农村的老年人大多经历了共产党带领农民翻身求解放的革命战争年代以及中华人民共和国成立以后集体化生产的人民公社时代，头脑中存有较完整的党的思想政治工作的记忆。他们对以毛泽东为代表的老一辈无产阶级革命家怀有真挚情感，对政治动员式的和集体化的思想政治教育方式认同，对现阶段思想政治教育工作的支持也相对较大。另一方面，改革开放以来农村新成长起来的青少年能够相对有条件接受更好的教育资源，在社会发展多元化、价值观多样化的综合影响下，更加向往自由民主的政治氛围，更加注重务实的生活方式。对于很多青年人来讲，由于缺乏历史记忆和现实需求，他们将思想政治教育看作具有较强意识形态性的特殊年代的产物，认为和平年代里社会经济发展是党和国家的工作重点，认为社会动员和意识形态教育已经处于弱化的地位。由此，传统农村的思想政治工作对于新一代青少年而言，由于缺乏应有的历史记忆、情怀、交流互动而大有失去向心力和凝聚力的趋势。

三　农村空心化加大了思想政治教育工作的难度

随着新型城镇化战略的实施，中国城镇化取得了巨大成就，截至2017年，城镇化率已超58.52%，这标志着中国社会进入以城市为主的新阶段。然而，受制于城乡二元结构的捆绑，城市各种资源并没有实质性地反哺农村，由于农村在城镇化发展过程中盲目追求城市化，农村的人、财、物等资源向城市流动，导致农村"空心化"。城市在中国新型城镇化过程中的作用停留在"救济"层面，并没有真正突破城乡二元体制束缚来"反哺"农村。而市场或者社会等方面的力量并没有承担起城乡之间双向互动交流的重任。城市反哺农村的优势体现在技术研发、人才集中、现代文化等方面，因而在事实层面上城乡之间存在一定的差距，但这种差距并没有通过社会或市场的途径弥补，反而进一步拉大城乡之间的"鸿沟"。陈波等学者通过对中国147个行政村城镇化发展的调研总结出，空心化给农村文化发展带来"文化主体性缺失、文化样态单一、传统文化式微"等消极影响。① 另外，学者李祖佩在对村庄空心化问题进行实际调研中发现，农村空心化使得农村对外部供给产生高度依赖，而由于农村地区文化供给和监管缺失，乡镇文化服务中心和村级组织并不能有效解决供给的问题，导致农村文化建设面临困境。② 通过学者们的调查证明，农村空心问题对农民思想、政治、文化等多方面产生复杂的影响。

当前，农村空心化和过疏化的现象非常显著，这也是中国城镇化发展对农村本土产生的最具有代表性的问题之一，对农民思想政治教育工作的开展产生了复杂的影响。根据陈坤秋等学者对 2000—2010 年中国 1961 个县（市、镇）的调研，空心化现象在中国中部、东部和西部地区普遍存在，且呈现程度上升、空间差异变大、集聚态势更为显著的特点。③ 相关数据显示，近年来空心化的比例正在呈现上升趋势。一般意义上讲，空心化是特指农村的空心化，即"在各种因素影响下农村经济发展、政治民主建设、精神文明建设、社会管理、社会心理等方面出现的滞化、弱化、退化现象，是农村社会整体性的衰落与凋敝。"④ 也就是说，空心化是一个农村人口不断外流、农村资源不断衰败的动态过程。过疏化、空心化表征着农村社会衰败的一个基本逻辑：从农村人口、资金、资源等"人财物"的现实衰败，到人们的精神状态，乃至农村文明的深层次的衰败。

"过疏化"和"空心化"是城镇化进程中农村衰败的两个发展阶段，过疏化是空心化的基础状态，而空心化是过疏化进一步发展的结果。总体而言，两者具有同质性、互通性、递进性的关系，都是单向城镇化、工业化发展的一种必然结果。"过疏化"主要表现在农村人口向城市转移过程中，农村人口密度降低，农村的经济、风俗文化和乡村治理等方面出现问题。相比于过疏化的较表层的现象，空心化则意味着更加深层次

①　陈波、耿达：《城镇化加速期中国农村文化建设空心化、格式化与动力机制——来自 27 省（市、区）147 个行政村的调查》，《中国软科学》2014 年第 7 期。

②　李祖佩：《村庄空心化背景下的农村文化建设：困境与出路——以湖北省空心村为分析对象》，《中州学刊》2013 年第 6 期。

③　陈坤秋、王良健、李宁慧：《中国县域农村人口空心化——内涵、格局与机理》，《人口与经济》2018 年第 1 期。

④　刘永飞、徐孝昶、许佳君：《断裂与重构：农村的"空心化"到"产业化"》，《南京农业大学学报》（社会科学版）2014 年第 3 期。

的问题。空心化是过疏化不断积累和升华而造成的农村全面衰败的问题，最后指向乡村文明价值的整体终结。具体来讲，农村的空心化可以体现在农村人口的空心化、居住的空心化、经济资源的空心化、基层政权的空心化、公共服务的空心化等几个方面。一是人口的空心化，主要表现为农村居住人口的总量不断减少，大量青壮年出村寻找就业机会而人口外流，乡村人口结构变成以留守老人、妇女、儿童为主体的空心化状态。二是居住的空心化，主要表现为农村住房集中在交通便利处，中心地带的老村址破旧、闲置，造成居住资源的闲置。三是经济资源的空心化，其原因是大量的青壮年劳动力到城市打工后在城市定居，人员、资金等关键的生产要素流向城市，使得乡村经济衰退。四是乡村基层政权组织的空心化。乡村基层政权组织在人口年龄结构上出现脱节甚至老龄化的问题，政府职能在乡村基层得不到有效发挥，各项政策无法贯彻。五是资源和公共服务的空心化，是指乡村人力、物力、财力呈现流失与断层局面，地域文化以及公共事务层面的空心化。因此，农村的空心化绝不仅仅是一方面的问题，而是涉及农村整体发展的综合性的复杂问题，对思想政治教育工作的开展带来了复杂的影响。

第一，农村接班人危机直接威胁农业可持续发展。"农业接班人危机"是中国新型城镇化进程中必须面对的复杂问题，它对农业可持续发展提出了严峻挑战。改革开放以来，城乡劳动力收益率差异促使农村青壮年劳动力向城市迁移，进而引发"农业接班人危机"。在中国城乡二元经济结构转换过程中，单向城镇化策略缺乏有效统筹"三农"利益的机制，导致农村人口空心化、农民工流民化、农民老龄化等诸多问题。古典经济学认为劳动力、土地和资本等生产要素是农业生产力的决定要素，但新制度经济学认为制度设计等上层建筑的调整能够提高农村各种生产要素的配置效率，进而显著影响农业生产的产出效率，因而，制度因素也是导致农村接班人危机的重要因素。尽管中国城镇化战略的实施成效显著，但城乡之间的制度不平等导致单向城镇化趋势愈演愈烈。由于户籍制度改革步伐迟缓，农村外出务工人员处在城市和农村之间的"悬空地带"，"城市中较为稳定的打工收入即使其愿意而且有能力留在城市生活，成为新市民，但户籍问题阻碍了该群体顺利的'完全离农'，进而导致大量原本可以流动的土地使用权不能大规模流转，制约了农业规模化经营"。① 农民自身承包土地拥有完全物权意义上的永久经营权并没有得到有效的制度保障，其农地承包经营流转及退出机制尚待进一步完善，以及以社会保障制度为核心的城乡二元利益格局的固化等诸多制度因素也是导致农业生产接班人危机的重要原因。

第二，城市反哺农村人才不足致使农村城镇化内生能力匮乏。城市对农村的人才反哺是一种非市场经济行为。这就意味着城市对农村的反哺需要依靠更多的国家制度设计及行政力量的干预。从城乡关系平衡发展角度来看，农村既是城市各种资源的供给者，同时也是城市各种人才的消费者。为此，需要制定政策措施遏制市场机制的负面效应，同时创造良好的农村市场环境引导城市人才资本向农村有序流动。一是反哺力度单薄。这些政策在一定程度上缓解了农村人才枯竭的状况，但与农村发展的需求相比，政策措施没有从根本上扭转农村人才流失趋势，致使农村城镇化内生能力仍然匮乏。由于城市反哺农村的人才不能扎根农村，反哺工作期满后利用政策福利（如考事业编制、考公务员）再次回流城市，因而城市向农村人才反哺政策只能起到示范引导效应，并没有完善的制度配套措施以持续利用城市人才资源培育新型城镇化建设人才资源的内生能力。二是城市人才反哺农村区域失衡。中国东部与西部、沿海与内陆地区的经济发展一直存在较大差距。

第三，单向城镇化加速农村传统文化的荒漠化。在中国推进城镇化的过程中，农村文化生态迅速变迁，传统民俗文化逐步消亡。在中国以往的城镇化过程中，过于追求城镇化速度，追求 GDP，没有很好地使其与经济增长、就业、资源、环境、生态、文化保持协调可持续的关系，缺乏整体的、生态的眼光，把城镇化当成"赶农民上楼""圈地运动""造城运动""并存运动"而大拆大建，追求形象工程，不少城市遗产、民俗文化遭到重大破坏。生态破坏严重，农村传统民俗文化不断消失。学者韩占兵指出："近十年来我们对文化的这种破坏，文化资源的这种破

---

① 韩占兵：《中国"农业接班人危机"：分析框架、现实判断与破解之道》，《南京农业大学学报》（社会科学版）2014 年第 1 期。

坏超过了历史上任何一个时期。"① 植根农耕社会土壤而逐步发展起来的作为广大民众所创造、享用和传承的民俗文化，在这种史无前例的城镇化"大跃进"中没能幸免，遭到了前所未有的冲击和破坏。传统民俗的人文内涵、价值符号以及隐喻象征等文化意义消失殆尽，仅有的风俗形式沦为商业文化的点缀。随着互联网产业的兴起，传统民间戏曲逐渐淡出农村社会，尤其是具有高度历史文化价值的民间绝活，因其不能适应工业社会的商业环境而出现"人亡艺绝"的悲剧。"'工业化'剥离了民俗文化的物质载体，'城镇和市场化'的步伐缩小并改变着民俗民风的聚集地，都市生活的霓虹使得传统艺人改行变当。'现代化'消融并拆解了民俗传统与现代艺术的界限，'技术文明'使得我们的民俗文化失去了许多有形的物质载体和无形的技艺形式。"② 当然，面对城镇化的冲击，民俗文化也在不断自我调适，一部分仍具有较强文化生命力传统民俗开始不断吸收现代社会文化，逐渐演变成新的市民文化，这在一定程度上减轻了农村城镇化过程中的文化荒漠化趋势，但更多的民俗文化因为生存环境的变化而逐渐丧失其文化内核，只保留其文化形式，逐渐演变为伪民俗文化。

在单向城镇化的发展过程中，农村居住的空心化加大了农民思想政治教育的难度。农村的衰落，在物质环境和精神环境上都给农民带来了极大的消极影响。在乡村振兴、农村全面小康的现实背景下，如何重聚人心，发挥农民的主观能动性，重塑农村蓬勃向上的精神环境，是思想政治教育工作发挥有效性的关键。同时，针对空心化背景下外出务工人员和农村留守老人、妇女、儿童所处的不同的处境、不同群体进行有效的农民思想政治教育，这在客观上要求思想政治教育在思路、内容、方式等方面进行与时俱进的转变，从而加大了农民思想政治教育工作的难度。

四　传统教育无法完全解决农村社区的新问题

近年来，农村城镇化过程中新型农村社区的出现客观上要求农民思

---

① 刘爱华：《新型城镇化语境下民俗文化反哺的效能与维度》，《民俗研究》2015 年第 3 期。

② 刘爱华：《新型城镇化语境下民俗文化反哺的效能与维度》，《民俗研究》2015 年第 3 期。

想政治教育的自我创新。在新的历史时期，在城镇化的推动下，新型的农村社区逐步形成，它逐步发展为连接传统农村社区与现代城市社区的中间桥梁，成为统筹城乡发展与实现城乡融合的重要支点。[①] 新型农村社区的出现，打破了原有农村和城市的界限，将传统的行政村和现代城市社区两者的特点进行有机结合。相比于传统的行政村，新型农村社区的建立往往是将几个临近的行政村进行规划和整合，其规模更大，管理更加统一，更加能够整合优势资源，功能更加全面，即政治、经济、文化为一体，并有更加完备的自治管理制度，更加具有城市社区的特征。为缩小城乡之间的差距，应该在农村建立一种新的现代化的社会生活形态。由于现代化的社会生活形态改变了农村原有的行政管理体制，新型农村社区更适合于人口居住相对集中，外出打工人员相对较少的村镇。新型农村社区打破了农村原有的格局，是中国农村发展建设的一种创新性尝试。

新型农村社区构成了农民思想政治教育一种新的单元模式。从问题的角度来讲，由于传统意义上的农村社区在向现代化的社会生活形态发展中逐渐失去了其原有的管理及服务职能，农村社区治理制度已经相对滞后，而现代化的新型社区打破了原有的边界。[②] 学者陈占峰对失地农民的生活满足度调查显示，受访农民"非常满意"和"比较满意"各占0.4%和28.5%，合计28.9%，"比较不满意"和"非常不满意"分别为34.1%和1.9%。[③]

因此，思想政治教育必须发挥自身的职责使命，化解新型农村社区对农民的思想观念和行为方式所带来的新问题。新型农村社区的出现，使农民生活和工作环境发生了改变，且也容易相应导致农民因土地减少和财产确权纠纷等出现新的问题。作为社会主义精神文明建设的重要组成部分，思想政治教育最关注的是农民的思想和农村的精神文明建设的

---

① 李增元、李家文：《城镇化中的"城乡一体型"农村新社区探析》，《社会主义研究》2015年第2期。

② 李增元：《开放、流动社会中的农村社区、流动社会中的农村社区治理改革与创新》，《社会主义研究》2014年第2期。

③ 陈占峰：《中国城镇化进程中失地农民生活满意度研究》，《国家行政学院学报》2013年第1期。

整体发展状况。新型农村社区的出现客观上对农民思想政治教育提出了新的挑战，要求农民思想政治在主体、客体、内容、方法、环境建设等方面进行有针对性的发展和应对。

五　网络发展及新媒体技术对农民教育具有双刃剑作用

随着农村信息化的发展，农村互联网、新媒体技术的逐步普及以及其虚拟交往方式的实现对农民的思想观念带来复杂性影响，客观上减弱了传统思想政治教育方式的影响力和统摄力，这对新时期开展思想政治教育工作带来挑战。当前中国农民网民的数量已经超过了两亿，并且在乡村振兴的历史机遇下，农村互联网的投入力度和功能开发将会进入一个高速发展的时期。网络传媒得益于传播信息速度快、范围广、影响大的优势，可以进行即时性、个性化和追踪式的交流互动，实现主体客体化和客体主体化的统一，逐渐成为思想政治教育主客体的纽带和重要载体。虽然陈鹏、臧雷振认为，中国农民的交往方式仍然以电视为主，报纸、人际关系传播为辅，而网络还没有成为主要的媒体使用形式。[1] 但随着手机技术的不断发展，中青年农民能够运用手机平台使用微信、微博等新型平台，这对于运用宣传、新闻传播、舆论监督和文化传播来对农民进行思想政治教育带来了更多便利。在很多相对发达地区的农村，网络对农民来说已经是不陌生的事情，网络已经逐渐成为农民获取信息、参与社会交流的一个重要的渠道。在使用手机、互联网进行交流学习、农业生产以及生活休闲的过程中，农民因能够更加便利地运用碎片化的时间来获取时事政治、农业新闻以及各种政治、法律、道德文化的信息而逐渐产生依赖性，长而久之也在思想观念、政治判断力以及道德认知等方面接受网络潜移默化的影响。

首先，网络媒体是把双刃剑，农民在接受网络所传递的不良信息时，由于依赖心理和缺乏辨别能力而容易受到蛊惑。在网络外衣的包裹下，很多影响农民思想政治素质提升的老问题也通过新的载体形式出现，很容易被别有用心的人利用，携带着反党反人民、封建迷信、奢华攀比、

---

① 陈鹏、臧雷振：《媒介与中国农民政治参与行为的关系研究——基于全国代表性数据的实证分析》，《公共管理学报》2015 年第 3 期。

黄赌毒、违法乱纪、违反道德等不良信息，对农民思想政治素质的提高带来不良影响。这客观上要求思想政治教育不但要教会农民学习信息技术时代的生存本领，而且要适应"人的思维方式、生活方式、行为方式，以及新时期的思想道德发展特点"。[①] 当前，农民思想政治教育工作针对网络新媒体的教育还处于摸索阶段，并没有形成完整的体系，这降低了思想政治教育在解决农民网络参与中所出现问题的有效性。其次，"互联网＋"时代对农民思想政治教育的权威性带来挑战。在互联网时代，农民思想政治教育必须适应在虚拟的环境中进行教育活动的客观现实。对于教育者而言，必须在以更加平等的姿态与农民进行交流的基础上，进行思想政治教育信息的传播；以更加隐形、柔性的方式对农民进行思想政治教育内容的启发、引导。与此同时，运用互联网进行思想政治教育，还需要教育者具备相关的互联网知识和前沿资讯，熟悉进行互联网教育所必须具有的相关管理技术，从而才能保证随时更新党和国家的政策形势咨询，上传中国特色社会主义的最新的理论，构建农民网络思想政治教育学习平台，并对互联网上的不良信息进行及时的删除和更改。从农民运用网络进行交流学习的角度来看，网络越来越成为农民进行自我学习、自主交流、表达自我的平台。在虚拟的网络空间中，农民所受到的显性的束缚逐渐减少，取而代之的是更多自我主导的学习和发现知识的空间，这对传统农民思想政治教育的权威带来很大的挑战。如果新时期农民思想政治教育无法有针对性地进行调整，那么必然会降低对农民教育引领的有效性，增强农民的排斥感。最后，从农民身心健康和生活质量的角度来看，农民过多地依赖网络虚拟生活，会导致现实人际交往生活的减少，导致人与人之间关系的冷漠。在传统的农村里，农民世世代代生活在固定的环境中，邻里之间容易建立起熟悉、亲近、稳定的人际关系。农民茶余饭后都会汇聚在一起拉家常，邻居之间也会频繁地串门和相互走动。近年来随着越来越多的农民接触电脑、手机等现代科技产品，更多的人选择在家上网、看电视、玩手机来打发休闲时间。同时，越来越多的农民依赖手机、微信、qq 等社交媒介来进行交流问候，这在

---

① 万美容：《思想政治教育方法发展研究》，中国社会科学出版社 2007 年版，第 191 页。

一定意义上减少了人与人之间的现实交流，也削弱了农村社会的凝聚力，不利于思想政治教育的管理，对思想政治教育的号召力、凝聚力的实现是一个严峻挑战。

第五章

新时代中国农民思想政治
教育的主要内容

　　思想政治教育内容是："为了达到一定的教育目标，教育者向受教育者传授、讲解的知识、理论、观点，是教育者与受教育者联系和转化的中介。"① 换言之，思想政治教育内容最终回答"以什么来教育人，使人具有什么样的思想理念"的问题，它是"思想政治教育目的和任务的具体化，是思想政治教育实践开展的基本要件，也是理论研究的重要主题"。② 在思想政治教育过程中，教育内容是教育理念得以传递的载体和实质，是不可或缺的教育要素。在新时代乡村振兴和全面建成小康社会的背景下，对农民开展思想政治教育要坚持改革开放以来，尤其是新农村建设时期党和国家所倡导的政治观、道德观、法治观教育的有关内容，并结合当前新形势来进行进一步的继承和深化。新时代中国特色社会主义乡村振兴背景下的农民思想政治教育内容，要符合党的十八大以来农村政策的指导思想，依据党的十九大所提出的乡村振兴的战略要求来设置；在遵循思想政治教育内容的基本原则规定的基础上，针对农民最为关注的、当代农村社会发展最为迫切的任务进行设置，以达到有效组织动员农民，并为农民提供精神动力的目的。

---

① 郑永廷主编：《思想政治教育学原理》，高等教育出版社 2016 年版，第 178 页。
② 冯刚、郑永廷主编：《思想政治教育学科 30 年发展研究报告》，光明日报出版社 2014 年版，第 190 页。

第一节　以新时代中国特色社会主义
理论为主线的政治观教育

政治观教育是思想政治教育的核心内容。对农民群众进行中国特色社会主义政治观教育，不但有助于农民群众思想政治素养的提高，而且有利于党和国家的路线、方针、政策能够在基层顺利执行，有利于广大农民在各种情势下都能够坚定正确的政治方向和政治立场。党的十八大以来，党中央高度重视党建理论建设和思想政治教育理论建设，推动中国特色社会主义的政治观教育发展到一个新的高度。党的十九大在对中国特色社会主义的本质内涵和发展规律的深刻理解把握的基础上，首次提出新时代中国特色社会主义思想理论。作为"新时代党和国家各项工作的强大思想武器"，新时代中国特色社会主义思想理论是进行思想政治教育总的指导思想和工作依据，[①] 其蕴含的政治观内容也是新时期对农民进行政治引领，凝聚思想共识，明确政治立场的主线教育内容。

一　马克思主义中国化理论体系教育

马克思主义理论是中国共产党从建党以来指导革命实践，建设新中国，实现中华民族外驱强奴、内求复兴之路的科学世界观和方法论。追求马克思主义真理体现出中华民族认识世界和改造世界，建设美好社会和家园的愿望。作为思想政治教育内容结构的重要组成部分，马克思主义理论及其中国化形态包含着明确的意识形态教育和政治教育内容，也是帮助农民树立正确的政治信仰和政治立场的主线内容。"思想政治教育活动在一定的社会、阶级和集团所从事的'社会活动大系统'中，之所以作为一种特殊的社会实践活动而存在和发挥作用，这在根本上是由于这种活动具有特殊的'天职'，从而具备特殊

---

① 骆郁廷、项敬尧：《论新时代思想政治教育创新发展的基本遵循》，《思想理论教育》2018 年第 1 期。

的内容和形式。"① 农民思想政治教育内容最根本的主旨就是透彻地向农民宣传和解释马克思主义理论的科学性、真理性。中国共产党自诞生之日起就担负着追求马克思主义真理、宣传马克思主义真理的职责，不断将马克思主义理论本土化，进行符合本国国情的改造。农民思想政治教育的内容要以宣传马克思主义真理、解放农民的思想为使命。客观上讲，先进的思想不能自然而然地进入农民的头脑之中，必须要通过理论灌输使其接受真理改造，内化于心外化于行。现如今的思想政治教育内容依然要从现实政治需求出发，把"统治阶级的思想"转换成符合人民大众所接受和需求的思想。

马克思主义理论需要农民的理解和运用，需要在实践当中发挥其科学的指导作用。农民由于特定的生活环境、文化基础和生产方式的原因，用抽象性较强的理论来向农民宣传马克思主义的有效性是较低的。因此，要加强思想政治教育工作的合理性，让农民把马克思主义融入生活，用马克思主义的基本方法来指导生活，解决农民日常的生活问题，转变传统落后的思想观念。在关于新时代中国特色社会主义的农民思想政治教育内容中，宏观的意识形态教育、政治教育依然是最为基础的部分、最为关键的部分，提高农民的思想政治素质是思想政治教育的本质特征和独特价值所在。

作为农民思想政治教育内容的主导性、基础性部分，政治教育要在新的历史背景下发挥有效性，必须注重其科学性和真理性的发挥，并注重在农民群体进行宣传和讲解的透彻性，充分体现马克思主义理论的科学性和真理性。基于对马克思主义经典作家的马克思主义理论的理解，以及结合本国国情的丰富和发展，我们党进行了马克思主义中国化的理论和实践探索；在与中国本土思想文化进行有机结合的基础上赋予了马克思主义理论中国内涵，并形成了毛泽东思想和中国特色社会主义理论体系。由于先进的科学性和鲜明的阶级立场，对农民阐明其科学性和真理性是马克思主义理论及其中国化形态的根本特征和突出优势。农民思想政治教育工作的职责就是把正本清源、贴近生活的马克思主义理论体

---

① 唐昆雄、欧阳恩良：《党的思想政治工作史与新时期高校德育研究》，中国文史出版社2015年版，第12页。

系宣传和讲解给农民，使农民融入思想、融入生活。通过科学有效、方法合理的思想政治教育工作的宣传和引导，能够有效地以鲜活的马克思主义中国化理论指导当今农村社会发展，确立农民的政治信仰，帮助农民选择正确的实践方式。

当前，农民思想政治教育的政治观教育的主要内容就是对农民进行习近平新时代中国特色社会主义思想的宣传，使农民理解其思想体系和基本内涵，并指导实践。党的十八大以来，以习近平同志为核心的党中央结合对当前国情、党情以及世界发展大形势的清醒认识和分析把握，高瞻远瞩、立论深远地出台了一系列重要的方针政策，深化了党对中国特色社会主义事业发展的规律把握和认识，为国家民族的时代创新发展提供了科学指导和理论依据。在党的十九大报告中，这些马克思主义中国化的最新成果被正式命名为"习近平新时代中国特色社会主义思想"，并将之作为党的指导思想写入党章，作为党和国家各项事业发展的行动指南。习近平新时代中国特色社会主义思想是当今发展着的马克思主义，是依据马克思主义基本原理来应对当今复杂的国内形势和国外形势，具有源头活水的马克思主义；是新时代全国各族人民武装头脑、凝聚共识、统一方向的指路明灯；也是农民群体应该深入领会、内化于心外化于行，在乡村振兴中积极开展农村生活和农业生产实践的精神引领和思想武器。

二　拥护中国共产党的执政地位教育

在新时期对农民进行拥护中国共产党执政地位的宣传教育是思想政治教育的重要政治任务。向农民讲清楚中国共产党的职责、使命、目标等内容，使农民理解中国共产党与人民大众血肉相连、荣辱与共的关系，加深农民对中国共产党认同、拥护和爱戴的热情，也是思想政治教育的政治观教育的重要内容。坚持中国共产党的领导是发展好中国特色社会主义各项事业的基本保障，也体现了中国特色社会主义的本质要求。从新民主主义革命到社会主义建设，再到中国特色社会主义改革，中国的发展离不开强有力的组织引领。中国共产党作为马克思主义执政党，坚持以马克思主义理论来宣传组织人民大众，指导人民大众以正确的世界观和方法论来认识世界、改变世界。从中国共产党的建立之日起，在各个历史时期的实践证明，只有坚持中国共产党的领导，明确党的领导核心地位，拥护党的执政地位，才能保障中国特色社会主义制度、理论、道路以及文化的不断繁荣发展，才能为中华民族的振兴崛起指明方向。实践证明，只有坚持中国共产党的无产阶级政党的领导，才能与农民群体形成天然的同盟和结体，在实践中为农民指明方向、排忧解难、指导实践。新时代中国特色社会主义事业蓬勃发展的前提是必须坚持党的领导的政治保障、组织保障、思想保障。在乡村振兴和农村全面建成小康社会的背景下，思想政治教育必须继续加深农民对党及其基层组织的认同和拥护，使农民理解党在政治上、思想上、行动上的精神实质和重要举措，拥护党在宏观决策方面的协调大局、综合把握的政策归旨。

当前，对农民进行的拥护中国共产党的执政地位的教育，其实质是使农民不断加强对中国共产党是中国特色社会主义各项事业，尤其是乡村振兴、精准扶贫、全面建成小康社会、农村深化改革等关于农村社会发展息息相关的事业的领导核心的深刻认识，这可以从以下三个方面来进行有关内容的宣传讲解。第一，中国共产党是中国特色社会主义制度和相关事业，包括农村各项发展改革的制度和事业的制定者、执行者。作为建设中国特色社会主义的前驱，以毛泽东为代表的党的第一代领导人准确把握当时的社会矛盾，提出走农村包围城市的道路；并完成新民主主义革命，进行社会主义改造，确立了社会主义基本制度，提出了中国从农业大国向工业大国发展的相关的制度要求。正是在中国共产党的领导下，中国以工农联盟为基础，人民民主专政的基本政治制度得以建立，并在这个基础之上，制定了一系列具有中国特色社会主义的政治、经济、文化等制度也为中华人民共和国成立以来中国农村社会发展提供了依据。第二，中国共产党是中国特色社会主义制度和各项事业发展的完善者。在建立社会主义的基本制度之后，中国共产党在保证基本制度不动摇、不改旗帜的前提下，不断针对国内外发展形势对中国的社会主义制度和事业进行发展完善。有学者指出："中国如果想在坚持社会主义制度的同时，实现中华民族的伟大复兴，成为世界舞台的焦点，就必须与时俱进。那就意味着对马克思主义理论进行改造，使其适应全球化进程。"① 第三，确立中国共产党及其基层组织的领导，有利于充分调动农民群众的积极性、主动性和创造性，为当前农村发展提供动力。在任何历史时期，只有把农村群众合理组织好、调动好，才能完成好中国各项事业发展要求，才能使中国特色社会主义制度更好地贯彻到底。马克思主义唯物史观认为，人民群众是社会前进的推动者。这其中，在中国占全国人口最大比例的农民群体在社会发展中所发挥的能量是巨大的，其尚未开发的潜力也是巨大的。中国共产党具有农民血脉交融、荣辱与共的天然联系。作为党的政治宣传和政策宣传的宣传工具，农民思想政治教育要不断加强相关内容的宣传，使农民明确只有坚持党的领导才有利于集中力量办大事，才能应对农村社会发展道路上的挑战；只有不断坚定对中国共产党的核心领导地位的拥护，才能行驶好中华民族复兴的巨轮，领导好乡村振兴的伟大革命，把握好农村社会发展的契机，保障农民的生活富裕，使农民不断朝着实现现代化的总体方向而前进。

三　中国特色社会主义理想信念教育

中国特色社会主义是党和国家奋斗总纲领的高度概括。新时代中国特色社会主义"四个自信"的内容体系，丰富了中国特色社会主义理想信念的内涵，加深了全党和全国各族人民对中国特色社会主义自信教育的理解；是对党的十八大所提出的"三个自信"的进一步的拓展和深化。在农民思想政治教育的相关内容中融入关于中国特色社会主义"四个自信"的教育，其实质是增强农民对新时代中国特色社会主义的理解、认同、热爱以及信仰的情怀，更有利于农民投身于当前国家发展和乡村振兴的事业当中。因此，从中国特色社会主义道路、理论、制度、文化四个方面来加深农民对中国特色社会主义的理解认识，坚定农民对其的自信，是思想政治教育的政治观教育的内在组成部分。第一，中国特色社会主义道路自信教育，即是对中国特色社会主义事业未来发展方向和前途命运的坚定；是对中国处于社会主义初级阶段，并不断通过奋斗努力

---

① ［意］洛丽塔·纳波利奥尼：《中国道路：一位西方学者眼中的中国模式》，孙豫宁译，中信出版社 2013 年版，第 53 页。

来完成全面建成小康社会，不断迈向社会主义现代化发展的步伐，并最终实现马克思、恩格斯所描述的最终实现共产主义社会的目标的坚定。这其中，也包含着使农民对中国特色社会主义农村的发展振兴、农民成为受人尊敬的职业、农村成为令人向往的理念家园等目标的坚定和认同。第二，中国特色社会主义理论自信教育，是指在坚持马克思主义基本原理的立场、观点和方法之下，依据中国不断发展的国情，对中国特色社会主义理论的真理性、正确性、科学性、可实践性和有效性的坚定和自信；针对农民群体的特点，就是要将抽象的中国特色社会主义理论以通俗易懂、活灵活现的方式接近农民生活，使农民理解和认同，从而更加坚定对其的信任。第三，中国特色社会主义制度自信教育，就是培养农民群体对党和国家依据社会主义基本原则和立场所制定的中国特色社会主义一系列基本制度的自信；尤其是对当前农村社会的深化改革、生态环保、经济发展、民主政治、农业政策的正确性和契合性的坚定和认同。实践证明，国外资本主义制度和中国传统的社会制度不能适应近代以来中国社会的发展，只有中国共产党依据中国国情所设计的社会主义制度才能拯救中华民族，并不断引领中华民族走向繁荣富强，带领农民走向富足安康的生活。第四，中国特色社会主义文化自信教育，是培养农民对中国特色社会主义先进文化和深厚的传统文化积淀内涵的自信。中国特色社会主义先进文化是以马克思主义中国化为引领的当代中国先进文化，这其中，思想政治教育要通过相关的内容传递对农民进行思想文化的洗礼；积极借鉴农业文化中的积极成分，对农民头脑中的封建思想文化进行扬弃和改造；坚定农民对科学先进、包容并蓄、多姿多彩的新时代中国特色社会主义先进文化的认同和领会。

四　新时期国情形势和农村政策教育

新时期农民思想政治教育的政策宣传内容，主要包括国情形势和农村政策的宣传教育。国情教育，就是针对国情而进行的宣传教育。现如今开展思想政治教育要使农民群体清晰认识到中国最突出的国情就是中国特色社会主义进入新时代；使农民能够明确和践行全面建成小康社会和实现社会主义现代化的奋斗目标；使农民清醒地认识到新时期中国社会主义主要矛盾所发生的改变。与此同时，思想政治教育的宣传教育要使农民认识到当前中国农村政策的主要方针就是围绕乡村振兴和农村全面建成小康社会来制定的，要使农民准确认识到当前国家农村政策的主要内容和基本要求。

农民思想政治教育发挥有效性要注重对农民进行国情、农策宣传解读的准确性、真实性，确保将国家政策信息完整无误地传递给农民，让农民掌握真实的政策信息，从而依据政策信息来安排自己的生产和生活。"国情是开展一切社会活动的基础，不能背离具体国情去主观想象各种改造社会、改造国家的美好方案，也是党和国家制定各项法律、法规和方针政策的重要依据。"① 根据不同历史时期党的工作重心的不同，党的几代领导人对农民思想政治教育的内容进行了积极的探索，形成了一脉相承又葆有时代发展特色的农民思想政治教育内容体系。根据党在革命建设改革三个历史阶段所面临的具体问题不同，党在进行农民思想政治教育内容上也进行了相应的改变。面对国内外形势产生的新的变化，农民所面临的外部环境和自身精神文化政治等多方面的条件也发生了深刻的改变。作为中国人口的主要构成部分，农民群众依然是社会主义现代化建设的主力军，但是社会形势的飞速发展对人们的思想观念和科学文化知识提出了新的要求，农民群众作为传统保守的群体与改革开放对人们思想观念解放和高素质的要求产生了新的矛盾。面对改革开放的新要求，传统农民的生活方式和思想观念需要引导才能适应。针对这个事实，党开展了引导农民解放思想、走共同富裕的思想政治教育工作，不断加强农村精神文明建设，并尊重农民的主体地位、尊重农民的各项权益、尊重农民在国民经济生产和农业发展中的主体地位。新时代中国特色社会主义农村，农民思想政治教育要根据国家的发展形势、农村社会的真实状况来进行对农民的物质生产和精神生活的引领，帮助农民得以享受更多社会发展带来的实惠；使农民更好地了解国家的农村政策，更加有效地把握自己的生产和生活。

受长期农业种植的生产方式和看天吃饭的思维习惯影响，注重实际、

---

① 吴敏先主编：《中国共产党与中国农民》，东北师范大学出版社 2000 年版，第 4 页。

追求实际利益是农民的生活经验和生活信条。因此，国家政策宣传部门要向农民宣传国家关于经济建设农民最关心、最感兴趣的内容，使农民明确党和政府为农民谋福利、谋发展的决心，以取得农民的支持和信任，以便于其他工作的宣传和开展。这是此部分内容的核心，也是农民群众能够接受党和国家方针政策的前提。在全面建成小康社会的背景下，培养新型的农民合作生产组织、促进农业现代化、进行农村体制改革等等都是为了释放农村经济活力。农民只有过上好日子，满足自身和家人的生活需求之后，才能有更多的精力和热情关注国家大事和民族振兴。农民思想政治教育的国情国策教育必须与客观事物相符合，符合实践认知的真实可靠性，其宣传讲解要从农民的实际生活出发，尊重农民群众的真实需求，讲真话、办实事，尽量避免抽象空洞的口号，规避虚假的内容。必须对国情具有清醒的认识，才能使农民对党的方针政策具有清醒的认识和理解。准确地表达党和国家相关教育规定的内容，不能偏离和篡改，要具有透彻性、深刻性、彻底性，要抓住事物的本质，对党和国家的相关内容规定进行深入分析和领会。通过透彻的说理，用彻底的理论去抓住人的本质，并说服人。因此，思想政治教育要使农民清醒地认识到乡村振兴事业是党和国家对农村振兴发展的重大举措。在全党和全国各族人民为实现"两个一百年"奋斗目标而努力的现实境遇下，思想政治教育工作要引导农民牢牢把握历史机遇，紧跟党和政府的政策形势，寻求脱贫致富的好思路。

第二节　以社会主义核心价值观为主导的价值观教育

社会主义核心价值观是党的十八大以来提出的新的价值理念，是对社会主义核心价值体系的凝练。培养农民对社会主义核心价值观关于国家、社会、个人价值的正确理解是农民思想政治教育的内在要求。

一　富强、民主、文明、和谐的国家价值

从国家层面表明了中国特色社会主义国家所应该确立的价值追求；用言简意赅的八个字对中国特色社会主义国家所应具备的价值特征进行

基本概括和凝练，这也是对社会主义核心价值观从宏观上所进行的最高层面的价值概括。这其中，"富强"彰显了中国特色社会主义不断实现现代化发展和实现国富民强的价值；"民主"体现了社会主义国家人民当家做主的本质要求，也是社会主义民主政治的集中体现；"文明"体现了中华民族礼仪之邦的深厚的传统历史积淀，以及新时期开放并蓄、面向未来的先进文明理念；"和谐"体现了社会主义国家以人民安居乐业、生活和谐有序为发展目标的价值落脚点。将"富强、民主、文明、和谐"的国家价值传递给农民，可以使农民从内心深处产生对国家繁荣发展的热切期待。马克思主义所提倡的社会主义价值将社会物质财富极大丰富、人的全面发展作为奋斗的目标。与资本主义极端功利归旨不同，马克思主义所主张的社会主义物质价值的最终目的是为人的自由而全面的发展打下基础。当代农民要实现由传统到现代的价值观转型，实现自由而全面的发展，必须拥有充分的物质条件作为支持和保障。社会主义核心价值观蕴含大力解放和发展生产力的物质价值理念，为农民价值观提供物质基础的保障。社会主义核心价值观所强调的国家层面的政治价值，是人民群众为主体的民主政治，是无产阶级政党最终的服务归旨；体现了人民群众的政治主体性和民主性，是对资本主义虚假自由、民主、平等的揭露和批判。与以往传统宗族观念相对，社会主义制度建立无产阶级政党，就是为了给予广大人民群众参政议政的权利和平等民主地位。由是观之，社会主义政治价值观的宗旨就是构建社会主义民主政治，突出农民政治主体性，赋予农民政治权利。基于此，社会主义核心价值观作为农民获得参政议政的政治权利的保障，为农民向现代公民转变提供政治价值引领。

思想政治教育通过社会主义核心价值观对农民价值观进行实践引领，在充分吸收传统文化优秀基因的基础上，用社会主义先进文化构建出合理科学、开放有序的现代农民价值观。传统的农民价值观在社会主义价值观的冶炼和融合中犹如凤凰涅槃般获得新的生命，步入新境界。在民主革命、社会主义建设和改革开放等不同历史时期，中国共产党始终高度重视意识形态工作。在不断的革命实践和社会主义道路探索中，中国化的马克思主义取代传统农民文化中儒学的意识形态领导地位，构建了一套完整的、具有中国特色的社会主义的意识形态体系。面对历史厚重的传统农业文明，中国共产党人不是刻板教条地用马克思主义价值观硬生生地取代传统农民价值观，而是在深度整合中国的具体历史传统和现实条件的过程中，将马克思主义价值观植入中国悠久的文化土壤之中，将传统农业文明价值观进行科学的现代转换。传统的农民价值观具有天下大同、不患寡而患不均的社会理想。中国共产党在坚持科学社会主义的基本理论的基础上，对传统天下大同思想进行批判性吸收，构建出植根于中国民族特色的社会主义理想，并将其作为中国人民共同的精神理想和价值目标。

运用社会主义核心价值观对农民进行国家价值观的教育是思想政治教育的重要内容。农民是中国传统文化坚定的传承者和捍卫者，我们不能把它看成纯粹消极事物，看成现代化的弃儿。否则，不但违背了马克思主义看待问题的基本方法，也否定了中华民族血脉延续、生生不息发展的动态规律。农民文化植根于传统的农业土壤，反映出中国人几千年的乡土情结，其勤劳朴实，遵守诚信、中庸为人、注重亲情、追求人际关系和谐等品质，在当今仍然有借鉴价值。思想政治教育要引领农民价值观的现代转换与发展，必须满足农民群体对当代社会文化建设的需求问题。解决这个问题的前提是回到农民文化的精神深处，即中华民族传统的价值深处，立足于对本土化的创造性创造。只有根植于中国土壤的农民价值观转型才能接地气、延续文化血脉，避免历史虚无主义和西方文化殖民的误区。

随着中国向社会主义现代化国家发展的步伐不断加快，农民群体的现代化也在不断加速。国家的强大与农民个人的发展具有密切的联系。作为中国公民的重要组成群体，农民需要建立对国家的宏观层面的正确价值观。通过社会主义核心价值观的积极引领，农民得以确立正确的国家价值观。作为中国特色社会主义各项事业发展的基础力量，以及乡村振兴的主体力量，农民在国家发展、变革中始终扮演着重要的角色。社会主义核心价值观增强了农民对社会主义国家价值、政治价值的认同，从而转变保守狭隘、自私利己的非主体性传统思维方式和价值观念，为中国特色社会主义事业的繁荣发展而奋斗。作为中华民族和中国特色社会主义道路的领路人，中国共产党在社会主义革命、建设、改革等各个历史时期，始终站在国家和民族生存发展的高度，在多元化、多样化、多重化的国内外局势中，尊重农民群体的主体性，保留农民文化在中华民族数千年历史中的维系、协调民族的生存与发展的作用，将民族精神、时代精神渗透进广大农民心中。在农民思想政治教育内容中合理设置社会主义核心价值观中关于国家价值的内容，能够使农民理解中国共产党的阶级性和人民性的价值理念，明确中国共产党为中华民族谋富强的决心，明确党的根本宗旨就是全心全意为人民服务。在此基础上，社会主义核心价值观能够保证农民群体更加认同和拥护党和国家的各项方针政策的实施，为全面建成农村小康社会贡献力量，为乡村振兴、国家的富强繁荣和崛起而奋斗。

二 自由、平等、公正、法治的社会价值

社会主义核心价值观的社会价值是对中国特色社会主义的中观层面的价值特征的概括和凝练。"自由"是对马克思主义所追求的人的解放、人的自由而全面发展的理想状态的阐述，体现出理想社会对人的自由生活和发展诉求的满足。"平等"体现出社会主义社会里人人享有平等的社会地位和尊严的价值诉求。"公正"即公平正义，即社会具有公平正当的秩序，确保公民在社会的经济、政治和其他生活方面具有享有公平公正的机会和待遇的权利。"法治"指社会具有良好的法治环境，公民得以通过法律手段来维护好自己的各项利益。"法治"是中国特色社会主义社会的重要标志，是有法可依、有法可循的全面依法治国的社会主义现代社会的重要特征。

在当今农村社会不断从传统向现代转变的过渡期中，思想政治教育必须深入农民精神世界、参与到传统乡村共同体精神破旧立新的具体进程中，用社会主义核心价值观引领新式乡村共同体精神的构建，发挥代表马克思主义中国化的社会主义先进价值观的正确性、先进性、引领性。从文化属性的角度讲，时至今日，农村社会和城市之间仍然存在不小的差别。在乡村振兴事业的文化振兴领域中，我们不得不面对传统的乡村共同体精神已趋向解体，而乡村社会精神思想秩序

急需建立的局面。作为传统观念和城乡二元制度影响的延续，农民的精神思想和行为规范仍然受以乡规民俗为代表的乡村共同体精神体系支配。在传统社会里，统治阶级为了实现对基层农村的有效治理，构建起带有浓厚地方性色彩的集地域性、血缘性于一体和集族权、政权于一身的特殊基层组织，即乡村共同体组织。乡村共同体组织为了实现其乡村治理的目的，在精神思想领域构建出了与之相应的乡村共同体精神。因此，开展农民思想政治教育工作，必须结合新时期形势，重塑农民社会层面的价值观，以"自由、平等、公正、法治"为要求来重塑新的乡村共同体精神。

随着城镇化和城乡融合一体化的不断发展，农村社会不断打开了封闭保守的内部空间，与城市区域一同参与到国家现代化发展的历史进程中来，这客观上对农民的思想观念产生了巨大的冲击影响。在政策制度推动和社会形势发展的影响下，相较于以往，农村的文化思想建设和农民的思想观念处于传统和现代交融的状态。出于诸多历史原因和现实原因，当代农村社会基于熟人社会和半熟人社会的现实依然存在，其相对闭塞密切的人际联系决定了带有地方特色和内在规定性的"地方性共识"的合理性和有效性。这些"地方性共识"有其历史合理性和现实适用性，是乡村振兴的文化依托，但具体分析来讲，其中有很多带有封建色彩的消极成分，很多内容与社会主义核心价值观所倡导的主流价值以及全面依法治国宗旨有违背。因此，新时期农民思想政治教育内容要融合乡约民规的乡村共同体精神的有益内容，借鉴其有效方式，但从本质上要用社会主义先进文化和社会主义核心价值观来引领和规范，突出思想政治教育内容的先进性和超越性对乡村共同体精神的引领；实现社会主义先进文化对传统文化的批判性继承和转化，以及科学的融合和引导。

从社会层面来讲，践行社会主义核心价值观有利于创造和谐稳定的乡村公共环境。农村社会的发展涉及政治、经济、文化、生态等多方面之间的彼此关联、相互作用和影响。传统的观念认为，文化只是经济、政治的附属物，对社会的发展不会起到主导作用。而随着社会的发展，文化的作用越来越突出，文化影响着农村各项事业的有序进行。文化的繁荣是发展的最高目标，"形成着的现代人，创造着的现代社会，这才是现代化进程的实质"。① 农民的文化素质和适应现代化的能力，直接决定着农村社会建设的效果。以"自由、平等、公正、法治"的社会价值构建一个健康有序的农村社会环境，有利于引领乡村公共精神的现代转变，增进农民群体与政府的沟通与交流，促进党和政府各项农村政策的上通下达；有利于引导农民群体以主人翁的身份直接参与决策、参与管理农村社会生活的各项事务，使农民具有行使自己权利的主体意识。因此，社会主义核心价值观对凝聚现代乡村公共精神，构建和谐有序、民主法治的乡村社会环境具有重要的引领作用。

社会主义核心价值观强调人的自由而全面的发展价值目标，其实质是对人的生存状态的关注。"自由"在不同的语境中具有不同的定位。从哲学的角度看，我们可以把"自由"理解为与"必然"相对的概念，即人在认识世界自身的规律的基础上，利用这种规律来改造客观世界。马克思主义认为，只有通过唯物史观的宏大历史方式，从人的根本生存方式的意义上对"自由"进行审视，才能把握住"自由"的最本真含义。在这个意义上，社会主义核心价值观的终极目标与农民文化转型具有密切的契合性。

在坚持自身基本理论、基本路线、基本纲领、基本经验的基础上，中国共产党坚持唯物史观的根本原则，为培养一代又一代"有理想、有道德、有文化、有纪律"的社会主义公民而不懈努力。用社会主义道德体系来规范乡村公共道德空间，为建设社会主义乡村道德文明发挥规范和引领作用。中国共产党十分重视社会主义文化事业的繁荣发展，并在实践中不断加强社会主义文化建设。中国共产党从农村的实际情况出发，大力发展乡村文化事业，为农村社会现代化提供思想保证、精神动力和文化环境；用社会主义价值观占领农村阵地，倡导城乡文化一体化发展机制；用先进的社会主义文化，通过多种多样的实践活动和文化活动，丰富广大农民的精神文化生活。

从城乡社会融合发展的角度看，在农民思想政治教育工作中融入社

---

① 谢思忠：《中国国民素质危机》，中国长城出版社 2004 年版，第 6 页。

会主义核心价值观教育的内容具有重要的现实意义。一种价值观一旦形成，就必然具有相对的独立性。由是观之，农民价值观的产生与发展一直具有其相对的独立性。因此，思想政治教育的价值观教育不能笼统地用一般方法来实现，不能简单地将城市文化建设和乡村文化建设一概而论，这样会直接导致农民主体性的缺失，导致对农民价值观的戕害。社会主义核心价值观要将统筹城乡文化的交流和融合看作农民价值观的重要目标和根本动力，打破城乡二元文化格局，实现乡村与城市均衡发展的文化配置。马克思指出，城乡关系必须要经历"城乡分离"到"工业化和城市化"到"城乡融合"三个阶段，而"消灭城乡之间的对立，是共同体的首要条件之一。"① 在这个意义上，建立在"工业化和城市化"基础上的"城乡融合"必然是最深层次的文化融合，这才是达到社会统一的最终途径。因此，社会主义核心价值观所倡导的价值理念是重在探索符合农民文化需求的农村公共文化产品，因地制宜地开展乡村文化活动，发展符合乡村特质的公共文化事业。同时，社会主义核心价值观所倡导的价值理念必须是致力于将城市文化资源引向农村，使广大农民能够受到现代都市文化的熏陶，享受到现代文化生活的便利。

三　爱国、敬业、诚信、友善的个人价值

社会主义核心价值观的"爱国、敬业、诚信、友善"是从个人的角度所倡导的微观层面的价值导向，也是新时期社会主义公民所应该遵循的行为准则，涉及公民日常生活的多领域。在乡村振兴和城乡融合发展的背景下，在农民不断向城市公民迈进的过程中，社会主义核心价值观对农民确立行为准则、树立理想信念、遵循道德传统、形成新型乡村人际关系具有指导作用。马克思主义力图将人从异化劳动中解放出来，使人回归真正的占有自我的本质。社会主义核心价值观作为马克思主义所设想的共产主义道德价值的具体体现，能够帮助人们构建合乎社会主义原则的道德价值理念，为当代农民在处理个人利益和集体利益的关系方面提供道德引领。

---

① 《马克思恩格斯选集》第 1 卷，人民出版社 2012 年版，第 185 页。

　　从个人层面来讲，社会主义核心价值观有利于农民在新时期融入现代社会生活。"爱国、敬业、诚信、友善"为农民全面融入现代社会生活方式提供价值引领。英格尔斯指出："现代人准备和乐于接受他所谓经历的新的生活经验、新的思想观念、新的行为方式。"① 现代多元乡村生活方式要求农民掌握现代科学技术知识，适应新的生活方式。社会主义核心价值观有利于培养农民形成符合现代生活的思维方式和价值观念，具备应有的高素质，掌握先进的生产方式和生活方式，更好地融入现代社会。与此同时，"现代人对改变周围的环境和生活有一种发自内心的信心感，并相信自己有这种改变的能力和效率"。② 通过"爱国、敬业、诚信、友善"的价值引领，农民能够克服消极懈怠的情绪，以更积极、自信的态度投入农业生产当中，改变原有落后、低效的农业生产方式，采用先进的科学技术来耕种农田，从事现代化农业生产方式，从而提高经济收入和整体生活质量，更好地作为现代社会的一分子来履行现代社会所要求的公民义务并享受现代社会发展成果。

　　农民价值观的教育不仅需要思想的引领和价值的引导，更需要结合时代的语境用实践的观点来具体对待。实践是检验真理的唯一标准，社会主义核心价值观必须立足于中国特色社会主义实践，落实到农民个人的实际生活。反之，文化对农民群体的引领若脱离实践的维度，就违背了马克思主义作为人类先进文明的内在本质，就失去了帮助农民进行现代化转型的科学依存。以"三个倡导"推进农民价值观向当代转型，必须遵循实践的评判标准和价值目标。这要求社会主义核心价值观在乡村宣传和落实工作中，要用是否满足农民对精神文化的需求和期待来检验；要用是否尊重农民、突出农民的主体性来检验；要用乡村文化事业发展实际成效来检验。这三者必须高度统一于中国特色社会主义伟大实践的过程中。"实践发展永无止境，认识真理永无止境，理论创新永无止境。"社会主义核心价值观教育只有立足于乡村振兴的现实，立足于当代农民

---

　　① ［美］阿历克斯·英格尔斯：《人的现代化：心理·思想·态度·行为》，殷陆君译，四川人民出版社1985年版，第22页。

　　② ［美］阿历克斯·英格尔斯：《人的现代化：心理·思想·态度·行为》，殷陆君译，四川人民出版社1985年版，第43页。

的生活，对农民个人生活实践中所遇到的现实问题进行回应，才能具有透彻说服力，才能真正满足农民个人价值观需求而被其认同、拥护。

第三节 以乡规民约和公民道德教育
为内容的道德观教育

农村与城市道德建设的不同之处在于农村具有历史悠久、影响深远的乡约民规。"村规民约孕育于中国传统社会之中，彰显着中国传统法律文化'诚'、'信'、'善'的内涵。它反映着国家法律的精神，蕴含着国家文化的精神实质，支撑着乡民社会的亘古信念。"① 新时期的农民思想政治教育的道德观教育，要将乡约民规与现代公民道德教育进行有机结合，形成具有中国特色社会主义特色的包含社会公德、职业道德、家庭美德的乡村道德观教育。《乡村振兴战略规划（2018—2022）》中指出："让德治滋养法治，涵养自治，让德治贯穿乡村治理的全过程。"新时代农民思想政治教育要将农村社会所特有的乡约民规精神与现代公民道德要求相结合，对农民进行兼顾农村社会风俗和现代社会道德要求的道德观教育。

一 乡村社会公德教育

所谓社会公德是指"全体公民在社会教育和公共生活中应该遵循的行为规范"。② 在城乡一体化发展的视域下，农民的生活空间不断从闭塞走向开放，面临着传统道德价值观与现代道德价值观碰撞与融合的新遭遇。"这种道德遭遇在本质上是传统共享性与现代公共性的碰撞和对抗。这种遭遇看起来是生活方式和农民身份的改变，但本质是道德信仰和生活伦理的改变。"③ 对农民进行社会公德教育，其实质是一种新乡村公共理性的培育，是在继承和发展农村传统道德准则的基础上，对农民在农

---

① 李旭东、齐一雪：《法治视阈下村规民约的价值功能和体系构建》，《中央民族大学学报》（哲学社会科学版）2013 年第 2 期。
② 陈万柏、张耀灿主编：《思想政治教育学原理》，高等教育出版社 2016 年版，第 194 页。
③ 薛晓阳：《扩大的共同体：乡镇农民的道德教化及共同体想象——兼论滕尼斯乡村共同体理论及其教育遗产》，《陕西师范大学学报》（哲学社会科学版）2017 年第 2 期。

村城镇化、现代化发展过程中所要接受道德行为规范和一般要求的重塑。正如有学者认为："农民的道德情感多产生于共同体。依托共同体培育农民的公共理性，有利于优化凝聚农民道德共识的程序规则，进而提升农民的道德境界。"① 因此，对农民进行社会公德教育是农民思想政治教育道德观教育的重要内容。需要强调的是，当前农村的乡规民约在农民社会公德的形成中发挥着重要的作用，它是"立足乡土社会、基于合意制定或约定俗成、对共同体成员产生约束和指引作用的成文和不成文的行为规范"。② 在某种意义上，乡约民规所倡导的关于对社会公德的要求更加深入农民内心，对农民进行的社会公德教育要融合乡约民规精神的积极合理成分。

一是平等互爱教育。对农民进行平等互爱教育，孕育平等互爱的新农村乡风是农民思想政治教育对现代乡约民规的有益结合。乡风就是指农村当地的风俗习惯。总体而言，中国农村各地都留存着历史流传下来的风俗习惯，依据各地农村地理环境、风土人情、人文内涵情况而各具特色，并深入人心。虽然，随着城镇化、空心化、年轻人员外流等因素影响，很多地区乡风文明的影响力正在不断减弱，但总体而言，农村乡风所构建的社会公德要求在乡村振兴的背景下仍然发挥着重要的作用。对乡风文明进行理性分析我们可以发现，优秀的文明乡风对构建农村社会道德伦理秩序、促进农村社会稳定发展具有积极合理的作用，而很多地区封建落后的乡风遗俗则成为限制自由、僵化社会伦理等级的精神枷锁，与现代农村发展的基本精神要求相违背。在农村全面建成小康和乡村振兴的新的历史起点，农民思想政治教育的社会公德教育要融入培养平等互爱、尊老爱幼、长幼有序新乡风文明的有关内容，这更加有利于重塑新时期农村宗族、宗派关系，建立尊重人格、尊重自由的平等互爱的农村社会伦理关系。

二是真诚互助教育。对农民进行关于真诚互助的有关内容的教育，加深农村社会团结力和社会凝聚力，是新时期乡约民规的重要旨趣，也

---

① 吴春梅、张士林：《转型期农民道德的分化、困境与共识》，《华中农业大学学报》（社会科学版）2017 年第 3 期。

② 孙玉娟：《中国乡村治理中乡规民约的再造与重建》，《行政论坛》2018 年第 2 期。

是农民思想政治教育的重要内容。在社会公德教育有关内容的设置中，农民思想政治教育要将社会主义先进文化与中国传统道德教育的内容进行融合，将中华民族文明礼仪之邦的优良传统发扬光大，帮助农民形成讲诚信、有道义的农村社会新的交往风气，以真诚、团结互助的乡风文明促进集体经济以及农村各项事业的健康、积极、科学发展。因此，农民思想政治教育要结合农村实际来开展符合农民生活习惯和认知的社会公德教育，发挥文化振兴的重要作用，重塑农村内在的精神品质，加强乡村振兴背景下对农村传统的真诚互助精神品质的再挖掘。

三是爱护公物教育。爱护公共财产设施是一个人具有公德心的体现。随着农村基础设施和公共服务环境的完善，农民能够享受到更多因农村社会发展而在文化生活、基础环境、公共服务等方面所提供的便利。对农民进行爱护公物、维护公共设施和集体财产的教育是思想政治教育中公德教育的重要内容。在乡村振兴的背景下，通过开展思想政治教育，能够帮助农民克服小农自私的思想局限，正确处理个人财产与集体财产关系，提高公共文明道德素质，提高爱护集体财产和公共设施的意识，从而有利于构建和谐良好的农村社会环境，以及有利于农村社会公共秩序的平稳有序运行。

二　乡村家庭美德教育

习近平同志强调："家庭是社会的基本细胞，是人生的第一所学校。"[1] 家庭是一种特殊的社会组织形式，对农民进行家庭美德教育是社会公德教育的补充，也是新时期乡村道德教育必不可少的内容。引导农民对外接受社会主义公德教育，对内接受社会主义家庭美德教育是社会主义思想道德建设的一项基础工程，也是农民思想政治教育的重要内容。党的十八大以来，以习近平同志为核心的党中央尤其重视家风家教的重要性。正如有学者指出的："应以'家文化'内涵建设（修身齐家、孝悌忠义、诚信友善、谦敬和合）为中心，以'敬老爱小'为抓手和切入点，以相关激励措施为保障，以乡土文化为载体，传承优

---

① 《习近平关于全面建成小康社会论述摘编》，中央文献出版社2016年版，第121页。

秀传统文化"。① 因此，新时代农民思想政治教育的一个重要内容就是进行包含家风文化在内的家庭美德教育。

第一，尊老爱幼的伦理观教育。在家庭中形成尊老爱幼的优良家风，构建和谐有序的家庭伦理秩序是中华民族的传统美德，也是新时代农民思想政治教育所崇尚的道德准则。一方面，随着农村形势的新变化，培养新一代农民尊敬老人、孝敬老人、赡养老人的良好家风成为了乡村文化振兴的重要支点。农民思想政治教育必须对新一代农民进行符合社会主义伦理观的孝道教育，培养新一代农民孝道观念。另一方面，随着时代的发展，农村长大的孩子也正在接受更加优良的教育和享受更加优质的生活条件。而在很多中老年一代农民的心里仍然留有重男轻女的传统观念，在各种家庭关爱和教育资源的给与方面多轻视女孩而重视男孩。对子女进行平等的关爱和教育，克服不平等的重男轻女思想是培养下一代成为可塑人才的重要保障。只懂索取爱而不懂得去施以爱的农村下一代，没有家庭责任感的下一代也必将是"垮掉的一代"。总之，新时期中国特色社会主义农村建设不仅要有良好的社会风气，更要有良好的家风氛围，两者相互协调才能营造一个良好的乡村振兴的综合文化氛围。树立良好的家风文化，引导和宣传尊老爱幼的伦理观是新时代农民思想政治教育的重要任务和内容。

第二，夫妻合和的平等观教育。男女平等是社会主义家庭美德的又一重要内容。男女平等就是指男女在政治、经济、文化和社会生活以及家庭生活等各方面享有同等的权利，履行同等的义务。现代家庭观念要求夫妻关系平等，即彼此间相互尊重、相互依存、相互忠诚，夫妻之间有对等的权利和义务，共同对后代、家庭和社会应尽自己的职责。客观地讲，在现代农村社会，女性还是更多地承担着抚养孩子、赡养老人的责任，做着大部分家务，而不管她经济是否独立。从某种意义上讲，一个社会的进步状态可以通过女性的解放程度来加以衡量。男女平等是社会历史发展的客观趋势，要促进男女关系的平等，必须使女性拥有与男子同样的经济地位，这是实现男女平等的先决条件。新时代农民思想政

① 谭英等：《"家文化"建设与乡村振兴实践探索》，《西北农林科技大学学报》（社会科学版）2018 年第 4 期。

治教育在家庭美德教育的内容中要重点强调平等和睦的夫妻关系的建立，崇尚现代良好的家庭美德，摒弃农村封建传统男尊女卑思想，这也是农村社会进步的一个重要的推动力。

第三，与人为善的邻里观教育。对农民进行新时期邻里观教育，引导农民正确处理邻里关系，也是家庭美德建设的内容之一。邻居是一个家庭单位在生活中所相邻的距离相近的另一个家庭单位。农村社会邻居之间生活距离较近，交往关系十分密切，邻居之间的家风也会产生相互影响。"远亲不如近邻"是自古以来对农村邻里关系重要性的总结性概括。在传统社会里，农村乡亲邻里之间在生活中发挥着互帮互助、友善互爱的积极作用，邻里之间的人品道德、行为举止也会相互影响。随着农村社会的不断发展进步，农村家庭生活独立性不断增强，邻里关系也趋向理性化。随着农民生活水平不断提高，其生活方式也在不断发生改变，邻里之间心灵和情感的距离却呈现出疏远的趋势。而邻里之间和谐融洽、互帮互助的风气有利于优秀家风的传承和弘扬。因此，新时代农民思想政治教育工作要引导农民以友善和谐的方式来处理邻里关系，积极倡导邻居之间形成相互帮助的整体氛围，避免农村人际关系的冷漠化、趋功利化。

第四节　以全面依法治国和村民自治法
为重点的法治观教育

法治观教育是农民思想政治教育内容的重要组成部分。对农民进行法治观教育有利于党和国家全面依法治国政策在乡村的贯彻和落实。提高农民民主法治素养是新时期农村基层民主建设的基础，也是推进乡村振兴各项事业发展的客观需要。党的十九大报告所提出的健全自治、法治、德治相结合的乡村治理体系，为农民思想政治教育提出了新要求和新内容。当前，中国农民思想政治教育要将全面依法治国的有关要求与村民自治法的有关要求相结合，对农民进行兼顾社会法治规范和本土习俗的法治观教育。

一　社会主义民主教育

对农民进行民主教育，培养农民的民主意识，是思想政治教育的法治观教育的重要内容。由于种种原因，农民的民主意识不能自发地培养，必须通过外部的教育引导来完成。农民只有接受正确的民主教育，才能懂得维护自身民主权利的重要性，才能具有保护合法利益，积极参与到管理国家、集体和公共事务的主观意识。人民当家作主是社会主义民主的本质要求。对农民进行民主教育是中国特色社会主义事业的题中应有之义。

首先，对农民进行符合社会主义要求的民主教育，培养农民形成当代公民所需具备的民主意识是中国特色社会主义的本质要求，也是中国特色社会主义民主政治建设的重要内容。作为中国特色社会主义国家公民的重要组成部分，农民与城市居民一样，都需要培养现代民主意识，树立人民当家作主的主人翁意识。"人民通过行使选举权、监督权等权利，不仅深刻地感受到了主人翁地位，而且也对民主意识的培养、民主意志的锤炼、民主技能乃至文化素质的提高都起到极其重要的作用。"① 培养农民民主意识是乡村振兴战略的本质要求。从建设社会主义新农村到乡村振兴战略的提出，体现了中国对为解决农业、农村、农民问题的思路的不断突破，统筹城乡发展和全面建设小康社会而做出的重大战略举措的坚持和发展。乡村振兴的目的是改变落后的农村生产状况、提高人民的生活水平。中国部分地区农民参与社会管理事务的积极性不高，究其原因主要是缺乏民主意识。

其次，对农民进行民主教育，培养农民的民主意识是落实中国村民自治制度的重要保障。培养农民民主自治的意识是实现乡村振兴"治理有效"的基本要求，体现了党和国家对农民群众参与各项事务管理的重视。农民所具有的民主意识的水平，制约和决定着中国民主进程的整体发展水平。乡村振兴和农村全面建成小康社会是涉及农村各个方面建设的系统工程，其中一个重要目标就是保障农民具有平等参与农村各项事

---

① 杨艳春：《中国特色社会主义民主论》，江西人民出版社2015年版，第200页。

务管理的权力。只有给予农民应有的民主的权力，才能保证农民真正地以主人翁的身份参与到农村的建设当中。由于特定的历史原因，农民尤其需要提高民主意识。有学者指出："三十多年来，中国农村村民自治制度经历了重点推进村民选举、村务监督制度创新和协商治理实践发展三个阶段。"① 党和国家在对村民自治制度多年的摸索和实践中清醒地认识到，只有培养农民科学的民主意识，提高农民的政治素养，才能提高农民建设农村的积极性和有序性，才能保证农村各项事业发展的平稳进行。

最后，培养农民的民主意识，有利于培养农民在农村建设各项事业中的主体性和主观能动性。农民的民主意识和主体性意识具有密切的关系，两者是相互促进、相互统一的。农民只有具备足够的民主意识，明确自身的权利和义务，以及明确自身在农村建设中的重要地位，才能更好地发挥其主体性作用。在农村革命、建设和改革发展的各个历史时期，培养农民的主体性意识一直是思想政治教育工作的重要原则。农民是农村的主人，农民是否具有首创精神、主体性建设精神与农村的发展息息相关。在乡村振兴和农村全面建成小康社会的新阶段，思想政治教育必须继往开来，依据新的农村环境条件和农村民主政治建设氛围来进行启发农民主体性意识的宣传教育，进一步激发农民的生产建设的主观能动性。在农村社会治理和社会秩序日益发展完善的今天，思想政治教育必须与时俱进、合理定位，以更加有效的方式来激发农民的主体性意识；在民主选举、民主决策、民主管理和民主监督的各项事务中将培养农民民主意识和培养农民主体性意识进行密切的结合，并积极地引导整合。另外，对农民进行民主教育，要加强对农民参政议政能力的培养。在乡村振兴新形势下，随着农村各项事业的改革和发展，面对个人生活和生产中所出现的新环境、新问题，农民只有具有相应的参政议政的能力，才能在村民自治和基层民主协商过程中按照要求充分表达自己的主观意愿，并合理争取自己的合法权利，保障自身的各项权益。总之，以新时代中国特色社会主义思想为指导，以发展社会主义基层民主建设为目标，结合农村的新形势对农民进行民主教育是农民思想政治教育的重

① 王可园：《中国农村村民自治制度演进的逻辑和完善路径》，《学术交流》2018 年第 1 期。

要任务。

二　社会主义法治教育

农村社会稳定有序地发展不能仅仅依靠自治、德治的方式来维系，最终也离不开法治的保障。党的十八大以来，以习近平同志为核心的党中央将全面依法治国作为全面建成小康社会的重要保障。在农村社会不断走向法制化的今天，农民需要具备相应的法律观、法治观来进行生产和工作。在中国农村，对农民进行法治教育，其目的是"维护农民权利发展的底线公正以平等性、正当性、主体性权利理念，改变或矫正农民权利的弱势状态为农民权利的具体实现提供制度保障"。[①]在农民思想政治教育的内容中加入法治观教育，有利于帮助农民普及法律知识、增强法律意识，养成知法、懂法、践行法律的良好习惯。

首先，对农民普及法律常识。对农民进行法治观教育，向农民普及法律知识是必要的前提。农民只有掌握基本的法律知识，才能内化于心外化于行，形成法律意识和养成践行法律的行为习惯。随着农村社会的不断发展进步，按照现代法治理念对农民进行法律常识教育越来越具有必要性。近年来在城乡一体化发展和农村深化改革的过程中，农民越来越需要运用法律来处理现实生活中所遇到的问题和纠纷。区别于人治大于法治的农村社会旧俗，中国特色社会主义农村的健康发展要求农民依法办事、遵守法律的规章制度，这客观上需要农民具有更加系统的法律知识作为基础。思想政治教育要将社会主义公民和社会主义新农村村民所应该知晓的基本法律常识传递给农民，以便于农民在各种情况下能够自觉运用根据法律知识来看待问题、处理问题，使农民切实感受到运用法律手段来解决问题的重要性和合理性。因此，农民思想政治教育的宣传教育要融入普法内容，并依据农民的实际生活情况和农村的风土人情来进行教育内容的调整。村干部是其他村民的带头人，对农民进行普法宣传教育重点要加强对村干部的教育，通过提高村干部的法律知识水平和法律素养来带动其他村民以营造学法、知法、懂法的积极氛围。因此，

[①]　刘同君：《新型城镇化进程中农村社会治理的法治转型以农民权利为视角》，《法学》2013 年第 9 期。

在乡村振兴的背景下，进行思想政治教育工作要定期开展农村普法宣传教育活动，重点加强对村干部的法律培训，通过密切联系农村社会发展的热点问题和常见问题，以及对农民生活生产中所常出现的法律纠纷进行案例讲解的方式，不断提高广大农民的法律知识水平，最终确保农村各项事务依照法律规定来有序进行。

其次，培养农民形成良好的法律意识。在乡村振兴、农村各项事业不断现代化以及城乡融合发展的过程中，确立良好的法律意识是农民能够紧跟时代发展形势、融入现代公民生活的重要保证。法律意识的形成有助于农民树立现代平等规则意识，遵守新时代农村法律新秩序，打破原有乡土血缘关系维持的社会秩序，用"法治社会"的实践思维来代替"熟人社会"的经验思维。全面依法治国向农村的延伸，要求农民对《宪法》和《中华人民共和国村民委员会组织法》进行较全面深入的了解，内化为相应的法律意识。对农民来讲，培养法律意识不能仅仅停留在对相关法律知识的背诵上面，而应该对之进一步消化理解，内化成为自身的一种思维习惯。因此，思想政治教育在对农民进行法律常识普及工作的基础上，应结合多元化教育方式、适宜载体环境来进行有针对性的内容引导，逐渐培养农民对法律更加深入的思想认识和体会认同，使农民在内心深处对法律具有敬畏感、认同感，并使农民在头脑中形成遵守法律规定的法律意识。新时代农民思想政治教育要向农民宣传讲解党和国家全面依法治国的基本内容和基本精神，帮助农民理清培养法律意识与农民日常生活切身利益的密切关系；不断引导农民摆脱封建落后的人治思维，逐步建立现代化法治思维。

最后，引导农民将法律知识和法律意识"外化于行"，形成遵法、守法的良好行为习惯。对农民进行法治宣传教育所产生的有益效果，最终要体现在有助于乡村振兴各项事业平稳有序的发展当中，体现在农民现实生活的具体行为习惯当中。正如有学者指出："引导农民养成良好的法律习惯，是对农民进行法治教育的最终落脚点。"① 因此，新时代农民思想政治教育的法治宣传教育工作要落实到实处，必须将农民头脑中的法

① 张红霞、王超：《全面依法治国条件下的农民法治意识培养》，《红旗文稿》2016 年第23 期。

律知识、法律意识与现实的行为习惯相结合，达到知行合一。这要求新时代农民思想政治教育的内容要将法律内容的严谨性、原则性与农民的现实生活的基本期望相结合。在思想政治教育的宣传引领下，农民最终要运用客观理性的法律思维方式来处理生活生产中所遇到的各种利益纠纷和矛盾，养成正确运用法律武器来保护自身安全和合法权益的行为习惯。

三　社会主义公民教育

当前，党和国家通过城乡融合发展、农村深化改革、社会主义现代化"四化"同步建设等政策的贯彻落实来不断减小农村和城市的差别，在实现两个"一百年"奋斗目标的过程中实现农村现代化与城市现代化的统一。要实现社会主义城乡一体化全面而系统的发展，不能只见物不见人，对于农村的现代化发展而言，需要对农民进行公民教育，使农民具备相应的公民意识以适应社会发展的要求。长期以来，由于政治、文化、社会等多方面的原因，农村与城市之间在关于公民意识的培育和公民文化的营造方面存在着差距，导致农民对于现代公民的身份认同、价值理想、思想观念和心理意识等方面仍然存在不足。对农民进行社会主义公民教育是新时代农民思想政治教育的重要任务和重要内容，也是提高农民公民意识水平，促进农民内心深处与现代公民社会产生契合感、归属感的重要路径。

一是对农民进行关于社会主义公民权利和义务的教育。对农民进行符合社会主义制度和法律规定的公民权利和义务教育，使农民在头脑中形成公民权利义务意识，是中国公民教育体系的重要组成部分，也是乡村振兴的必经之路。作为社会主义国家公民群体的重要组成部分，农民群体在不断融入城镇化生活，享受国家所赋予的各项公民权利的同时，也要接受法律规定的对公民应尽义务的有关要求，这是新时期中国农村社会从非规则性地方性共识向现代规则秩序转型的基础保障。思想政治教育的公民教育所涵盖的有关内容，要帮助农民在头脑中形成正确的公民权利观和义务观，摆脱来自封建社会的被压迫思想，摒弃坐享其成、不劳而获的思想。正如有学者所认为："农民应该将自身的义利观与整个社会的价值导向、行为规范相匹配，并进一步将其纳入到个人的致富轨道上来，反思之前的自发的义利观念，并结合自己生产、生活中遭遇的困境和问题，对义利关系作理性的思考。"[1] 当前阶段，对农民进行的公民教育要具有普遍性和特殊性的统一。一方面对农民进行党和国家所要求的适用于全体公民的公民权利和义务意识培养；另一方面要根据农村实际情况，对农民进行包括树立主体意识、参与和管理村集体发展事务、享受村集体发展成果、遵守乡约民规等有关内容在内的乡村社会生活中的村民教育。

二是培养农民社会责任意识和公共参与意识。人的本质是一切社会关系的总和。农民生活在农村的社会环境中，要具有对个人与社会、个人与集体、个人与他人的密切关系的深刻认识，具备社会责任感、公共参与使命感。客观上讲，当前农民仍然具有小农意识和家庭联产承包责任制所营造的独立生产、自扫门前雪的保守思想和行为习惯，缺少现代社会所提倡的"公民性"因素。当前，乡村振兴事业的蓬勃发展需要调动各种积极因素，这其中包括需要培养农民强烈的责任意识、使命意识，使农民积极主动地为乡村振兴发挥主观能动性，做出积极贡献；需要引导农民在精神层面打破狭隘的小农局限，以更加积极健康的主人翁意识参与到社会、集体、公共生活中。在乡村振兴、组织振兴和文化振兴的背景下，思想政治教育要培养农民社会奉献精神以及保护公共环境、维护公共秩序、维护公共安全的社会责任感，形成人人为我、我为人人的乡村共同体精神新风貌，这将有利于将传统乡风文化的优良品质与社会主义核心价值观的要求相结合。因此，在农民思想政治教育中加强公民意识教育的有关内容，有利于增强农民的社会责任感和使命感，发挥乡村振兴的精神潜能，营造健康向上、积极热心的乡村精神氛围。

第五节　以适应社会发展和解放思想
为核心的发展观教育

党的十八大以来，基于对世情、国情和党情的深刻认识，以及对中

---

[1]　李卫朝：《农民道德启蒙与乡村治理——以义利观、理欲观变革为中心的考察》，《华东师范大学学报》（哲学社会科学版）2016 年第 1 期。

国社会发展新形势、新特征、新发展的规律性总结,以习近平同志为核心的党中央提出五大发展理念,并将之作为关于实现中国社会各项事业科学发展的理论的升华。五大发展理念的"创新、协调、绿色、开放、共享"的理念对新时代农民思想政治教育具有重要的指导意义。五大发展理念内涵丰富、体系严谨,"不仅是全面建成小康社会决胜纲领的灵魂,也是一个管全局、管根本、管方向、管长远的治国理政方略"。① 农民思想政治教育要承担起对农民进行发展理念教育的责任,深度理解"五大发展理念"的深刻内涵,运用五大发展理念对农民进行符合农村形势和实际生活的包含绿色生态环保、集体共享协作、科技创新思维、协调持续发展在内的发展观教育。

一　绿色生态环保教育

"绿色是永续发展的必要条件和人民对美好生活追求的重要体现。"② 实现绿色发展,构建和谐美丽、适宜人居的生态环境,是中国社会实现科学永续发展的必要条件,也是全面建成小康社会的重要指标。绿色发展理念代表着新时期党对治国理政规律的深刻把握,实现绿色发展也是实现乡村振兴的重要任务。对此,农民思想政治教育要将绿色生态环保教育纳入其教育内容体系当中,对农民开展提高绿色发展意识和生态环保意识的有针对性的教育。

"观念、行为的转变是前提,绿色发展理念是公民生态意识、生态行为的基础,公民的绿色发展观决定着公民生态素养的高低。"③ 因此,思想政治教育要将人与自然的和谐发展作为主要目标,将绿色发展理念作为思想政治教育管理的新内容,要以党的十八届五中全会和党的十九大的指导思想切实将绿色发展理念的基本原则、基本目标融入农民思想政治教育管理之中,开启绿色思想政治教育管理的新篇章。需要注意的是,在推进绿色发展建设的过程中要依据农村的实际情况。农民思想政治教

---

① 熊晓琳、王丹:《五大发展理念与中国特色社会主义》,《思想理论教育导刊》2016 年第 1 期。

② 《十八大以来重要文献选编》(中),中央文献出版社 2016 年版,第 792 页。

③ 蒋笃君:《绿色发展理念下美丽中国建设的思考》,《河南社会科学》2016 年第 6 期。

育必须要尊重农村文化的实际，因地制宜地开展绿色发展教育的内容。新时期加强农民保护环境、爱护自然的生态理念需要通过文化理念的传递、环保立法的制定以及农业科技的探索等路径来实现。正如有学者指出："马克思主义生态文明观深刻揭示了人、自然与社会之间的关系，是一种新的生态辩证法，它强调人与自然、人与人、人与社会之间的和谐，既反对唯人类独尊的人类中心主义，又反对'生态第一'的生态中心主义，并在实践中不断发展创新，形成新的理论观点。"① 全面建成小康社会背景下思想政治教育理论增长点就是要通过提高农民生态理念和觉悟，使农民成为农村生态建设主体来实现。生态文明建设在农村的践行，需要重建农村生态伦理文化，培育农民集农德、农道、农技为一体的绿色发展理念。

一是热爱农业、保护农产品安全的农德。实现乡村振兴，加强农村生态文明建设不仅仅要依靠制度，更需要农民的主体性参与和支持。这需要从农民的思想源头来培养生产优质农产品和爱护环境的思想道德观念，使农民遵循基本的农业道德原则和法律底线，降低高效生态农业的信任成本。思想政治教育工作要以培养从事高效生态农业、具有高度农业道德自律的农民为目标。首先，从农村社会宣传教育层面，加强对绿色农业生产和保护农产品卫生安全的重要性的宣传，帮助农民正确认识绿色农业在农业现代化生产体系中的重要地位。其次，加强农村生态文明的宣传教育，将生态文明教育纳入农村中、小学教育，从农村青少年儿童开始培养生态文明意识，使之牢固树立生态文明观念。最后，对教师进行相关知识的培训，要求教师身体力行，成为学生效仿的榜样。同时组织有关专家专门针对不同学龄段的孩子编写相应的生态文明建设读本或课本。

二是热爱生态环境的农道。思想政治教育要将党和国家在新时期所倡导的生态文明的基本理念传递给农民，通过不断宣传讲解，逐步把抽象的生态文明理论转化成农民内心的尺度和准则，帮助人民树立"人与自然和谐统一"的自然价值观。生态伦理的核心是试图建构一种人与自

---

① 齐秀强、屈朝霞：《马克思主义生态文明教育的实践场域与实现路径》，《求实》2015 年第 4 期。

然和谐相处的关系，是从伦理学的角度对人与自然的关系加以反省与规范。加强农民生态伦理教育有助于弥补农民道德领域中人与自然关系的缺失，倡导建立一种人与自然的新型关系，使农民知晓在新的时代背景下要处理好经济发展与环境保护的统一、绿色生活环境与富足的物质生活的统一、人的发展与自然的和谐统一的关系。

三是建设生态农业的农技。当高效生态农业由具有农业道德的农民经营，且进入了可持续的发展健康道路后，农业科技才能发挥作用。在中国农业现代化不断发展的背景下，思想政治教育要倡导农民运用生态农业科技来进行农业生产。这要求农民在农业生态学思想的指导下从事农业种植，能用物理方法解决的问题就不用化学方法，能用生物方法解决的问题也不用物理方法，从而从源头上杜绝农产品中有害化学物质的产生。与此同时，思想政治教育要倡导农民运用最新的农业科学技术来恢复农村生态平衡，恢复农业栽培物质的多样性；减少或杜绝农业产品加工中各种化学添加剂的投入；提高农产品的产量和质量，增加优质农产品的附加值。

二　集体共享协作教育

中国特色社会主义事业是人民当家作主的事业，从最广大人民群众的角度出发，发挥集体主义共同富裕、共享协作事业。共享发展理念是中国特色社会主义优越性的最终落脚点，也是思想政治教育的根本原则和奋斗目标。农民思想政治教育要对农民进行集体共享协作教育，培育农民现代共享合作精神。农民总体上仍缺乏客观科学的分析经济形势的眼光以及将发展潜能转化为现实财富的能力。例如：在农村土地流转中，因为缺乏前瞻性的眼光和必要的经济知识，农民往往会在选择经济作物种类和投资土地流转项目时被欺骗和诱导，带来经济损失。乔法容、张博等学者通过调研发现："在中国农村，真实的合作组织在经济社会生活中发挥着愈重要的组织功能，新的伦理元素与价值维度以及道德实践样式极大地丰富了集体主义道德，并在社会主义新农村文化建设中发挥着引领、整合和凝聚功能，彰显出强大的生命力。"① 农民虽然具备了一定

---

① 乔法容、张博：《当代中国农村集体主义道德的新元素新维度——以制度变迁下的农村农民合作社新型主体为背景》，《伦理学研究》2014 年第 6 期。

的共享合作意识、共同致富的思想，但缺乏理性投资的能力，无法把发展潜力转化为实际的财富收入。在产业结构调整下，合作社存在在入股的潮流下盲目跟风、不理性投资方式的问题。在缺乏把握商机和理性分析经济形势的能力情况下，农民对农村合作社的利益分配、权责方式缺乏充分的了解，这容易导致投资失败、甚至被骗情况的发生，因此，虽然农民致富的动力不断增强，但缺乏长远且可持续发展的眼光，很多农民就是依赖于政府的扶贫款，用完以后再等着要，缺乏自力更生、自主造血的思想动力，存在"等、靠、要"的思想。因此，在农民经营方式的日益多样化条件下，如何认识社会主义市场经济的两面性问题、正确处理追求个人利益和追求社会利益的关系；在不断流动情况下，如何认识新的城乡关系和新的工农联盟问题；在市场经济的贫富差距不断拉大的情况下，如何认识社会主义的本质和发展方向问题等等，都是农民思想政治教育要对农民进行宣传教育的内容。

协调发展是解决发展平衡的问题，协调是持续健康发展的内在要求。结合当前农村的形势，思想政治教育要倡导农民形成共享合作、协同治理的农村社会制度，在经济生产、民主制度、法制建设等方面形成相应的观点理念、行为方式。努力实现乡村振兴建设中"在共建中共享共富，在共享中共建共富，在共富中共建共享"。① 经过改革开放四十年的发展，中国农村、农业各项事业发展水平有了较大幅度提高，但不可否认，当前农村发展不平衡、不协调、不可持续问题依然十分严重。这需要思想政治教育逐步将协调发展的理念灌输给农民，从而有助于乡村振兴和农村全面建成小康社会的实现。农民思想政治教育作为上层建筑的一部分，虽然为农村社会经济基础的建设而服务，但是不能因此低估其对农民正确思想观念树立中发挥的积极作用。只有正确地协调好农民思想政治教育育人功能和社会发展服务的从属功能的关系，才能正确地领会协调发展理念对农民思想政治教育工作的重要意义。在乡村振兴和农村全面建成小康社会建设中因势利导，合理发挥思想政治教育的积极作用，能够使农民更好地领会党和国家关于协调持续发展的科学

① 刘武根、艾四林：《论共享发展理念》，《思想理论教育导刊》2016 年第 1 期。

价值。

三　科技创新思维教育

创新是五大发展理念的重要内容，也是当今时代发展的一种内在需求。"增强创新动力、厚植发展优势，积极推进农业现代化。"① 习近平同志指出，创新是农业现代化发展的重要推动力。在中国特色社会主义社会发展的背景下，创新发展理念实质上是提高中国社会发展的效率和质量，加强中国社会发展的原动力，促进中国社会又好又快发展的基本思路理念。创新发展离不开科技引领，实现乡村振兴战略离不开科学技术对现代农村、农业发展的引领，客观上也需要对农民进行科技创新思维的宣传推广。当前，农民思想政治教育工作要遵循党和国家对创新发展的要求，在积极推动传统农业在制度设计、经营方式和组织方式转型的过程中，帮助农民明确如何运用现代科学技术创新成果来从事农业生产的问题。在农业资源约束日益趋紧、农产品质量的刚性需求增长的新形势下，创新思维体现在农村社会发展的多领域、多维度的创新。因此，农民思想政治教育要加强对农民科技创新思维的引领，发挥农民的创新引领力，激发农村活力；发挥农民的创新推动力，促进农民增收。关于"三农"事业的创新发展是当前中国创新发展的重中之重。

"创新思维就是敢于冲破传统思维惯性与逻辑规则的束缚，不因循守旧，敢于推陈出新，以新思路解决问题；就是要破除单一思维定式，善于多角度、多层面思考问题，提出解决问题的新方法和新举措。"② 在党和国家将创新理念传播推广到农村的现实实践中，农民思想观念容易受以往传统惯性思维影响而停滞不前，这需要思想政治教育开展合理有效的宣传工作，将国家的创新理念传递给广大农民，使其明晓创新的意义。在乡村振兴和农村全面建成小康社会的背景下，思想政治教育工作有必

---

① 《中央农村工作会议召开习近平对做好"三农"工作作出重要指示》，《人民日报》2015 年 12 月 26 日第 1 版。

② 裴小革：《论创新驱动——马克思主义政治经济学的分析视角》，《经济研究》2016 年第 6 期。

要在结合对农民进行的政治观、道德观、价值观教育的基础之上，循序渐进、因势利导地使农民更加具有大局观，使农民能够从中国崛起和中华民族复兴的角度来看待创新问题，从中国特色社会主义事业发展的角度来看待农村的创新发展和农民创新理念培育的重要性。

新时代中国农民思想政治教育要在完成自身理论的不断创新的同时，将创新理念传播给农民。与此同时，农民思想政治教育要依据自身的特色向农民宣传创新理念，使之在农民心中不断的生根发芽，这是农民思想政治教育不可推卸的责任，也是思想政治教育明确自身定位、解决时代问题的任务的体现。

四　协调持续发展教育

乡村振兴是一项系统工程，需要以协调发展的思维来看待。在中国城乡融合发展的社会发展趋势下，实现乡村振兴战略需要调动中国特色社会主义各项事业共同参与和协调统筹。按照这个要求，当前中国农业现代化发展要与工业化、信息化、城镇化同步进行，并相互协调、相互补充，这是党和国家对当前农村、农业发展规律和条件的清醒认识，也以新的发展理念和发展方式为新时期农业现代化发展指明了方向。农业现代化、工业化、信息化、城镇化同步建设是农村走一、二、三产业融合发展道路的必然选择。在中国特色社会主义发展的总体形势下，当前农村面临着全面深化改革和"四化"同步建设的历史新机遇。党和国家所引导的农村社会主义现代化建设，需要遵循城乡一体化的发展思路，打破传统落后的发展思路，以更加系统、科学的发展理念来进行农业现代化发展。农村深化改革和"四化"同步建设的举措为农村发展带来了系统性、科学性的现实动力，也对农民生活方式、工作方式、思维方式、职业定位等方面产生了深刻影响。这客观上要求农民思想政治要将协调持续发展的教育理念传递给农民，使农民在思想意识中不断理解和认同党和国家协调发展的理念，更加积极地贯彻当前中国"四化"同步建设的政策。

"四化"建设的每一个方面都是独立的、完备的，但从整体系统的角度，各部分又是相互关联、相互补充。如果将社会主义现代化建设作为一个母系统，则"四化"建设可以理解为母系统下的子系统。从某种意义上讲，"四化同步"的本质是"四化"互动，这其中工业化带动了社会生产，城镇化提供了人口流动就业和服务业发展机遇。"四化"建设本质上是同步发展、互相促进的，但是目前来讲，四方面发展不是平衡的。由于长期以来中国重城市、轻农村的发展的思路，农业现代化是相对滞后的，其发展基础是最落后的。因此，使农民形成更加深入的协调发展理念，从主观意愿上摆脱城乡发展的不平等、摆脱自身发展的种种局限，这是农民思想政治教育的重要任务。

中国社会主义现代化不只是城市的现代化，也是农村的现代化；农村的现代化不仅是农业现代化，还要实现"四化"同步的现代化。实现农村的现代化，离不开在农村进行因地制宜的"四化"同步建设的具体举措。在农村领域里，农业现代化也需要以其他三化的发展作为基础，要在农村推动信息化和工业化深度融合、工业化和城镇化良性互动、城镇化和农业现代化相互协调，走出一条具有农村特色的工业化、信息化、城镇化、农业现代化的道路。在新的历史时期，农村农业的发展不能掉队，在国家发展的整体战略上，要促进农村的一、二、三产业融合，以一种新的、综合性的发展思路来指导农村农业的现代化发展。因此，"四化"同步要着重农村农业的不掉队，同步发展。虽然农村是农业的主要产出区域，但是农村不能孤立地发展农业现代化，农村只有在其他"三化"的相互配合补充下，依靠城市发展成果的给予，以及实现向城市看齐所具备的信息化、工业化、城镇化水平的总体提升，才能真正实现农业的现代化。党和国家关于农村政策的落实，必须依靠主体的理念先行，如果执行农村政策的人不理解政策、曲解政策，都会影响政策的贯彻落实。这需要在思想政治教育内容中引入协调发展的重要内容，培养农民协调持续的理念；这更加有利于引导农民从自身做起，以科学的理念投身于农业现代化生产；使农民更加积极地融入农村深化改革和三产融合发展等各项农村、农业事业建设当中。

第六章

加强新时代中国农民思想政治教育的路径选择

提升农民思想教育的有效性，满足农民相应的价值需求，达到农民思想教育的特定效果，才能不辱党和国家所赋予的使命，继承该工作的优秀传统。提高新时代农民思想政治教育的有效性，能够为实现乡村振兴战略和农村全面建成小康社会发挥积极的促进作用。这需要在明确提升农民思想政治教育有效性思路的基础上，从组织有效、方式创新、环境保障、机制构建等几个方面来具体实施。

第一节　明确开展新时代中国农民思想政治教育的思路

农民思想政治教育是一个具有整体性和过程性的复杂系统。从系统结构的角度来看，农民思想政治教育是由若干基本要素构成的系统整体。针对当前农村社会和农民生活的实际状况，农民思想政治教育的基本要素主要可以归为主体、客体、内容、目标、方式、环境等几部分。分析和研究农民思想政治教育这些基本要素的有效性是农民思想政治教育活动具有有效性的前提。对农民思想政治教育进行其基本要素的有效性分析，对农民思想政治教育各要素在总结原有经验的基础上进行改革创新，以符合新时代农民思想政治教育工作的新要求，为全面建成小康社会提供助力。

一　强化教育主体的主导性

要提高新时代中国农民思想政治教育的有效性，就要从加强思想建设和能力建设等方面入手，充分发挥农民思想政治教育主体的主导性作用，农民思想政治教育工作要在正确指导思想引领下保证各环节工作的有效完成，则必须强化思想政治教育主体的主导性。

1. 坚持正确的指导思想

作为农民思想政治教育的主体，必须坚持正确的指导思想，对农民进行正确的大方向教育引领。这其中，马克思主义理论和中国特色社会主义思想的有机结合是正确指导思想的基础，习近平新时代中国特色社会主义思想是对正确指导思想的坚持和遵循，是行动指南。马克思主义是中国共产党的根本指导思想，也是其通过思想政治教育来带领农民开展革命的精神武器。马克思主义理论在思想政治教育中始终处于支配地位，可以说"离开了马克思主义的指导不是中国共产党的思想政治教育了"。① 基层党组织和政府是开展工作的基本主体。日常工作中，基层党政干部的自身形象和工作能力，也对党和政府的总体形象起到了很重要的影响作用。马克思主义理论指导思想与中国国情相结合，将关注农民、动员农民、解放农民作为使命，通过正确合理的思想政治教育帮助农民克服小农意识、摆脱压迫并逐步迈向现代化。马克思主义是关于自然界、人类社会和思维领域的一般规律的学说，是科学的世界观和方法论的辩证统一，是合规律性与合目的性的辩证统一。在马克思主义的指导下，中国共产党以具体国情为依据，有效地调动农民的主观能动性，取得了新民主主义革命的胜利和社会主义改造的成绩。因此，习近平新时代中国特色社会主义思想是在中国特色社会主义乡村振兴和全面建成小康社会的历史发展背景下，坚持完整准确的马克思主义正确道路来领导各项农村工作的思想武器，是使农民思想政治教育工作取得新成绩、发挥更好的实效的保障。当前，坚持以新时代中国特色社会主义思想作为总的指导思想，是农民思想政治教育保障政治方向正确，并有效开展工作的关键之处。

2. 贯彻落实好当前农村政策和相关任务

农民思想政治教育主体要紧跟农村政策，积极配合党和国家农村工

---

① 何一成、杨湘川主编：《中国共产党思想政治教育史》，湖南大学出版社 2011 年版，第524 页。

作的完成。党和国家的政策方针是以解决一段时期的社会基本矛盾为目标而制定的。农村政策是国家政策的重要组成部分，也是根据全国一盘棋的思路，结合农村不同历史时期的具体情况而制定的。农村政策是基于党和国家对农村形势的深刻分析和清醒认识，是基于顶层设计的宏观思路，是以解决社会基本矛盾、实现农民的根本利益为宗旨的制度方针。农民思想政治教育主体必须认真负责，将党和国家所制定的政策任务完成好。历史证明，农村工作者在实际工作中"如果离开实际，搞'假、大、空'，不仅不能解决群众的思想问题，而且会败坏党的声誉，有损社会主义革命和建设事业"。[①] 在不同时期内，思想政治教育必须发挥自身宣传教育的优势，配合好党和政府所制定的农村政策在农村的落实，才能调动好农民对党和政府的支持热情和主体价值，从根本上实现思想政治教育工作的立意初衷。我们党在长期的革命实践中基于思想上、认识上对农民工作的重视，确定了自身的教育主导地位，党的农村基层组织成为农民思想政治教育工作的基本主体。蒋寿建通过对实证分析发现，目前中国农村村支书整体素质较高，但创新意识和创新能力有待进一步提高。[②] 在新的历史时期，农民思想政治教育主体必须进一步解放思想，与时俱进地完成党的农村政策，保证实事求是不走样。

3. 提高农民思想政治教育主体的基本素质

农民思想政治教育主体的基本素质是"品德、知识、才能和体格诸要素在一定时间的状态，是在个人生理基础上，通过学习和锻炼逐步形成的、在其工作中经常起作用的内在要素"。[③] 农民思想政治教育主体的基本素质决定其在工作中的效能发挥。教育者能够发挥教育的有效性，不仅要具备相应的主观的主体意识，而且还需要具备相应的客观的主体素质。教育主体开展思想政治教育工作，保证整个工作有效实施和顺利达成目标所具有的一切条件，这是教育者有效开展活动的客观基础。政治性是思想政治教育学科的首要特质，在其所涉及的相关教育工作中，

---

① 何一成、杨湘川主编：《中国共产党思想政治教育史》，湖南大学出版社 2011 年版，第538 页。

② 蒋寿建：《村文书视角的新型农民培训需求分析——基于扬州市 216 个村支书的调查》，《农业经济研究》2008 年第 1 期。

③ 张廷政、苏小军主编：《村委会工作指南》，金盾出版社 2014 年版，第 175 页。

围绕党和国家的政治需要开展对教育者的政治引领工作是居于首要位置的，这对教育者的政治素质具有较高的要求。教育者的政治方向、立场、观点、责任、认知等相应的政治素质是开展工作的重要保障。人格素质、人格感染力是影响教育有效开展的重要因素。思想政治教育是教育者向受教育者传授道德观念和思想认知的活动。教育者要以言传身教的方式传递给受教育者，在人与人的实际交往中建立教育与接受的关系，通过感情渲染、身体力行的方式来完成教育过程。理论素质是活动实际组织开展的理论准备，是对教育整个体系的逻辑把握和思维认知。只有具备了相应正确的理论基础，才能把现实所遇到的工作问题放入已有的理论框架中分析和解决，并具有深刻分析、透彻说理的水平。能力素质是思想政治教育者理论与实践相结合的能力的总和，是教育者在实践中面对各种复杂问题所具备的能够实事求是、随机应变、与时俱进的解决问题的能力。具有较强能力素质的农民思想政治教育主体能够在思想政治教育工作实践中协调多方关系、启发农民的感受和思考、调动农民的学习积极性，根据实际情况灵活设计教育目标和内容。

具体来讲，农民思想政治教育主体要具备的素质有：一是坚定的共产主义信念、坚强的党性原则；二是要"善谋发展、善领民富、善带百姓"，"素质高、本领强"[1]；三是要具有全心全意为人民服务的思想，甘愿付出，无私奉献；四是要有大局意识，总揽全局工作，有较强的组织领导能力；五是要熟悉党在农村的路线方针政策，熟悉农村工作；六是要加强领导统筹、策划、协调能力，加强领导作风建设。作为农民思想政治教育主体，必须开动脑筋、掌握工作技巧，遇到工作中的难题或工作开展不顺利时要会思考，清楚了解工作对象的实际情况。党的十九大报告中指出："党在革命性锻造中更加坚强，焕发出新的强大生机活力，为党和国家事业发展提供了坚强政治保证。"[2] 以基层党组织为代表的农民思想政治教育主体只有在实践中不断锻炼自我，不断提高基本素质，才能适应不断变化的教育形势。

---

[1] 韩芳编：《村干部工作手册》，金盾出版社2014年版，第235页。

[2] 习近平：《决胜全面建成小康社会 夺取新时代中国特色社会主义伟大胜利——在中国共产党第十九次全国代表大会上的报告》，人民出版社2017年版，第9页。

二　激发农民群体的主动性

农民的思想观念的形成、发展、改变是一个复杂而且漫长的过程。农民的物质生活水平和农业生产水平在短时间内可以得到很大的提高，但其头脑中长期所存有的保守、传统的思想观念仍然存在。思想政治教育是做人的思想工作，是通过研究人的思想形成规律，用正确的思想影响人们使之符合社会规范的理论与实践活动。农民思想政治教育最终是关乎农民思想的理论与实践活动。要达到有效激发农民主动性接受思想政治教育的目的，就要立足农民，以农民的视角看待社会问题，充分了解农民的思想和需求，从而可以有针对性地开展教育工作。

第一，以农民的需求设置思想政治教育的逻辑起点，从农民的角度出发，切实考虑农民的利益需求，实实在在地为农民办事，取得农民的信任，是做好农民思想政治教育工作的必要基础。通过对中国农民思想政治教育发展过程的总结，可以得出这样的结论。在农村城镇化、信息化、农业现代化和工业化同步发展的今天，农民对物质利益的关注没有改变。做好农民思想政治教育工作，必须始终注重对农民物质利益和实际需要的满足，这将是开展长期工作的逻辑起点。

第二，将农村社会建设与农民个人发展统一。在当今农村，乡村振兴和农村全面建成小康社会的外部大环境对农民个人的发展产生息息相关、休戚与共的影响。农民个人的发展与中国农村社会的大发展大变革也是同步的。正如马克思主义所长期坚持的人与环境相互促进、和谐统一的观点，农民在改造外部社会环境的同时，自身也在与环境不断融合。在新时代发展的要求下，提高农民思想政治教育的重要视角，就是要从农民个人发展的角度看待社会的发展，从社会发展的角度看待农民的发展，力求使两者达到辩证统一，才能有效达到农民思想政治教育的目的。因此，农民思想政治教育工作的基本要求就是要通过农民思想政治教育所处的农村社会大环境来促使农民主动地接受思想政治教育。

第三，关注农民未来发展之路。当今中国农村，正处于乡村振兴和农村城镇化同步发展的历史新时期，农民未来的发展方向日趋多样化，呈现出包含驻村农民、农民工、失地农民、农村社区居民以及新型农业经营主体在内的多样性的发展类型。张红霞认为，"工业化和城镇化过程中因大量土地被征用而失去土地，存在农民向市民的过渡阶段中所产生的心理安全感、心理失衡、身份认同等问题，新的教育方式和新的价值教育追求是思想政治教育的出发点和着力点。[①]"丁海涛还从农民市民化角度探析"新市民"的思想政治教育问题，指出农民市民化所面临的诸多问题，如安全感下降、身份认同困难、心理失衡等，只有加强"新市民"的思想政治教育工作才能转变"新市民"的传统观念、维护社会稳定、助力城镇化建设。因此，农民思想政治教育要想激发农民接受教育的主动性，必须根据未来农民发展的可能性类型来进行不同方式和内容的关注和探索。

与此同时，农民作为思想政治教育对象，必须具备足够的接受能力，才能正确地接受教育者所传递的教育内容、目标以及理念；必须具有接受教育的文化知识储备，才能摆脱旧有的封建观念。农民思想政治教育是关乎农民思想的理论与实践的活动，必须将其基本原理与实际情况有机结合。关注农民思想政治教育的逻辑起点就是农民的思想本身。农民的科学文化素质和思想道德素质始终是密切关联的，二者相互支撑、互相促进。农民的文化素质是学习知识和理解党的政策主张的基础，对其接受先进的思想观念、政治观点、道德规范以及党的路线方针政策理解力和执行力起到了关键的作用。党在各个历史时期进行思想政治教育，从根本上讲是以提高农民群众的文化素质为手段和载体，通过提高农民群众的科学文化素质使思想政治教育实效性显现出来的。反之，如果不重视农民的文化水平的提高，只一味地对农民进行思想政治教育灌输，那么只会使教育初衷和教育效果出现反差。中国共产党人始终代表着先进文化的前进方向，这种先进文化主要体现在引导时代潮流上，最终体现在农民的精神面貌上。[②] 激发农民群体的主动性，需要使农民具有接受思想政治教育信息的知识基础和接受能力，这是不以农民的主观意志而

---

① 张红霞、丁海涛：《中国城镇化进程中失地农民思想政治教育探析》，《马克思主义研究》2015 年第 5 期。

② 何晓琼、钟祝：《乡村振兴战略下新型职业农民培育政策支持研究》，《中国职业技术教育》2018 年第 3 期。

改变的客观因素。将农民思想政治教育的内容和目标实时传递给农民，就要求教育者不断地、有效地激发农民群体的主动性、积极性，这不是短时间内可以改变的，而是一个长期性和原则性的统一的过程。

三　调整教育方法的合理性

思想政治教育方法是："教育者和受教育者在思想政治教育过程中为达到一定教育目的所采用的思想方法和工作方法。"[1] 教育方法要针对教育对象发挥有效性，要根据教育对象的心理特征，思想意识的内在结构和发展规律实施教育。而不同的方法应针对不同的群体发挥不同的效果，好的方法教育方法不仅能配合相应的教育目的，而且能够调动接受对象积极的情绪和学习态度。因此，要以相应的农民思想政治教育目的安排适应的教育方法，将两者密切联系，才能真正提高农民思想政治教育的有效性。

新时代要求下的农民思想政治教育，必须注重其教育方法的合理性和有效性，而纵观我们党对农民教育的历史，更能得出这样的结论。农民具有天然且强烈的务实精神，相较于崇高遥远的长期利益而言，更加注重眼前利益。有学者指出，中国共产党关于农民问题的核心问题就是"解决农民的土地所有制问题"和解决"农业现代化问题"，两者辩证统一，相互补充。[2] 以上两个问题也是与农民物质利益最为密切相关的问题，正是对这两个问题的正确处理，我们党才成功的发动了农民。对此，思想政治教育作为抽象的理论宣传工作，也必须与农民的实际生活相结合，必须注重农民的物质利益需求，给予农民看得见的实惠，才能避免漠视，引起共鸣。总结历史经验，党之所以取得农民的信任和支持，其基本前提就是从农民的实际生活出发，配合农民各项权益的落实，使思想理论工作落实到农民生活的实处。这主要体现在抗日战争时期思想政治教育工作与土地革命、减租减息的政策，获得了农民群体对革命的拥护。中华人民共和国成立以后，尤其是改革开放以后，家庭联产承包责任制、消除城乡二元、农业现代化、维护农民群体各项权益的政策，都

---

[1]　郑永廷主编：《思想政治教育学原理》，高等教育出版社 2016 年版，第 244 页。

[2]　吴敏先主编：《中国共产党与中国农民》，东北师范大学出版社 2000 年版，第 3 页。

是以最大限度满足农民的利益需求为出发点而制定的。

农民思想政治教育方法要依据农民的实际物质利益的获取方式来调整。农民的物质利益越能得到满足，其拥护党的热情和生产积极性越能被调动起来，思想政治教育才能有效落实。如果思想政治教育脱离农民实际生活而进行思想灌输和单向加压，则会引起农民的心不在焉、消极对待。如果不能做到在思想政治教育的同时实实在在帮助农民群众解决生活中的各种实际困难，农民思想政治教育就是空话。同样，如果只帮助农民群众解决实际困难而不进行思想政治教育，其教育也达不到提高农民的现代化思想意识水平的目的。

农民思想政治教育方法要根据农民文化水平和文化需求来调整，满足农民的精神文化的利益需求，农民群众依然是中国社会主义现代化建设的主要力量。现阶段，在改革开放政策引领下的农村地区积极响应党的号召，贯彻党的政策。农民群众的精神状态更加饱满，原生性的创造性智慧得到了迸发。我们党根据时代要求，从形式到内容，从方法到载体，从政策到制度，从体制到机制等方面相较于改革开放以前进行了与时俱进的调整和改进。使农民在现实生活中具备相应的社会生存所需要的政治、道德等素质是思想政治教育目标确立的现实依据。农民思想政治教育应当从多个方面体现对农民的现实关怀，从而帮助其在现实中实现自由而全面的发展。这正如有学者所指出："思想政治教育的目的就是实现人在社会关系的丰富性和合理性方面的提升，实现人在思想领域和精神境界方面的提升，它的根本目的就是实现人的自由而全面的发展。"①在现实生活中，满足农民各种思想和精神层面的需要，使其不断适应新时期社会发展的形势和党的各项方针政策的总体要求，是农民思想政治教育方法调整的现实依据。

当前，中国的农村社会内外环境发生了显著的变化，这决定了无论是农村社会结构，还是农民的整体素质都产生了很大的影响。回顾历史，我们党在不同时期对农民思想政治教育的内容及方式进行了适时地、准确地调整。在战争时期遵循的是革命逻辑，而在建设时期遵循的则是建

---

① 张轩：《论思想政治教育目标的层次性》，《思想政治教育研究》2009 年第 4 期。

设和发展逻辑，这需要在思路上进行转变。以社会主义政治准则和道德规范来教育和塑造农民群体，帮助农民实现现代化。这种转换反映出国家建设和社会发展的实际需求，体现出共产党制定农民思想政治教育目标的客观性和科学性。依据实际情况变化不断调整和改进农民思想政治教育方式。因此，农民思想政治教育要依据新时代中国特色社会主义农村的实际情况，依据对教育主体、客体、教育环境等多方面认识的不断加深，改进农民思想政治教育方式，创新农民思想政治教育具体的方法与载体，才能为新时代农民思想政治教育工作提供有力保障。

四　注重教育环境的适应性

思想政治教育环境是"影响思想政治教育及其运行过程的一切外部环境。"① 思想政治教育环境分为政治、经济、文化、社会、生态等多个方面，这些方面都是密切相关的，是思想政治教育活动所处的总的外部环境的总和。构建农民思想政治教育环境是开展农民思想政治教育的保障。农民思想政治教育环境是与农民思想政治教育活动有关的外部条件，是对农民思想政治品德素质形成和发展产生影响的一切外部因素的总和。思想政治教育与农村实际情况密不可分，因此，要达到思想政治教育的目的，必须从以下三方面来结合。

1. 与农村乡土人文环境相结合

农村精神文明建设是社会主义精神文明建设的重要组成部分，是乡村文化振兴的重要内容。农民思想政治教育环境与农村精神文明建设所呈现出的乡土人文环境具有直接联系。"乡风文明建设直接提升了农村人力资本水平，促进农业进步与农民收入提高。"② 思想政治教育环境必须与农村乡土人文环境现代振兴的目标和内容相结合，才能将客观外在的人文环境转变为思想政治教育情景，成为专门为思想政治教育有效提高而进行的专门的有涵容性的情景。农民思想政治教育的环境要与农村精神文明建设的环境氛围相融合。农村精神文明建设包括农村思想道德建设和农村文化建设两个方面，它的根本任务是全面提高农民的思想道德

---

① 郑永廷主编：《思想政治教育学原理》，高等教育出版社 2016 年版，第 317 页。
② 党国英：《乡村振兴长策思考》，《农村工作通讯》2017 年第 21 期。

素质和科学文化素质，为农村经济社会发展提供思想保证和强大的精神动力和智力支持。① 因此，以农村精神文明建设为实质的思想政治教育环境建设要积极融入农村乡土人文环境，两者进行有机结合并相互涵容。

2. 与农村乡土政治环境相结合

农民思想政治教育环境的建设要与乡约民规和政治风俗所构筑的乡土政治环境进行融合，要考虑到宗族宗派以及乡村精英在当前农村思想政治教育环境中所发挥的影响作用。"从本质上说，传统文化是一种自然文化，在其影响下开展的自治则为自发型自治，如中国传统社会中的宗族自治。"② 农村政治文化与城市政治文化在很多方面存在差异性。农村政治文化所孕育出的环境氛围教育与思想政治教育环境氛围在很多方面存在融合性。在农村，传统大家庭、大家族的存续及发展壮大，在历史发展中形成了特有的政治风俗和文化习惯。注重家族传承和传统文化的传承是农民思想政治教育的内容，良好的传统家风政治的宝贵因子又促进了国家民族的政治文化的发展。农民思想政治教育环境本身是一个完整的闭合系统，同时却不是真空存在的，是处于相应的外部环境并与内部环境相互影响的系统，必须尊重和融入农村乡土政治环境中，发挥中国特色社会主义政治文化的先进引领作用。

3. 与不同地区、不同情况相互结合

具有极强的现实性和实践性是农民思想政治教育工作的特征之一，不同地区存在不同差异。中国农村社会外部大环境具有客观外在性，但不是所有的环境因素都能够成为促进农民思想政治教育工作开展的有效环境因素。有效的农民思想政治环境是与农民思想政治教育系统能够有机结合良性互动的环境要素。在实际工作中，不同地区的思想政治教育的教育主体可以根据头脑中预设的理念对当地的农民思想政治教育环境进行改造设计，一方面能够把思想政治教育的信息以具体的场景呈现给农民并影响农民；另一方面能够通过具体的思想政治教育活动与外部的社会环境不断地进行结合。新形势下建立良好的农民思想政治教育环境，能够成为农民思想政治教育内部结构与外部环境统一的桥梁，这要求教

---

① 王泽厚主编：《农村政策法规》，山东人民出版社 2016 年版，第 261 页。
② 李鹏飞：《传统与现代：村民自治有效实现的文化来源》，《东南学术》2016 年第 2 期。

育者能够结合农村当地的乡风民俗、社会发展状况以及思想政治教育开展的现状来进行设计。

五　构建教育机制的科学性

构建科学的机制体现了特定学科或者工作发展的系统性、稳定性。思想政治教育机制一般是指："思想政治教育过程中的内在工作方式和各个要素之间的相互联系方式，通过这种方式，才能将思想政治教育的目标逐步转化为思想政治教育的主体的内在需求和动机，并使思想政治教育主体把这种行为动机转化为行为才能算是获得良好的效果。"① 机制的概念最早源于自然科学领域，指对事物自然状态的描述，后被引申于人文社会科学领域，多指事物各要素的构成方式、作用方式以及事物整体运行方式的有效调节。思想政治教育活动是一个具有整体性和过程性的复杂系统，需要从系统论的角度来进行分析。农民思想政治教育活动结果中展示出来的有效性，不是单独孤立的，而是由其系统内在结构的有效运行而产生的。在认知思想政治教育活动有效结果的基础上，进一步对其结构要素的有效性进行理性分析，是对思想政治教育有效性问题深入分析研究的必要环节。

第一，保障农民思想政治教育工作的法制化。农民思想政治教育要强调法制化教育，才能保证培养出符合现代社会发展需要的新型农民。改革开放以来，我们党十分注重农民思想政治教育的法制化教育。实践证明，农民思想政治教育只有不断地加强法制化建设，才能有效保障该项工作长效化并日趋优化的发展。

第二，加强和完善农民思想政治教育的制度化建设。"中国共产党思想政治教育自从形成以来，一直处在不断总结探索其具体规律，不断适应新形势，发现新事物，解决新问题的现代化动态过程中。"② 思想政治教育的发展过程也是形成制度化的过程。历史经验表明，制度化建设是确保农民思想政治教育工作健康发展的必然要求，是防止教育工作中出

---

① 陈秉公：《思想政治教育学原理》，辽宁出版社 2001 年版，第 186 页。
② 何一成、杨湘川主编：《中国共产党思想政治教育史》，湖南大学出版社 2011 年版，第457 页。

现泛政治化或去政治化倾向的前提。早在苏区时期，党为了吸纳更多的农民子弟加入红军这只革命队伍而建立宣传队的工作中，就已经形成了较规范化的思想政治教育规章制度。比如，制度要求宣传队每星期召开一次队长、小队长会议，每月共四次，并且要求宣传队长每月至少要主持和参加六至七次会议；与之相应，村宣传小队要每月召开不少于四次的工作例会。① 这些做法为新时期建构农民思想政治教育的制度化、规范化提供了宝贵的经验，值得新时期相关教育者在开展工作中借鉴。新时代中国农民思想政治教育制度化发展必须按照中国社会发展的基本情况，以及党和国家农村政策的政策意图来策划和落实。

第二节　确保新时代中国农民思想政治教育的组织有效

农民思想政治教育主体是农民思想政治教育工作开展的灵魂。农民思想政治教育主体对农民思想政治教育活动进行有效组织是整个活动具有有效性的基础，也是决定教育内容、教育目标、教育方式和教育环境具有有效性的保障。在乡村振兴和农村全面建成小康社会的背景下，农民思想政治教育主体必须不断强化主体意识，不断在思想政治教育过程中发挥主导性、渗透性的作用，从而确保对农民思想政治教育工作全局性的把握。

一　发挥基层单元"最后一公里"的思想政治教育功能

农民思想政治教育基本单元是思想政治教育最基本的环境。乡村社会只要有自然单元存在，或者在心理层面存在，自然单元的功能就会存在。随着国家不断发展，国家提供了更完善的管理和服务，而行政单元与国家治理能力是相辅相成的。由于中国广大农村中存在一些规模比较小的自然村落，无法解决生产生活的公共性，上一级自然形成的单元会变成次级自然村，即形成组合性自然村。农民思想政治教育要渗透到最基本的自然单元中去，而不能只停留在行政单元中。

---

① 钟日兴：《红旗下的乡村——中央苏区政权建设与乡村社会动员》，中国社会科学出版社 2009 年版，第 81 页。

《乡村振兴战略规划（2018—2022年）》明确要求各级党委和政府要在思想上提高认识，把实施乡村振兴战略摆在优先位置，把党管农村工作、坚持农业农村优先发展的要求真正落到实处。从某种意义上将，基层党组织建设构成了农民思想政治教育最基本的单元建设。近年来，村民自治中所建立的村民小组和村域党建单元是最基本和最直接的农民思想政治教育的单元，是党和政府有关工作从上级有关部门层层向下贯彻，最后落实到每一个农民个体的最终单元载体，是将思想政治教育从行政村范围延伸到自然村，从而扎实推进到每一个村民的平台。村域单元与村民自治单元的建立，有利于进一步发挥思想政治教育有效性的优势。因此，由村民小组和党建单元构成的思想政治教育单元，可以拉近教育者和教育对象的距离，减少教育之间的沟通成本，有效对农民开展自我教育，是新时期增强农民思想政治教育的一个有效途径。党和政府有关部门行使思想政治教育的使命，首要加强自身建设，树立模范带头作用，为农民树立榜样，增加内在沟通和融合，克服原有工作中存在的不足，以一种正面、积极的态度来取得农民的支持和信任。因此，以基层单元为思想政治教育的基本单元，将思想政治教育工作贯彻到农民生活的最基本的组织，是解决农民思想政治教育"最后一公里"问题的有效路径。

1. 加强基层政府的能力建设

基层政府的治理能力直接决定了农民对其的认可度和满意度，也影响着思想政治教育工作的有效性和实效性。公平、公正是衡量国家治理体系和治理能力的重要标准，任何一个社会制度都应当具备公平、公正的价值目标。目前，中国农民存在着一些不公正感的原因，归根结底在于基层组织治理体系相对不完善以及治理能力相对弱化。随着改革开放以来利益格局的调整，随着农民尤其是利益受到损害的农民的民主权利意识的逐步觉醒，其渴望公平公正和维护自身合法权利的要求越发强烈。有些政府不作为、贪污腐败以及拆迁补偿不合理、贫富差距不合理拉大等情况的存在，使农民形成负面情绪。因此，要强化以政府为主导的思想政治引领作用，必须内在地提升基层治理能力。基层政府只有不断地完善治理体系和提高治理能力，农民才更能感受到政府为民服务的责任和用心，从而感受到思想政治教育的立意根本和实际效果。政治权力、社会利益、公民权利等关系相互联系，相互结合形成有机整体，形成了国家治理体系。国家治理能力现代化水平的提高，应通过推进基层治理体系改革，实现政策创新、制度创新和机制创新；必须进一步改善民生，提高服务农村和农民的生产和生活水平；提高办事效率和为民服务的水平，要对户籍制度、救济保障机制、土地制度等加以改革，加快健全农村公共服务体系的步伐，提升基层治理能力；在城乡统筹和城乡一体化中使农民的各种权益得到维护，增加农民对思想政治教育的配合度和认同度。

2. 加强村民小组的组织建设

发挥村民小组的思想政治教育功能，是工作取得实效的最后的落脚点。一方面，农村小组以"规模适度的自治单元可减少自治成本。这样直接参与要求凡是群众所需求而且能够办到的事情，都由群众自己来办"。另一方面，"适度规模自治单元减少沟通成本"。① 因此，村民小组的发展建设与农民思想政治教育工作具有天然的契合与内在的联系，将思想政治教育融入村民小组的发展和优化当中，能够收到非常好地提升思想政治教育有效性的效果。近年来，中国各地都有发挥非政府组织开展农民思想政治教育的实践做法，也取得了很多好的效果。比如，湖北省大冶市茗山乡划分在每个村庄组建一个理事会，有关村里的党建、整治、调解、发展和文明建设等内容都要通过理事会讨论。② 茗山乡的村民理事会的实质就是优化了村民小组的思想政治教育单元化功能，有利于思想政治教育工作的开展更加有针对性和有效性。

3. 加强基层党建的单元建设

党建单元是指能够自成系统、独立开展党建工作的党组织组合体，一般一个党组织就是一个党建单元。在村域社会里，党建单元与党建对象（村民群众）之间具有一定的时空距离，包括横向距离和层级距离，党建单元在这样的时空场域下，通过发挥自己的核心地位和作用影响着

---

① 李松有：《群众参与视角下中国农村村民自治基本单元的选择》，《东南学术》2017 年第 6 期。

② 刘盛等：《乡村治理模式改革创新研究——以湖北省大冶市茗山乡为例》，《湖北理工学院学报》（人文社会科学版）2018 年第 4 期。

村民自治的有效实施。① 落实好农民思想政治教育最终环节，就是要以党建单元为载体。基层党组织是农民"了解党的窗口，感受党的实体"。② 作为党组织"神经末梢"的延伸，基层党组织对农民的思想政治教育有着最为直接的作用。因此，从全局战略高度来看，要加强党组织自身建设，必须采取切实措施保障基层党员所具有的基本素质。农村基层组织角色无论怎样定位和改变，其最终目的都是为了实现最广大农民的根本利益。

加强党的基层组织建设，需要结合不断发展的农村形势，建立一套行之有效的完备的机制。一是以加强基层党组织的作风建设为核心。党优良的作风，即理论和实践相结合的作风、与人民群众密切联系的作风、批评和自我批评的作风，是基层党组织在新时期思想政治行使教育职责、实现自身完善和进步的保障。二是以加强基层党组织的组织建设为保障。基层党员干部是思想政治教育人才的主要来源。提升基层党组织人员的待遇，不断充实和完善基层党组织制度；创新党员发展机制，为基层党组织的发展提供新生力量。三是实施农民思想政治教育主体人才培养工程，培养农民思想政治教育专门人才，建立思想政治教育人才培养基地，鼓励大学生和外出务工人员返乡。四是以基层党组织的思想建设为灵魂，提高农村基层党员自身素质。要保持自身党性，提高自身理论水平，从思想上建党，加强对马克思主义经典著作的学习，积极学习党的基本理论，真正当好农民群众新生活的领路人。

近年来，各地基层党组织不断进行党建机制创新，对思想政治教育工作的开展具有很强的推动作用。比如浙江省诸暨市枫源村创新实施"三上三下"民主决策机制："一上一下"是征集议题程序，由村两委会根据上级党委、政府的工作部署、根据本村实际情况，提出应讨论解决的事项，逐门逐户征求村民意见；"二上二下"是分析论证程序，村两委会将村民所提出的意见、建议汇总，提出方案，提交民主恳谈会、党员议事会等专业部门讨论，对方案的可行性、必要性等进行深入论证，完善方案，以进一

---

① 韦少雄：《村域党建单元设置优化与村民自治单元有效性探索》，《理论导刊》2017 年第9 期。

② 吴敏先主编：《中国共产党与中国农民》，东北师范大学出版社 2000 年版，第 330 页。

步达成共识；"三上三下"为审议决定程序，由村两委会讨论确定执行方案，经村民代表会议表决通过后组织实施。① 浙江省诸暨市枫源村对基层党组织机制"三上三下"民主决策机制的创新摸索激发了广大村干部和村民干事创业的强烈愿望，提高了决策的民主性和科学性，对强化新时期农民思想政治教育主体作用具有积极的借鉴价值。

二　积极引进农民思想政治教育的相关技术和人才

实现思想政治教育人才的输血和优化，是新时代开展思想政治教育的题中应有之意。在鼓励广大农村人才进行科技创新时，应加大对农民思想政治教育工作人才的重视力度，与此同时，也要考虑科技人才进入农村对乡村振兴所发挥的积极的思想政治教育因素。有学者指出："来自村庄外部的帮扶作用，必须要内化为村民自治的一部分，其帮扶效果才可能真正长期持续下去。这个内化的过程就是要完成村民自治能力的培育，由此完成靠人帮扶到制度立村的转变。"② 实现城市人才对农村的支持和培训是实现乡村振兴战略的重要组成部分。

1. 加大对农民的技术人才支持

"从中国社会近 100 多年来的发展进程来看，教育作为国家的组织与制度资源，它与农村社会的发展在发展序列的优先性上有着一定的价值排序。"③ 鼓励高校研究人员深入到基层，与农民进行交流沟通，对农民进行职业教育培训，为解决"三农"问题搭建理论和实践相结合的桥梁。随着农业科学技术的发展，打造职业农民队伍以适应农业劳动分工的专业化，才能真正促使农民身份向职业化转变。因此，农技培训应改变过去"零敲碎打"式的做法，进行专业化、系统化的培养，以重新构建农村劳动力结构为目的的职业农民培育教育，打造新型的现代化农业经营主体，提供高素质的农业职业精英。在提高农民综合素质，着力构建现

---

① 尹华广：《农村基层党建法治化：科学内涵、时代价值与实现路径——以"枫桥经验"的创新发展为例》，《长春大学学报》2017 年第 11 期。

② 陈国申等：《试论外来"帮扶力量"对村民自治的影响——基于山东省 S 村"第一书记"工作实践的调查》，《天津行政学院学报》2015 年第 6 期。

③ 李敏：《教育促进农村伦理文化发展研究——基于中国 12 乡村调查报告》，中国农业大学出版社 2016 年版，第 92 页。

代农业产业体系、生产体系、经营体系及培育职业农民队伍的过程中，不仅要大力提升农民自身素质，还需要加强扶持政策的落实。将教育资源与国家政策导向与农村经济发展需要有效连接，为农业现代化建设和农业持续健康发展提供人力资源的保障。例如：高等职业院校培养职业农民，符合高等职业教育本身的目的，是职业教育更好适应现代化经济发展需求的良好尝试。

2. 农业地方院校培养为基层服务的专门人才

新时代农民思想政治教育应重新审视农业高等院校培养人才的自身定位，不能盲目追求高目标，要结合自身优势，优化人才培养结构。政府要专门制定适合农村发展情况的政策，培养具有良好的政治素质，具有相关农业学科背景的大学生，鼓励大学生投入大学生村官的行列，或参与农村合作组织，成为农村思想政治教育主体。国家对农村基层人才发展的投入支持，一方面能够解决农学专业大学生就业难的窘境，另一方面能够实现人才的有效配置，有利于确立大学生村官平民创业者的角色，激发农业院校教师参与基层服务的积极性。

3. 发挥新时期农村精英的作用

结合农村社会所具有的内生性伦理特点，思想政治教育必须注重宗族观念和精英作用的影响力。正如有学者指出："在思想政治教育中，人们的认识水平、思想观念的发展总会有先进、中间、落后的区别，呈现出参差不齐的状态。"[①] 在新的历史背景下，要鼓励精英发挥其非凡的魄力、超前的胆识、艰苦奋斗的优良品质，发挥其领导才能，带领村民在改革开放的浪潮中率先致富，走向实现小康的道路，在其中充分发挥思想政治教育的积极作用。唯物史观指出，广大人民群众才具有决定历史发展的决定作用。但是与社会成员的总人数相比，"农村精英"相对来说仍然是少数代表，使少数精英带动整体乡村精英的进步是一个困难而艰巨的任务。只有合理发挥少数人的潜在影响力才能发挥其推动集体进步的力量。将农村社会现实情况与农村精英的自身特点相结合，是推动社会主义新农村健康发展的有效方法。因此，政府和有关

---

① 黄志斌主编：《当代思想政治教育方法论》，合肥工业大学出版社 2012 年版，第 264 页。

部门应该积极地探索符合现代化农村发展道路的理念和模式，从而探索出一条具有中国特色的"农村精英"治理新型道路。

首先，吸引和鼓励乡村精英返乡做贡献。完善人才流动机制，促进精英在城乡间的流动，鼓励乡村精英在基层民主自治中发挥重要作用。正如有学者："因为在任何时候，乡村精英的个人利益始终是与其行动实践捆绑在一起的。"① 要采取种种措施来鼓励乡村精英，在制度上给予其充足的尊重和权力，只有这样才能真正发挥乡村精英参与乡村社会建设和保护的作用。

其次，优化基层党组织与农村精英的协作和互动。"伴随基层农村社会自治力量的成长壮大，农村基层政府职能角色的转变，农村基层政府管理组织与村民自治组织之间的矛盾将逐渐减少，协调互动将进一步增强，从而有利于建立起基层政府与农村社会互动合作的关系。"② 发挥政府官员和民间精英各自的优势，促进包容政府与圆融民间相结合机制的构建，发挥基层政权的卷入能力。近年来，乡村精英的地位受到国家与乡村的共同重视，注重基层私权利代表和公权力代表的对接作用，但不是降低基层党组织的权力和地位。"一个由士绅所领导的社会，事实上是先创造于意识形态之中，尔后才逐步变为现实。"③ 必须积极探索社会主义新农村发展需要与乡村精英价值追求的内在切合点，在农民群体中广泛弘扬与传播主流价值观，要加强对乡贤的培养，发挥乡贤的道德模范作用，使农村精英都能成为农村社会现代经济发展、现代思想弘扬的带领者。

再次，培养农村精英现代服务意识。新的乡村精英在建设新农村的过程中，在房地产开发、征收农地开发商业用地、村办企业运用农村集体资源等的过程中，存在着协调相关事物方式方法不得当或者是有违法行为，引起农民群众的不满甚至仇恨的现象。因此，要强化农村精英原则性教育，强化法制意识，树立"以人为本"的社会主义农村建设新理

---

① 莫艳清：《从保护人到企业家：乡村精英的角色演变及其内在逻辑》，《温州大学学报》（社会科学版）2016 年第 3 期。

② 李紫娟：《农村治理新范式：构建基层互动治理》，《学海》2017 年第 1 期。

③ 狄金华等：《从主体到规则的转向——中国传统农村的基层治理研究》，《社会学研究》2014 年第 5 期。

念，一切决策都要做到以广大村民群体的最根本利益为出发点，才能使新乡贤群体在为农民服务的建设工程中发挥积极作用。

最后，积极鼓励农村精英投入到公共事业当中。扎实推进农村各项服务事业，使农民过上富足安稳的日子，这是实现全面小康的重要标准之一，是关系到老百姓生活质量的重要保障。只有老百姓能够享受好的生活，才能支持政府的各项政策，才能真正对思想政治教育工作产生兴趣和认同。与此同时，由于城乡二元制度，优质资源向城市的倾斜依然是影响农村社会发展的重要阻力，也是农村无法留住人才的重要因素。开展农民思想政治教育，离不开给予农民的物质利益的保障。农民思想政治工作需要寄希望于农村社会化程度的提高和社会性力量的逐渐强大，培育以新精英为主体的农村事业的工作队是农村人才建设的主题。

4. 鼓励退休的城市居民返乡对思想政治教育工作做贡献，实现落叶归根

一方面，返乡的城市精英能够发挥自己的优势、利用自己的资源为思想政治教育做贡献，另一方面，返乡的城市精英能够在乡村的人与人之间做到互助与沟通，而这正是中国即将进入老龄化社会，解决养老问题所需要的。[①] 要充分发挥老干部、老党员、老知识分子、老退伍军人、老农民的作用，那些在村里年龄较大、辈分也较高、有一定社会威望、有一定政治资本的"老"人。[②] 发挥自身拥有的优势资源，提升对农民的团结能力、吸引能力，也有利于党和国家相关方针政策的充分落实。

三　探索新时期农村非政府组织的思想政治教育辅助功能

中国现阶段已经进入改造传统农业、走中国特色社会主义农业现代化道路的历史阶段，农村合作组织已经成为农村发展的一个重点事项。自2007 年中央一号文件发布以来，中央不断重视发展农民专业合作组织，将之作为重点的扶持对象。农民组织的主要成员是农民，农民可以根据

---

① 张劲松：《乡愁生根：发展不平衡不充分背景下中西部乡村振兴的实现》，《江苏社会科学》2018 年第 2 期。

② 邹万平、余小芳、徐晓明：《村落治理：新乡绅回归的未来与迷途》，《领导科学》2013 年第 35 期。

个人意愿结成合作组织投入到农村建设。何雪峰所指出："当前农民很大一部分问题是集中在村社一级，而正是村社一级有能力和动力解决千家万户分散农户的问题，回应他们的需求。"① 各种农民社会团体是新兴事物，也是农民组织未来发展的趋势。农民组织主要可以分为三类。第一类，从事经济生产的合作社。第二类，基层民主自治组织。第三类，娱乐文化爱好组织。农民组织是中国特色社会主义农村的发展成果。"非正式群体进行思想政治教育时往往具有情感性、渗透性和多样性。"② 依托农村合作社，农民可以进行自由合作，与党组织领导形成分工明确、相得益彰的有效配合，为思想政治教育的开展提供新的平台和载体。这其中，党组织领导主要是领导群众制定规则，并监督规则的运行，"让各个方面的社会组织充分发挥作用，共同推进经济社会发展，而不是直接代替去那种和直接管理各种具体的社会事务"。③ 依托农民组织，党和政府能够进行有效的思想政治教育工作，将思想政治教育的有关原则和内容渗透到合作组织当中，更好地调动农民的生产积极性和自我教育管理的积极性，实现思想政治教育的目标。

依托农民组织进行思想政治教育其最终落脚点在于激发农民群体自身的学习积极性，开展自我教育，实现他律与自律，自我教育与外部教育的结合，这是以农民组织为教育载体的优势所在。依托农民合作组织是思想政治教育发挥时效性的一个重要组织形式。思想政治教育工作渗透于其中，促进集体主义精神、合作意识、现代经济意识、依法维权意识。因此，加强农民合作社思想政治教育的功能在当前具有重要的意义，而农民思想政治教育在农村合作组织发展当中也必然具有积极的作用。

1. 正确处理地方政府与农村合作组织的关系

农业合作社对于新农村建设和发展具有多方面的意义。农村农业合作社是带动广大农民进行市场化的基本方式，是发展现代农村集体经济的新型主体，是现代农村社会管理的有效载体。对此，地方政府必须合

---

① 贺雪峰：《基层治理要直面矛盾》，《决策》2015 年第 1 期。
② 张耀灿、郑永廷、吴潜涛等：《现代思想政治教育学》，人民出版社 2006 年版，第 237 页。
③ 赵树凯：《农民的政治》，商务印书馆 2011 年版，第 208 页。

理发挥其积极作用，通过引导农村建立各类农村社区组织，完善农村社区组织的领导、工作和经费管理等机制，以不断增强农村社区组织建设和乡村治理的能力。同时，鼓励广大农民建立专业合作组织、股份合作组织等多类型、多元化合作组织，逐步完成集约化、专业化、社会化相结合的新型农业经营体系的构建。① 地方政府要积极制定政策法规，对农民合作组织从设立到运营，再到法律保障和纠纷处理等各环节予以监督和管理。在这些活动中积极地融入思想政治教育的内容和理念，使农民在参与合作社之中潜移默化的受到思想政治教育。

2. 帮助农民正确认识其在合作组织中的地位和作用

构建合理的农村合作社制度，以"利益共享、风险共担"为原则，不断调动农民参与集体生产的积极性；发挥组织优势，使农民认识到区域规模经营的优势，为中国农业现代化建设提供组织基础，也是思想政治教育开展工作，建立思想引导和经济发展服务政策的良好的统一平台基础。

3. 通过政府部门扶持和加大对农村企业性资源和资金的投入、人才和技术的支持

结合思想政治教育工作对农民的现代化理念和农民相互合作意识、集体主体思想的培养，转变农民落后的生产理念、精神状态和思想习惯，从而建立现代的生产方式和生存方式。

四　完善农民思想政治教育主体的专职化制度政策

新时代农村社会的复杂形势以及乡村振兴所面临的艰巨任务，决定着农民思想政治教育主体有必要向专职化方向发展。除了传统的"农民增收、农村发展和农业增产"的问题，新时期"三农"问题还体现为"农民组织权益、农村社会可持续和农业生态安全"等问题。② 这决定着农民思想政治教育的工作更加的复杂和多元化，需要建立专职化、规范化的规章制度，促进教育系统的完善，提高教育主体的有效性。

1. 设立农民思想政治教育主体的专职岗位和相关的配套制度

目前，在农村进行思想政治教育还处于由基层党政干部兼职化的阶

---

① 于建嵘：《如何提高乡村基层治理能力》，《国家治理》2015 年第 41 期。
② 温铁军：《老三农 VS 新三农》，《时代文学》2014 年第 13 期。

段。基层党政干部由于日常事务以及自身生产、生活的需要，对思想政治教育工作的时间安排是十分有限的，往往使农民思想政治教育工作在理论素养和教育宣传方面难以做到得心应手。为了使思想政治教育工作在农村更加系统化、制度化，需要在乡镇一级党政部门设立专门岗位负责该项工作即农民思想政治教育专职人员。这个岗位是集调解员、政策宣传、思想教育、精神文明宣传等工作为一体的工作。需要农民思想政治教育专职人员具有较高的理论水平，对基层情况有足够了解，具备足够的责任心和精力。鉴于此项工作的复杂性、重要性，应对这些农民思想政治教育专职人员单独制定岗位和编制。政府可参照援疆、援藏干部和基层服务人员同职同待遇的政策，给予应有的重视，采取更多的优惠政策来吸引人才，确立工作年限，并承诺服役期结束后，给予好的待遇和提升空间等。

2. 完善农民思想政治教育的制度化，进一步鼓励思想政治教育和"三农"问题的研究机构的建立

中央和各地政府以及各大科研院校，应成立农民思想政治教育的专业化机构，致力于解决农民政治思想以及相关的文化心理问题。总体来看，国内从事专门的农民思想政治教育的研究机构还非常稀缺。只有成立专门机构，有针对性、系统化地研究农民思想政治教育，才能深度化地解决该项问题，保障该项工作的有效进行。第一，权威化。通过健全法律法规对思想政治教育相关内容的制定，来肯定其在社会生活中的重要地位。对于思想政治教育中的有些内容则需颁布专门的法律加以保障，将思想政治教育的精神原则加以法制化，把思想教育所要求的行为、道德准则变成一种人人必须遵守的规范。要根据思想政治教育的基本原理与运行规律，结合我党多年来思想政治教育积累的经验，针对不同群体特点，制定细致严密的操作规程，规范思想政治教育的运作模式。第二，明确责任。通过制定法律法规的形式，明确基层思想政治教育工作者的权利和责任。通过立法的形式来规范奖惩制度、绩效工资，从而给予农村思想政治教育者必要的资金支配权、部分人事任免权及与其他专业性工作的平等待遇权等，可以让农民思想政治教育者感觉到自己的职业受到尊重、能够通过勤奋工作实现自身价值。加强思想政治教育效果评估

和奖惩监督的法制化建设，一方面要规范评价指标，定性定量评估教育效果，增强评价的可操作性和权威性；另一方面要科学考察评估对象，内化其思想觉悟，外化其行为实践。第三，明晰具体化。法制化的规定，有利于思想政治教育的相关法规、条例内容的具体明确，将思想观念、道德要求等容易带来模糊性的教育内容转变成清晰可见、目标明确的规范形态。同时能够对思想政治教育的内容从偏向理论和口号的形态，转变为清晰可见的具体行为。第四，可操作化。借助法律的内在强制性逐步使思想政治教育走入稳定化、常态化，从而发挥思想政治教育内在的价值功能。

第三节　探索新时代中国农民思想政治教育的方式创新

农民思想政治教育方式是农民思想政治教育主体与农民进行互动的枢纽，也是农民思想政治教育者将教育目标内容传递给农民的桥梁。新时代中国农民思想政治教育方法要根据当前农村社会现状和农民特征来制定，以促进农民思想政治教育主体有效引导作用的发挥，使新时代中国农民思想政治教育内容被农民所接受。

一　以在农村"一线"的实践思维代替传统经验思维

由于复杂的历史和现实原因，农民思想更具有保守型和现实性。不同于工人和大学生群体，对农民进行的思想政治教育要在方式方法上更加现实直接、简单易行。有学者指出"在发展中国家或后现代化的国家，传统社会还深深地存在于现实社会中。社会现实是传统社会与现代社会两种因素的'同时存在'"。① 改革开放以来，伴随着社会主义新农村和城镇化步伐的加快，农村社会在政治、经济、文化领域飞速发展，农民群体的文化思想、价值观念产生了多样化趋势。这一时期产生的新问题是：传统的思想政治教育要实现为一定阶级服务的社会价值目标，要用相对一元的思想和价值目标去规范农民，而农民逐渐表现出个体化和多

---

① 孙其昂：《思想政治教育现代性的三个维度》，《湖北社会科学》2016 年第 10 期。

元化的倾向，要求独立自由的发展趋势。党和政府作为教育主体要体现出思想的主导性，而农民作为接受主体在教育主导的时候具有更多的自主选择和辩驳能力。基于此，新时期开展农民思想政治教育，要从以往政治动员的社会价值本位向个人价值扩展。集体主义、社会本位虽然不能偏废，但是思想政治教育更应该从追求个人价值的角度来寻找突破。因此，新时期农民思想政治教育更加注重农民的个人价值。

对农民进行思想政治教育，帮助农民解决思想问题是一个漫长而复杂的过程。相比革命战争年代，中国当今的农村社会形势发生了翻天覆地的变化。以往的农民思想政治教育方法已经不能解决新时期的一些实践问题。新时期农民思想政治教育方式有新突破、新发展，以适应新形势的要求，必须要打破原有的定性思维和束缚，在价值理念、思维方式、功能定位、教育方式等各方面进行现代化转变。马克思主义认识论认为，一旦哲学突破了其"现实和解释现实的距离"，哲学"不再是理论的反思，而是变成作用于现实的实践动力"。[①] 思想政治教育由于其学科要求和本质规定，本身蕴含着一种发展理念。这种发展理念未必体现为显性的方法论要求，可能隐性间接地表达某种目的。

虽然农民思想政治教育在新时期的定位、作用、工作范围等诸多问题上仍然处于探索阶段，但在农业现代化时代，其基本经验和客观规律仍需要结合实践去总结和摸索。这客观上要求新时代农民思想政治教育主体必须结合实际农村情况来进行实践引领，以基层"一线"的实践思维代替传统教条思维。比如，贵州省大坝村在五年之内实现集体经济从无到有，由一个省级贫困村转变成脱贫致富、建设美丽乡村的成功典型，依靠的是村支书刘大兴带领全村人民的艰苦实践，而并没有完全依赖政府的扶持。[②] 大坝村的成功也证明，农民思想政治教育工作是一个具体而现实的工作；不能脱离村子的风土人情、环境和发展目标等现实因素来空谈。不仅如此，大坝村的成功案例也证明，一个村子的发展一定需要

---

① ［以］阿维纳瑞：《马克思的社会与政治思想》，张东辉译，知识产权出版社 2016 年版，第 154 页。

② 《大坝，大兴！——贵州安顺市西秀区大坝村村支书陈大兴的故事》，中国共产党先锋网（http：//dangjian. people. cn/n1/2018/0712/c117092－30143310. html）。

一个敢于实践，有牺牲精神的带头人或者组织来汇聚各方共识。因此，做好农民思想政治教育必须具体问题具体分析，在实践中不断摸索，而不是束缚于传统经验思维之中。

近年来，中国各地对农民思想政治教育的方式进行了与时俱进、符合实际的探索。比如，四川平昌县建立县、乡、村三位一体的广播联控体系，由县广播电台集中统一播放，由乡、村专人转播，保证党的声音如实传达到一线的农村基层。这种广播联播体系主要包括时政要闻定时转、重大新闻及时转、惠农政策适时转以及群众喜闻乐"听"的歌曲、川剧、相声等文艺节目，做到急群众所急、送群众所需。① 再比如，辽宁省抚顺县运用"622"工作法进行干部工作。② 总体来讲，以上这些做法都是对新时代中国农民思想政治教育方式的创新探索，并且取得了很好的成效。

二　加强农民思想政治教育多元引导的功能

思想政治教育关注人精神思想领域，以构建精神家园为旨趣，具有对现实生活的超越升华的作用。在农村改革和市场经济潮流中，新时期农民往往容易执着于对"物"的追求而在精神层面产生焦虑与迷茫。农民的生活需要能够具有持久性的精神动力的引领。"更要把人文关怀和心理疏导方法结合起来，通过既关心人民群众的生活问题更关注心理问题来实现人的物质世界和精神世界全面、和谐发展。"③ 传统的农民思想政治教育方式是基于历史，针对传统农民的自身特点而制定的，是在革命战争的特殊环境下，发挥其积极作用的最直接有效的方式。随着单向灌输的社会依据的解体，思想政治教育的教育方式呈现出对平等、自主、个性的多元引导的追求。而传统人伦规范本身的尊严也渐次让位于时代的革新与创造走向。马克思将人的类特性明确地定义为自由的有意识的

---

① 袁志贤：《念好"四字"诀唱响"好声音"——四川省平昌县乡音"小喇叭"发挥农村宣传"大作用"》，《农村工作通讯》2018 年第 15 期。

② 人民论坛课题组：《如何引领新时代的乡村全面振兴——辽宁省抚顺县"党建 + N""622"工作法调研报告》，《国家治理》2018 年第 3 期。

③ 骆郁廷、项敬尧：《论新时代思想政治教育创新发展的基本遵循》，《思想理论教育》2018 年第 1 期。

活动，社会的发展进步应不断地促进和保障人的自由自觉的活动。"思想政治教育者要善于发现美，善于塑造和建构美的艺术，在自身本质升华和超越的基础上，引导教育对象接受美，欣赏美，认同美，进而在美的文化中领悟主流意识和价值的美，并运用审美意识和价值改造自己的精神世界，实现自我升华和超越，以达到更高层次的审美人生境界，实现思想政治教育效果质的飞跃。"① 新时代中国农民思想政治教育要在新的起点，继续实现自我升华，在坚持教育的基本目标、基本理念一元化的基础上，不断进行教育方式的多元化发展。

第一，引导农民进行自我教育。自我教育是思想政治教育提高实效性的必然趋势，也是人类教育活动的最高阶段。自我教育是指教育者根据教育对象的实际情况，给予适当的引领和指导，充分发挥受教育者的主观能动性和创造性，促使他们把教育目标转化为自身发展的内在要求。内因是决定事物的决定因素。一是努力营造自我教育的良好环境。在环境的熏陶和保障下促进农民进行既定教育理念的反思和实践，给予农民自我教育的环境熏陶。再好的教育理念和引导方针也不能使教育者代替受教育者来实现，必须通过受教育者自身的内化和践行来完成。二是运用隐性教育的方法。隐性教育包括潜隐性、自主性、参与性、互动性、平等性等多类方法的集合，其内涵十分丰富。要在改进显性教育的基础上，积极发挥隐性教育的途径方法，使两者互相渗透和补充，共同发挥出最大效益，这才是科学的方法。② 三是倡导开放式教育方法。打开思想政治教育系统之门，与其他社会系统融通共进。如此，农民思想政治教育才可以"形散而神不散"，去除意识形态的僵硬外壳的无形化方式，通过融入生活化的隐性教育元素，以增加其内在"神韵"，引导农民进行自我教育。③

第二，突出当代人文关怀的意蕴。所谓人文关怀，是包括人格尊严、主体地位，生存状态、社会需要的满足等内容在内的一系列关乎人本身

---

① 王仕民主编：《思想政治教育心理学概论》，中山大学出版社2015年版，第290页。

② 万美容：《思想政治教育方法发展研究》，中国社会科学出版社2007年版，第241页。

③ 孙颖等：《思想政治教育柔性化与大学生心里幸福感》，中国社会科学出版社2012年版，第105页。

终极关怀的总称。农民长期担负着繁重艰苦的体力工作，在相对闭塞的环境中从事农业生产和辛苦劳作的过程使得农民内心对人文关怀具有强烈的渴望。思想政治教育是做人的工作，要取得人们的支持，必然要考虑到人的真实感受。关心和关注群众的生存状况是历来党始终强调思想政治教育的工作重点。思想政治教育活动结果的有效性要体现在尊重农民的人格尊严、肯定农民的主体地位、关注农民的生存状态的方面。马克思主义充分肯定了人的需要的合理性，并严厉批判那种苦修苦练的、禁绝一切生活享受的、斯巴达式的共产主义。[1] 新时期我们党对如何加强和改进新时期思想政治教育有了新思考和新认识，为新时期农民思想政治教育有效开展提供了新的思路。党的十八大、十九大对以人为本的问题做出新的解释。农村全面建成小康社会是以提高农民生活水平为目标的，而最终要实现农民的实际感受和内心需求的满足。

第三，发挥心理疏导的作用。长期以来，农民的心理问题没有得到应有的重视，农村赌博、犯罪等多种不良行为都是因为其心理问题所导致的。目前，对农民进行的一些心理疏导工作不能有效落实，其主要原因是教育者缺乏专业知识，严重影响了教育对象素质的提高。因此，思想政治教育有效性的发挥要将心理疏导与思想引导相结合，对农民心理疏导工作进行科学定位，帮助农民积极获取心理健康知识，这是我党思想政治教育工作的"一种文化和一种文明的诉求，也是一种思想态度和价值目标"。[2]

第四，发挥矛盾协调的作用。首先，思想政治教育的结果能够有效地解决人与人之间、人与社会，人与自然的种种矛盾，从农民的思想内部，即产生矛盾的内因着手去寻找解决问题之道，要发挥协调农村人际关系的积极作用。一方面，引导农民树立正确的价值观、人生观、世界观，提高相互合作的思想意识，摆脱个人狭隘的思想局限，树立维护集体和谐的大局观。另一方面，引导基层干部树立正确的权力观，明确自身的重要的责任，摆正自身位置，切实做到执政为民。把人民的切身利

---

① 谷佳媚：《思想政治教育沟通的理论反思与建构》，人民出版社 2015 年版，第 80 页。

② 何一成、杨湘川主编：《中国共产党思想政治教育史》，湖南大学出版社 2011 年版，第 554 页。

益，放到工作的重要地位，引导村民与干部之间的沟通，取消不必要的隔阂。其次，协调市场经济和农村改革中所出现的利益矛盾。协调不同阶层群体之间因利益而产生的矛盾；统筹各方面的利益，引导农民正确合理地表达自身的利益诉求；构建农村矛盾化解的机制，通过提高农民的思想觉悟和看待问题的思想意识。正确的看待历史经济发展中出现的利益纠纷。最后，协调人与环境之间的关系，引导农民树立正确的自然观，充分认识环境问题对当今社会发展造成的重要影响，帮助农民正确看待自然，树立可持续发展的思想观念，克服宁可牺牲环境也要追求利益最大化的功利心态，将新时期农民思想政治教育工作落到实处。

三　探索信息化时代新媒体技术开展教育的方式

随着互联网技术的不断发展，农民逐渐能够运用微信、微博等新型平台进行人际交流、信息获取，这为农民思想政治教育工作的开展带来了极大的便利。信息技术时代的到来，要求思想政治教育不但要教会人们适应信息技术时代的生存本领，同时要建立起相应的思想政治教育信息化体系，以适应"人的思维方式、生活方式、行为方式，以及新时期的思想道德发展特点"。①

第一，搭建针对农民群体的专属媒体平台。利用"互联网＋"、农村大数据等高科技手段进行思想政治教育，向农民宣传和讲解农业大数据，做思想保障，使农民认识到农业大数据对发展现代农业的重要作用。例如：四川省广汉市建立镇社区分院、社区教育学校和家庭学习中心户三级教育网络，配备微机室、图书室、阅览室、多媒体网络录播教室、书画活动室、文体活动室、社区教育大讲堂、社区教育培训中心、社区教育研究中心、现代远程教育中心等"七室三中心"。聘请了当地司法、林果、种子、蔬菜、卫生、健康、防疫等部门专家人员为兼职教师，构建了一支有文化、懂技术、善管理、会经营的讲师团队伍。②

第二，通过大众媒体加强对农民普法和科技知识的宣传教育。大众

①　万美容：《思想政治教育方法发展研究》，中国社会科学出版社2007年版，第191页。
②　李焕文、吴德洪、周玉升：《"党建＋"激活农村社区教育发展棋——诸城农村社区学院石桥子分院社区教育工作纪实》，《中国农村教育》2018年第4期。

传媒能够充分地向全社会发布正能量并促进政治信息的普遍化。党和国家每一项新政策颁布，都会通过各种形式让大众所了解，在这一过程中大众媒体担负起将党的方针政策的基本精神以符合贴近农民日常生活的方式进行传播和讲解的任务。长期从事繁忙的农业生产工作的农民，没有充足的时间亦没有专门的渠道了解和掌握党和国家的政策动态。为了增强宣传效果，更好落实本职工作，大众媒体会按照上级部门的指示对有关政策宣传内容进行深入的专题报道，帮助农民理解领会政策精神。为农民学习知识获取信息提供便捷。搭建有利于农民学习现代农业生产技术和科技知识的平台。在实践中，为适应新农村建设的需求，要发挥大众媒体的正面引导作用，着力传播农业科技信息，积极传播先进文化使农民在收看相关节目的同时能够获得实实在在的收益。大众媒体要成为党和政府惠农政策的宣传者，要结合广大农村实际情况，围绕建设社会主义新农村这个主题，有针对性地开展正面教育。大众媒体要打造媒体公信力，以保证新闻的真实性，将增强媒体的信誉度、权威性和影响力作为基本的出发点和落脚点。

第三，将农民思想政治教育与中国"互联网＋"科技事业进行有机融合。作为当代人类智慧的结晶，以互联网为代表的现代信息技术不断改变着人们的思想方式和生活方式。随着中国农村城镇化、信息化的不断发展，农民已经身处互联网中，感受到了互联网的重要影响。因此，新时期农民思想政治教育能够运用互联网技术，充分发挥好思想政治教育以人为本的功能，不断地与时俱进，从而提高农民思想政治教育的效率，降低人力成本。加深"互联网＋"与农民思想政治教育的融合力度；不断探索和拓展"互联网＋"对新时期农民思想政治教育的服务价值，满足农民群体日益增长的对科技生活的需求。一要通过"互联网＋"来实现思想政治教育与农民生产的有机结合。互联网的搜索引擎具有系统性、整体性的功能，能够与农村一、二、三产业形成深度融合的产业链。以"互联网＋"引擎作为传播载体，有利于将思想政治教育与农民所关心的农村生产相融合，把握教育契机，发挥对农民日常生活和生产的引领作用。二要统筹兼顾，不断探索"互联网＋"环境下农民思想政治教育的工作模式，通过互联网大数据来引导农民正确的看待市场经济，将思想政治教育的理论指导性贯穿于农民的市场经济行为当中；通过互联网的全民性、广泛性引导社会力量对"三农"问题的广泛参与，将代表规范性的思想政治教育工作与代表自由竞争性的市场机制相结合，实现规范性与趋利性相协调统一。三要高效规范，搭建思想政治教育资源的共享平台，以"互联网＋"的推进为契机，实现思想政治教育对现代科学技术的知识创新、技术创新、科技成果转移等方面的协同性，对党的指导方针、农村的政策形势、农民的道德榜样、最新的法律知识和乡村见闻等内容通过相关的现代管理系统和移动应用软件来实现，实现高度便捷化和集约化。四要通过现代管理系统举办多种形式的培训班。丰富网络课堂内容，使农民可以随时随地、想学什么就可学什么，使农民手中的手机变成实实在在的致富之宝。

面对农村信息化发展的新形势，思想政治教育必须迎合时代发展要求，针对信息化新媒体的网络形势开展教育的方式方法探索。①加大互联网使用的普及技术教育。由村干部带头，确保农民尤其是年老的农民能够使用网络，而不使农村信息化网络建设成为摆设。②利用手机互联网的政治思想教育，杜绝不良信息、欺诈行为。③合理安排时间，运用网络，使农民在消遣娱乐之余学习农业技术，了解农业有关的知识和资讯政策的引导方向。④研发针对农民的专门的 APP 内容、在线问答、火车订票、网络课程、农资节目、评书生活指南等内容。⑤建立网络文明公约。强调农民的网络行为自律，对农民的网上行为进行管理和规范。比如，广汉市将媒体平台"为村"作为马克思主义理论传播的直接途径。① 随着信息化时代的飞速发展，农村社会也在不断享受这信息化所带来的便利。农民思想政治教育要紧跟信息化发展形势，不断运用信息化发展成果来进行自身方式载体创新。

第四节　夯实新时代中国农民思想政治教育的环境保障

农民思想政治教育环境是农民思想政治教育活动开展的场所，提供

---

① 刘雪兰：《自媒体平台的党建与治理功能——以广汉市"为村"为例》，《农村经济与科技》2018 年第 15 期。

了各要素之间相互作用的空间，而良好的环境是农民思想政治教育活动高效开展的保障。新时代农民思想政治教育要加快人文环境和物质环境的同步构建，一是积极营造新时期农村本土的共同体精神文化氛围，二是运用城市的先进资源对农民思想政治教育反哺，三是加强农村文化产业及农村公共服务事业的建设，四是加强对农村网络虚拟环境的建设和管理。

一　积极营造新时期农村本土的共同体精神文化氛围

作为农民思想政治教育传播的重要载体，文化领域在农民思想政治教育工作中的功能应当给予重点关注。文化领域要发挥自身职责，在意识形态领域坚持中国特色社会主义制度的根本指导地位，用符合党和政府的执政思想影响、教育农民。中国特色社会主义文化是建立在以往人类社会文化优秀成果的基础之上，结合了中国传统文化、马克思主义文化和当代社会主义先进文化的优势，体现了社会主义制度发展的内在规定。农村文化既要强调主旋律，又要提倡多样化，两者辩证统一，共同发展，形成一个有机的整体。在广大农村培育和弘扬社会主义核心价值观，培育农民新时期乡村共同体精神，需要营造符合农村实际的精神文化氛围。

1. 由政府制定制度、引领政策

各级党委和政府要承担农村文化建设的重要责任，重点支持和大力投入农村文化的建设。把农村文化建设纳入议事日程，纳入该地区的发展规划并作为绩效考核的标准之一。文化宣传部门要鼓励和发扬具有本土气息和高质量文化艺术作品的产生和发展，将积极健康的文化活动和文化产品在农村推广。同时，也要加强对农村文化市场的监督管理，杜绝农村文化市场中的违法违规现象，从而引导农村群众进行合理健康的文化消费。

2. 着力加强农村文化基础设施的建设

首先，建立图书阅读、文艺演出、科技培训推广等相结合的集学习互动为一体的综合性农村文化活动中心。其次，整合多种资源设置专职人员，通过电脑多媒体设备等的投入，引导农民利用图书室、电子阅览室等加强现代文化知识的学习。因地制宜，将中小学校建成宣传、文化、信息中心。针对广大农村地区的不同情况，开展灵活多样的文化服务，让各个地区生活的农民都能分享到因文化水平提升而带来的成果。再次，无线、有线和卫星等多种技术日新月异的发展，加快了数字化在农村的覆盖率，可以通过农村广播电视和移动手机的更新发展，使农村广播电视公共服务覆盖体系逐步完善，农民群众接收到更优质的文化服务。比如，2017 年 10 月 12 日，在侨乡福建省屏南县岭下乡开源村，一幅幅惟妙惟肖、栩栩如生的 3D 墙画将村落里的民居装扮一新，成为当地乡村旅游一道新的风景。① 这种做法不仅优化了农民思想政治教育的精神文化环境，让农民得到了美好的生活体验，也促使广大农民更加积极地进行农村生态文明的建设。3. 加强农村文化队伍的建设。农村文化队伍是将乡村特色文化形式与社会主义先进文化相结合的文化宣传主体。只有鼓励和支持各种形式的农村文化队伍的建设，提高其综合素质，才能更好地为广大农民的文化需求服务，通过文化影响来提高农民包括政治素质、文化素质和道德修养等在内的综合素质。对农村文化机构人员进行资格审核，根据相关规定对农村文化事业单位相关人员实行从业资格规范和认定；采取形式多样的教育培训，充分发挥专业艺术人员的专长；着手培养农民文化骨干，充分发挥民间艺人。

3. 继承和弘扬乡村特有的文化品质

传统农村文化中的优秀文化资源，对当今农村社会乃至全社会的文化发展具有深刻的借鉴意义，值得继承和发扬。合理运用这些资源，是促进思想政治教育对农民在文化记忆中寻找精神根源并在当代进行认同和转化的关键。"农村文化礼堂的定位是农民的'精神家园'，整合了各种文化资源，建成一个集思想道德、文体娱乐、知识普及于一体的农村文化综合体，"② 坚持思想政治教育的相关活动和丰富多彩的民间文化相结合，尊重民间文化并对其进行合理吸收和改造。近年来，中国各地农

---

① 《3D 墙画成福建屏南乡村新风景》，中国新闻网（http//www. chinanews. com/tp/2017/10－12/8351256. shtml）。

② 汤敏：《从祠堂到礼堂：浙江农村公共空间的转型与重构》，浙江人民出版社 2015 年版，第 177 页。

村对坚持和发展当地乡土文化进行了很多有意义的实践。例如，兰考县委注重对焦裕禄精神的传承和弘扬，在全县农村基层党组织中开展了以争创"基层党建红旗村""脱贫攻坚红旗村""产业发展红旗村""美丽村庄红旗村"为主要内容的重树"四面红旗"活动。① 具体来讲，一是开发民间文化资源。继承和弘扬乡村特有的文化品质要以传统文化为载体，积极开发具有民族传统和地域特色的文化资源进行思想政治教育工作。为民间传统的剪纸、绘画、陶瓷、泥塑、雕刻、编织工艺项目赋予农民的思想道德和行为习惯的寓意，符合潜移默化的社会教化的意义。在进行与思想政治教育的有关宣传活动中结合传统的地方戏曲、杂技、花灯、龙舟、舞狮舞龙等民间技术表演，使农民在思想深处将优秀的思想道德精神和吸引农民唤起内心深处情感记忆的民间文艺项目进行结合。同时，挖掘整理优秀的传统文化，做好各地民间文化和非物质文化遗产的保护和弘扬工作，逐步建立科学有效的民间文化遗产传承机制。二是大力发展农村文化产业。继承和弘扬乡村特有的文化品质要发挥"以文化人"的功能，建设体现社会主义新农村的农村文化，形成优良的社会氛围。要加大文化设施的投入力度，积极开展内容丰富多彩、形式积极向上的娱乐活动，将农民思想政治教育融于各项文化活动之中。因地制宜，加强农村文化产业的开发，创造出符合农民需求并体现乡村价值的文化产业、产品。开展农村文化市场的专项整治工作，加强对农村社会主义文化制度的建设，依法治理农村的人文环境，抵制各种不良生活方式对农民思想的影响。三是培育和发展乡村文化品牌，打造"名村"、"名镇"，激发农民集体认同感和自豪感。乡土文化凝聚了广大农民群众的人心，增强了他们的自豪感，从而调动了他们建设自己家园的积极性。

4. 鼓励文化能人、文艺标兵在活跃农村文化生活、传承和发展民族民间文化方面的发挥作用

农村文化不仅需要在农村进行文化、信息、教育等精神方面上的建设，也要引导社会力量帮助农村文化事业，鼓励文化能人、文艺标兵等深入农村，通过农村题材的戏剧、文艺表演等各种文化宣传活动，把政

---

① 张骞:《传承红色基因助推农村基层党建——以兰考县重树"四面红旗"为例》,《党史博采》2018 年第 8 期。

策法规、思想道德观念等融入农民思想政治教育之中。

5. 促进思想政治教育和农村传统节日相结合

民族传统节日是历经几千年流传下来的具有重要纪念意义的节日，包涵着丰富的爱国主义和民族精神的寓意。农村传统节日是传统文化的重要组成部分，凝聚了农村悠久文化历史的积淀和人们内心的共性，具有独特的传承和教化作用。农村思想政治教育要与民族传统节日相结合，并赋予其时代精神和内涵，提高农民认识，启发农民觉悟。这不仅能继承优良的历史传统，更能增强广大农民的爱国热情，打造民族团结、国家安定的政治环境。

二　运用城市的发展资源对农民思想政治教育反哺

从城乡一体化角度来看，城市对新型城镇化发展的反哺作用主要体现在：首先是城市的引领作用，城市在新型城镇化战略的实施中处于引领城乡一体化的发展的领导地位；其次是城乡的互补作用，广大农村市场拥有大量的资源，城市对农村的反哺建立在互惠互利的基础之上。因此，新型城镇化战略发展中的城乡关系是平等的合作关系，而城乡之间的优势互补是新型城镇化战略发展的内在推动力；最后是城市的拓展作用，新型城镇化不局限于某些既定的战略设计，在城乡一体化的过程中衍生出农村城镇化新的领域，而城市作为各种资源的聚集者则具备拓展新型城乡关系的先天优势。

在传统小农经济向现代农业过渡的农业生产方式发展中，城市工业生产方式尤其是专业化、职业化的现代社会协作体系冲击了农村分散式的小农经济，使农业生产的可持续发展受到深刻的影响。目前，中国农业生产出现了接班人危机的情况，而城市现代社会协作体系经验可以反哺农村。从农业生产可持续发展的角度来看，农民的职业化是解决农业生产接班人危机的有效方式。在中国工业化与城镇化大背景下所培育的新一代农业接班人，虽然有文化程度高、市场观念较强等优点，但也存在家庭本位淡化、厌农思想严重等缺点，而农业现代化则对农民自身存在的歧视观念和落后思想提出革新要求，即农民是一种职业而不是身份。

人才反哺是城市反哺农村的题中之义。当前，中国大多数留守农村的是低人力资本的农民，创业能力和创业意愿不足。因此，具有创业能力的人才及有劳动经验的农民工返乡创业是城市反哺农村创业人才的重要内容。政府必须加大政策的推动力度，着力构建城市对农村人才反哺的政策和制度框架，从政策层面推动城市对农村人才反哺成为一种必须履行的义务。城市对农村人才教育的反哺对于培养具有现代农业思想和工作技能的新农民至关重要，因此，必须在全社会树立城市必须反哺农村的观念，提高农村人才的社会地位与经济地位。

城市现代文化反哺接续农村传统文化的传承。传统城镇化的发展注重城乡之间物质层面的交流，而在文化层面的交流则存在隔阂，尤其是在农民工市民化以及农民职业化等方面存在观念障碍。城市可以利用自身的机制优势反哺农村，利用城市的现代化理念激发出农村传统文化新的活力。首先，城市文化反哺农村也是城乡一体化的必要前提。一方面，以城乡文化各自优势为出发点规划良性的文化发展策略，统筹兼顾城乡一体化发展，使城乡文化从各自相对封闭环境摆脱出来，走向城乡一体化循环发展的大系统中，构建城乡文化良性发展的新结构；另一方面，将城市优质的文化资源引入农村基层，积极通过歌舞、电影、戏剧等现代文化艺术丰富农村文化的多样性，扩大广播电视、图书、杂志等媒体的农村覆盖面，繁荣农村文化市场。其次，辐射带动推动农村文化发展，立足城市优质文化资源，以文化产业为龙头带动农村旅游等文化资源的开发，围绕农村多彩的民间艺术打造农村品牌特色文化，促进城乡文化的深度融合发展。最后，创新城市文化反哺以农村的形式，通过城乡之间文化的对口反哺，开展城市对农村文化的帮扶活动，解决农村文化的现实问题。

三　加强对农村新媒体虚拟环境的建设和管理

提高农村物质和自然环境的质量，对提高农民的精神动力、更新经济观念具有作用，对属于精神文明建设范畴的农民思想政治教育工作具有积极的促进作用。这些问题是否能解决好，同时也是农民思想政治教育工作能否发挥有效性的决定因素。农民群众自身利益的满足关乎到现代农业的发展以及农村政治局势和人心秩序的稳定，也是开展农民思想政治教育，引导农民思想的保障。贺雪峰指出："要通过设计制度为可能陷入困境的农民提供基本保障和社会保险，且这种基本保障是强制性的。"① 要给农民富足稳定的物质环境，给予农民足够的利益保障，同时要加强农村生态环境的建设，为思想政治教育工作的落实提供外在的社会环境的保障。

思想政治教育活动载体即"以活动为思想政治教育载体"。② 在农村思想政治教育过程中以活动为载体，将思想政治教育的内容寓于各种预期的活动之中。而实现农村整体步入小康，思想政治教育活动载体必须紧跟时代的步伐，不断创新形式以赋予新的时代意义和教育意义，通过开展社会主义精神文明建设的活动载体，来增强思想政治教育实施效果，唤起广大农民群众建设社会主义新农村的信心和积极性。虚拟环境活动周围的附加物、伴随可以传达着信息，具有间接性的特点，是一种"情感体验"。③

引导大众媒体发挥其重要社会效应。政府要通过政策引领与立法支持的方式监管大众传媒的舆论方向，通过社会主义意识形态、社会主义道德观与市场经济秩序相互结合的社会职能，消除因开放性社会而在市场运作中出现的信息不平衡和功利化的现象，以维护社会各阶层权利的公平、公正，协调大众媒体与农村发展、农民的精神面貌塑造的关系。

1. 发挥网络媒体在农村教育宣传中的重要作用

思想政治教育要坚持用社会主义先进文化搭建实现平台，通过日益增强的文化建设来传播思想政治教育，提高农民思想道德素质。网络媒体作为思想政治教育的载体承载和传导了思想政治教育的各种因素，是开展思想政治教育活动必要的组成部分。根据农村的环境和特点来进行特定的考量，从而分析和运用好农村思想政治教育载体，发挥网络媒体在农村教育宣传中的重要作用，能够更好地实现教育主体和教育客体之间的衔接和交流。

2. 加强农民思想政治教育虚拟网络环境的建构

建构农民思想政治教育虚拟网络环境，需要将信息数据充分有效的整合，体现大数据价值。一是加快农村基础设施建设，整合涉农资源，

---

① 贺雪峰：《增收致富是农民自己的事》，《决策》2015 年第 11 期。
② 张耀灿、陈万柏：《思想政治教育学原理》，高等教育出版社 2001 年版，第 245 页。
③ 郑永廷主编：《思想政治教育方法论》，高等教育出版社 2010 年版，第 169 页。

搭建农产品产销信息化大数据共享平台。在完善大数据采集、储备等网络设施的基础上，利用互联网、云计算、大数据等信息技术，建立社会化共享服务平台，形成有效的区域信息流。二是利用农业大数据，满足农业研究、生产、推广、管理需求的同时，实现各类数据跨行业、跨部门的协同共享。三是运用电子商务大数据引导农业生产，发展众筹农业、定制农业、预售农业等创新业态，实现"让农民找到市场，市场也能找到农民"的"以销定产"市场服务形态。

3. 探索农村信息服务模式，提高农村信息服务质量

第一，利用"互联网＋"进一步拓宽公益性农业信息服务渠道。农业生产、农技推广、农业产销以及农村金融等迫切需要精确、动态、科学的信息服务。第二，进一步探索农业信息服务模式，支持和鼓励社会资本以及其他市场化主体共同参与到农村信息服务中来，创新适合各种区域的农村信息服务模式，增加信息服务中的赢利点。第三，同时健全"互联网＋"农村信息服务模式评价系统，科学系统地评价不同服务模式，提高信息服务的效率和质量。

4. 培养农民的信息素养，加强农村信息化人才培养

第一，利用现代化教育手段，以远程教育与现场教育相结合的方式，通过各种信息咨询服务培训，提升农民信息素养、技术水平以及经营能力，从而健全农业技术推广服务机制。第二，加强信息化重点人才和应用人才的培训，制定培育计划，构建生产信息化职业农民队伍，有效推进农村信息服务的规范化、制度化和社会化。

四　加强农村公共服务事业的建设

近 40 年的改革发展，中国已进入全面建成小康社会的历史新阶段。现实情况表明，城乡基本公共服务供给存在失衡的状况，农村公共服务需求也出现了个性化和多元化的特点和趋势，因此，为广大农民提供充分且优质的公共服务产品，也应当成为统筹城乡协调发展、解决"三农"问题的重要战略。

1. 统筹城乡公共服务体系建设

根据广大农村地区的实际需求，建立健全城乡一体化的公共设施、

医疗卫生、义务教育、文化体育和社会保障供给制度，均衡合理布局城乡公共服务资源、提高农村公共服务供给水平，缩小城乡公共服务差距，加大公共财政向公共事业薄弱的农村倾斜，注重在城乡之间统筹布局，是统筹城乡发展的必然选择。农民思想政治教育要结合农村基层治理机制的不断健全，鼓励农民平等参与现代化进程，共享改革发展所取得的成果，为全面建成小康社会打好坚实的基础。因此，加强和完善农村公共服务事业的建设，能够保障农民思想政治教育的有效性。

2. 建立健全农业保险机制，解除农民后顾之忧

着力构建农村经济"安全网"政府与市场相结合、自愿与强制相结合，建立再保险机制，为农业保险提供完善的保险服务。同时，加大农业保险各项政策和保险条款宣传推介，增强农户保险意识，提高防灾、抗灾能力。给农民生产以必要的保障，也是农民思想政治教育工作的基础。

五　因地制宜探索农村文化产业的发展

在乡村振兴的背景下，积极鼓励各地区因地制宜发展文化产业。《中国传统村落蓝皮书：中国传统村落保护调查报告（2017）》蓝皮书指出，传统村落是承载了丰富历史信息的文化载体，目前，中国国家级中国传统村落数量达到4153个，并建立了由国家、省、市、区县组成的四级保护体系。蓝皮书指出，传统村落是承载了丰富历史信息的文化载体。传统村落的形成和出现，是华夏先民由采集渔猎时代进化到农耕文明的重要标志。在中国数千年的农业社会和农耕文明史中，家庭、家族、宗族、氏族构成传统村落，乃至国家与民族的基本组成单位，并通过血缘纽带，传承内在文化传统。当前的传统村落保护工作必须遵循整体性、原生性、可持续性保护的原则，在当前保护工作的基础上，明晰传统村落的保护不仅仅限于有形的固态的物质文化遗存保护，还包括无形的动态的非物质文化遗存的保护，同时还要兼顾村落文化的传承者——生活于村落的原住居民。[1] 因此，农民思想政治教育应当结合广大农村文化特征，积极促进优秀传统文化的传承和大力加强农村文化建设，以传统村落文化作为载体，大力发展乡村旅游、

---

① 《〈中国传统村落蓝皮书〉发布建议加快建立传统村落国家数据库》，新华网（http://www. bj. xinhuanet. com/bjyw/2017 – 12/11/c_ 1122094005. htm）。

传统手工艺生产等产业，促进农村产业结构调整，实现文化富民，增加农民收入，改善农民生活状况。中国农村拥有丰富的传统手工艺，作为产业资源应受到高度重视，立足文化生态的高度加强传统手工艺保护，保护由手艺人、手工技艺、手工艺品、手工艺价值理念等组成的文化生态系统，这是发展当代手工艺产业的基本前提与保证。

1. 文化消费是文化产业发展的目的和归属

作为文化产业链的终端环节，文化消费是文化产业发展的基础和动力。当前，中国城镇居民人均可支配收入是农村居民人均纯收入的 3 倍，广大农民收入水平总体偏低制约了农民的文化需求，而农民的文化消费需求是农村文化产业发展的前提。基于文化消费与收入水平之间的正线性的关联，持续稳定增长农民的收入水平是农民文化消费水平提高的前提。因此，现阶段实现农民文化消费又好又快发展的基础和关键是保证农民收入持续增长。

2. 保护民间传统工艺、民间传统演艺

人类社会发展的目标就是要创造文化财富和物质财富，在新的历史阶段，我们对传统文化艺术的保护和发展应当有新的要求，应当采取灵活多样的传承和保护方法，使传统文化艺术充分发挥社会作用。目前，乡村文化旅游特点不突出、人工化、城市化倾向严重等情况较为明显。为解决存在的问题，山东省实施推进"山东地方戏振兴工程"，为乡村旅游提供突出文化特性和精神价值的服务，形成具有民族性、历史性和地域性的乡村文化产品，有效地避免了目前乡村旅游大多仍停留在观光、旅游产品销售等缺乏文化内涵、地域文化特色等问题。目前，中国的乡村旅游正在从粗放型到集约型、规模型向效益型、观光休闲型向文化体验型转型和升级，优秀的传统文化艺术正在有效地发挥其社会价值。

3. 规模化和品牌化经营是文化产业发展的必然趋势

联合国教科文组织认为，文化产业要按照标准，由生产—流通—销售—消费循环进行生产、再生产、储存以及分配。小规模的、零散的文化企业，并非文化产业。目前，中国广大农村文化产业的发展正处于探索、培育的初级阶段，正在逐渐彰显规模化优势。如以"农家乐"为主题，以餐饮业为基础，让游客体验采摘等农事活动，增加农村才艺表演，让游客在乡村旅游活动中欣赏农村具有的独特文化底蕴与人文精神的演艺活动等，拉长了产业链。2018 年 9 月 19 日所召开的首届中国农民丰收节系列活动——2018 中国美丽乡村休闲旅游行精品景点线路推介活动在湖北恩施建始县举办，向全社会推介 100 个休闲农业和乡村旅游精品景点线路，并通过中国农民丰收节网站对外发布。① 这为农民思想政治教育工作提供了有力的载体。农民思想政治教育工作应该借助农民丰收节的活动载体来开展勤劳致富、艰苦奋斗的主题活动，为农民进行有情有理的劳动文化宣传教育，帮助农民打造因地制宜的地方文化特色品牌，并从多个方面着手以营造更加适宜的文化氛围。

第五节　构建新时代中国农民思想政治教育的合理机制

对农民进行思想的引导和转变是一个漫长的过程，需要建立农民思想教育的长效机制来不断进行教育引导。农民思想政治教育对农民的宣传引导中，"只有不断巩固教育效果，思想品德质的飞越才可能实现，否则，思想品德可能处于反复与曲折当中"。② 因此，在实现乡村振兴战略、决胜全面建成小康社会背景下开展农民思想政治教育要运用系统思维进行整体分析，打破原有的隔阂和壁垒。构建符合新时代要求的农民思想政治教育合理机制，能够有效地将当前农村社会各项资源进行相互作用、整合匹配，在发挥优势、提高效率的基础上，不断发挥农民思想政治教育整体的有效性。

一　物质满足和精神引领相结合的激励机制

农民思想政治教育应当按照农民思想行为发生、发展的特点和规律，遵循农村社会发展和农民组织的要求，采取各种有益的手段满足教育主体和作为受教育主体的农民不同层次的需求，激励农民在思想政治教育活动中呈现出更高的积极性和创造性。在全面建成小康社会的新时期背景下，建立健全农民思想政治教育的激励机制是十分必要的。由于思想

---

① 中华人民共和国农村农业部：《农业农村部推介发布 100 个休闲农业和乡村旅游精品景点线路》，http://www.moa.gov.cn/xw/zwdt/201809/t20180920_6157692.htm，2018 年 9 月 20 日。

② 郑永廷主编：《思想政治教育方法论》，高等教育出版社 2010 年版，第 328 页。

政治教育者和教育对象具有不同的动力来源，思想政治教育的激励机制也会具有不同的针对性。因此，应坚持物质激励和精神激励相结合的思路，依个体实际需求而不断调整奖励的具体方式和内容。

　　农民思想政治教育的激励机制能够较好地发挥对农民群众的教育引导作用。坚持表扬与批评相结合的原则，对农民要适当表扬、批评有度。这其中，采用奖励的方法调动农民群众的积极性是做好农民思想政治教育工作行之有效的办法。因此，建立激励机制应着手于农民群众的内在需要和外在需要，才能达到相应的教育目的。从内在需求的角度来讲，一方面，要通过物质奖励提高农民的积极性；另一方面，要通过机制树立正确的追求利益的观念，明确什么是正确的行为，值得鼓励的行为，什么是违法的行为，需要严厉禁止的行为。从外在需求来讲，鼓励农民参与国家治理和提高政治素养是现代化农业发展的需要。现实中，农民群众往往对经济生活较为关心，对政治生活的态度较为冷淡。因此，应建立调动农民群众外在需求，提高其政治素养的激励机制。

　　农民思想政治教育机制要"既满足农民'以需定培'短期脱贫致富的目标，又要兼顾国家农业农村现代化发展长期规划"。[①] 农民群体是思想政治教育的客体，但对思想政治教育活动的有效开展发挥着主体性影响作用。从接受教育的角度来讲，农民群体是否能够在教育过程中充分的接收教育内容和理念是思想政治教育最终效果的决定因素。建立农民思想政治教育的激励机制，能够调动农民对于思想政治教育工作接受的积极性，最终影响农民思想政治教育实现效果。因此，对农民群众进行思想政治教育必须从农民群众群体的生活体验和真实感受出发，以此作为开展思想政治教育工作的基准点。物质生活和精神生活是农民群众的内在需要，政治生活和社会生活是相对而言的外在需要。当前，中国很多地区都进行着有益的尝试，比如宜宾市以党建为载体，构建利益联结机制，探索"量化股权模式、集体经营模式、资产盘活模式"[②] 三种较为

---

① 何晓琼、钟祝：《乡村振兴战略下新型职业农民培育政策支持研究》，《中国职业技术教育》2018 年第 3 期。

② 中共宜宾市委党校和翠屏区委课题组：《以党建为载体构建利益联结机制：实践·作用·启示——以四川省宜宾市为例》，《中共云南省委党校学报》2017 年第 4 期。

有效的方式，极大地调动了农民对物质利益的需求，为农民思想政治教育工作提供了良好的物质保障。浙江省温岭市通过挖掘淘宝村的集聚效应，提升基层党组织建设水平，实现了党建与经济协调齐头并进、互促共赢。[①] 因此，要将思想政治教育工作与发展农村经济、提高农民的物质生活水平相结合。

由于农村社会阶层分化而造成的利益主体多元化，利益表达方式多样化，正确处理利益和个人道德的关系变得十分重要。单独依靠思想柔性的引导，往往不能起到预期的效果，只有将农民思想觉悟的提升与外部的激励机制相结合，才能发挥思想政治教育最大化的实效。"对思想政治教育的实践过程和教育效果进行实事求是的分析，对教育组织、教育者或受教育者施以奖励（包括物质激励、精神激励）或惩处（包括处分、处罚），营造鼓励先进、鞭策后进、警示全体的思想政治教育环境氛围与思想导向，促进教育目标和成效的实现。"[②] 针对不少农民群众的一些违法乱纪、道德下滑的现象，有必要进行批评教育或者依法惩处。要正确处理奖励和处罚的关系，尤其是惩罚与批评这一机制的实行必须慎重，否则会造成适得其反的后果。

二　物质、人力和组织相结合的保障机制

"保障机制是保证某项工作正常、有序进行所必需的基本条件。"[③] 农民思想政治教育保障机制可以分为物质保障、组织保障、人力保障等几个方面。健全和强化农村的思想政治教育的保障机制，使党的农民思想政治教育能够落到实处。"中国几千年历史上，在国家与社会之间都有一个中间缓冲地带，正是村干部非官非民的身份和以此为基础的村民自治制度，为国家政策提供了较好的管理弹性空间。村干部一旦正规化，村

---

① 中共温岭市委组织部课题：《对当前淘宝村党建工作的调查与思考》，《中共南京市委党校学报》2017 年第 2 期。

② 李升平、李修志：《现代思想政治教育过程管理机制概念、特征及其框架》，《黑龙江高教研究》2010 年第 2 期。

③ 李敏：《大学生思想政治教育理论探索与实践育人体系建设研究》，中国水利水电出版社 2016 年版，第 203 页。

民自治就失去基础，国家力量也就难以应对农村社会的复杂性、多样性。"① 建立和落实保障机制，应当明确乡村党团组织、行政管理人员、村民小组长等专职政工干部教育主体地位，建立有序的农民思想政治教育网络体系，实行教育责任追究制。在资金上，要建立严格的分配制度，以县级财政为基础，保障农村思想政治教育工作者的收入，完善其社会保障政策，解决他们的工资、养老、医疗、保险等问题，使他们有精力专门做好思想政治教育工作。在人才上，利用新农村建设的有利契机，吸引有专业特长的大学生到农村工作，为农村思想政治教育工作增加新的血液，同时，通过聘请专家进行讲座等方式，加强农村思想政治教育组织自身的队伍建设，提升其整体水平。

首先，从制度和外部投入上保证农民的经济利益，保证农民的收入，缩小城乡之间的经济差距，实现农村区域的全面小康，让农民在物质生活上有满足感、安全感，才能为思想政治教育工作的顺利进行打下坚实的物质保障。

其次，思想政治教育要不断地从思想观念上培养农民的经济意识，增强致富的思想觉悟和思想动力。同时，要具有符合经济发展、对农村集体经济改革具有正确认知的经济观念。"利益问题一定程度上是改革过程的核心问题"，"都涉及'做蛋糕'和'分蛋糕'的问题，都需要在不同的社会群体之间实现良好的利益协调和利益分配"。② 对此，思想政治教育的任务就是帮助农民正确地认识和合理地参与到农村集体经济的分配当中，从而进一步参与到整个社会经济发展的利益分配当中。历史证明，只要通过正确的方式引领，"农民并非注定是中国现代化的'绊脚石'，相反倒很可能成长为市场经济的'搏击者'和现代化的'适应者'"。③

最后，思想政治教育机制的有效运行，能保证社会的政治文化与经济的相互作用，发挥经济基础和上层建筑的良性互动。思想政治教育能够保障国民经济沿着正确方向发展。关键的问题是利益的实现，思想政治教育

---

① 贺雪峰：《村干部收入来源与基层秩序》，《同舟共济》2015 年第 2 期。
② 任远：《社会建设与全面建设小康社会》，重庆出版社 2014 年版，第 7 页。
③ 游海华：《农民经济观念的变迁与小农理论的反思——以清末至民国时期江西省寻乌县为例》，《史学月刊》2008 年第 7 期。

能够有效地协调社会的利益分配问题，实现共同富裕，本着以广大人民的共同利益为落脚点，以解放生产力，发展生产力，消灭剥削，消除两极分化为奋斗目标。这必须要有一个把握国民经济发展方向的方向盘，起到一个总的指引作用，实现物质和意识的统一。在阶级社会中，政治关系是一定经济关系的反映，没有思想影响的经济活动是不存在的。因此，要发挥思想政治教育对农民思想观念领域重要的引领和启发作用，发挥农民的主观能动性。同时，不断的生活化，探索理性和感性相结合的发展路径。做到严密系统、贴近生活，相互兼顾、相得益彰。每一个方面都有严密而可行、带有人文情感，符合马克思主义实践要求和人民日常生活的需要。

三　规范性和引导性相结合的管理机制

管理，是规则的有效实施，与一般意义的教育活动有相似之处，可以说管理是教育的一种方式，其与教育的共同之处，为二者都是培养人的活动，但管理具有一定的强制性，这使得管理具有特殊意义的属性。思想政治教育在教育农民的实践过程中，运用一定的管理手段，遵循一定的管理原则，约束农民的行为，对其进行组织、协调、监督，促进其思想素质提高，以达到教育目的，从而形成了农民思想政治教育管理机制。在农民思想政治教育过程中，农民思想政治教育主体要解决国家和社会对农民思想道德品质的要求与农民实际思想品质发展状况之间的矛盾。农民思想政治教育过程中也存在是否能够满足相应价值需求的有效性问题。思想政治教育过程的有效性是指："思想政治教育过程在最大限度的发挥教育要素的诸要素的效能、促进教育目的实现方面所表现出的积极特性。"[1] 因此，农民思想政治教育过程也是农民思想政治教育系统各要素发挥其功能的过程。"教育者和受教育者是教育过程的主体要素，社会要求是思想政治教育活动本身的客观要素，思想政治教育过程体现为教育者和受教育者之间的矛盾运动。"[2]

将思想政治教育融于管理之中，在管理中加强农民思想政治教育，

---

[1]　沈壮海：《思想政治教育有效性研究》，武汉大学出版社 2012 年版，第 100 页。

[2]　黄永宜、王新刚：《思想政治教育过程基本规律的再探讨》，《思想理论教育导刊》2010 年第 4 期。

能够达到农民思想政治教育的目的。首先，在农民思想政治教育中，将农民思想政治教育渗透到管理的养成教育功能之中，引导和培养广大农民在正确行为的基础上形成良好的行为习惯，即运用管理载体帮助农民培养良好品德。其次，实行规章制度管理农民，利用思想政治教育使广大农民理解规章制度的含义，使农民从必须遵守变为习惯并愿意遵守，以达到外在要求内化为内在的品德和行为的目标。在管理方面要针对现实中出现的问题，如涉稳问题等应加强农民维权与政府维稳在信息方面的建设，夯实维稳的社会根基，标本兼治。常态化排查广大农村存在的不稳定因素，健全维稳信息平台及信息报送机制，及时把控并解决农民需要解决的问题。

将思想政治教育的有效运行融入于严格的管理当中是一种养成教育，以此来指导广大农民养成良好的思想品德和行为规范。若缺乏严格管理，整个社会也必将混乱不堪，歪风邪气就会大行其道。农民思想道德素质的提高，不是靠强制执行某种规则制度就可以完成的，否则只能是口服而心不服，外服而里不服。例如，山西省五台县探索出"三定一压三跟踪"的"313"管理与使用模式。"三定"是第一书记定方向、定岗位、定报酬。二是"一压"。进一步明确第一书记推动精准扶贫的总体责任。三是"三跟踪"，就是跟踪培训、跟踪测评、跟踪考核。[1] 四川省广元市注重健全三级联动组织保障体系。市一级负责建立党组织合建共建联席会议制度，县一级落实合建共建县（区）委抓乡促村工作的重要工作。乡一级由乡镇党委抓好农民群体情况调查、思想工作宣传指导、村委班子选任调配等具体事项。[2] 通过以上的成功案例，我们可以发现，在对于农民群众进行的思想政治教育管理机制的建立和实施中，坚持规范性和引导性互相结合的原则是十分必要的。

四　基于国家、社会和个人三个层面的评价机制

评价当代农民思想政治教育的有效性，要有一定的标准，基于一定

---

① 金俊贤：《"三定一压三跟踪"管好用好农村第一书记——从五台县开展农村党建工作看"神西模式""三定一压三跟踪"管好用好农村第一书记》，《先锋队》2017 年第 3 期。

② 中共四川省委组织部调研组：《从提升组织力看农村基层党建守正出新——四川省广元市推进农村党支部合建共建调研》，《党建研究》2018 年第 2 期。

的角度。从党和国家的宏观角度满足当前农村战略目标的发展，还要依据农民个人的角度来看待其价值需求是否得到满足。要体现农民思想政治素质的提高，满足农民自身需求的有效性，同时，要符合乡村振兴的战略目标和全面建成小康社会的目标，服务于党的农村建设工作中心的针对性。农民思想政治教育最终满足相关的有效性需求，摒弃形式化、表面化、边缘化的可能性趋势，要建立相关的评价机制衡量党和国家的基本要求的预期效果，关键是要制定科学的衡量标准，以此标准来衡量思想政治教育的工作，保证其有效性。

1. 从巩固党和国家农村执政地位的角度来看，开展好农民思想政治教育要以加强马克思主义意识形态主导权为标准

即党的方针政策是否正确，党沿着什么样的方向加强和提高领导和执政水平，这要求符合中国特色社会主义理论体系，将邓小平理论、"三个代表"重要思想、科学发展观、党的十八大以来习近平同志的一系列重要讲话，作为农民思想政治教育的理论指导。从社会发展的角度，从广大农民追求幸福的角度，对世情、国情、党情予以清醒认识，为农民思想政治教育理论的创新提供依据。

依据乡村振兴的布局来进行农民思想政治教育。"中国发展最大的不平衡，是城乡之间的不平衡；最大的不充分，是城乡发展的不充分；最大的不同步是工业现代化滞后于城镇化、工业化和信息化。"① 乡村振兴战略坚持把解决好"三农"问题作为全党工作的基本目标，以"坚持农业农村优先发展"、"推进农业农村现代化"为总体要求，是对社会主义新农村建设的进一步升级和发展，从"生产发展、生活富裕、乡风文明、村容整洁、管理民主"转向"产业兴旺、生态宜居、乡风文明、治理有效、生活富裕"。② 农民思想政治教育要依据以上要求进行有针对性的结合。一是农村致富、农村生态美丽与农民整体精神面貌提高进行有机结合，二是农民致富的思想觉悟、农业生产问题进行有机结合，促进现代

---

① 周立：《乡村振兴战略与中国百年乡村振兴实践》，《人民论坛·学术前沿》2018 年第 2 期。

② 蒋永穆：《基于社会主要矛盾变化的乡村振兴战略：内涵及路径》，《社会科学辑刊》2018 年第 2 期。

农业发展，发挥人的主观能动性，注重人在"三农"问题发展当中发挥的主体作用，最大限度地发挥思想政治教育对人的引领作用。作为思想政治教育的基本要素，农民、农民出身干部以及在乡村振兴背景下思想政治教育的主体都要紧紧围绕着乡村振兴的战略规划来奋斗。

摆脱农村原有的发展模式、城乡二元地位的不对等、单向城镇化的不平衡、不可持续发展的农村现状，农村的现代化发展有着大有可为的契机。农民思想政治教育要遵循党和政府关于农村现代化发展的纲领而开展工作，要符合党和国家对农村的战略规划，并体现思想政治教育的针对性。乡村振兴战略是党和国家对当前农村社会发展的总的指导方针，也是未来相当一段时期内农村发展的战略目标。而农民思想政治教育的主要任务是宣传和落实新时期的乡村振兴战略方针，将"产业兴旺、生态宜居、乡风文明、治理有效、生活富裕"的思想内容落实到农村，落实到农民的头脑中，要按照这个总的要求来实施农民思想政治教育工作，体现思想政治教育对农民群体的针对性。

2. 从农村社会发展的角度来看，开展好农民思想政治教育要以实现农村社会和谐和稳定，促进党的政策更好地在农村贯彻为标准

农村社会稳定、农村文化软实力都要通过农民思想政治教育保持和培育。通过思想政治教育可以引导农民群体建立共同的价值准则、共同的行为规范、共同的思想观念，从而拥有健康的理想信念、精神风貌。否则就会缺乏共同思想基础，失去凝聚力，建设社会主义新农村就是空谈。而共同的理想信念，是广大农村团结共进、农村社会稳定、推动农村经济发展的精神纽带。我们党的农民思想政治教育为中国特色社会主义的文化发展加强了动力，为中国全面建成小康社会提供了强有力的文化支持和思想支持。

党中央的文件精神决定，2020 年全面建成小康社会是农民思想政治教育近期的具体的发展要求。按照农村全面建成小康社会的政治经济文化社会生态五位一体的发展要求，思想政治教育也要有针对性地对农民的政治觉悟、生态文明观念加以引导，在扶贫中提高农民的思想和文化水平。

全面建成小康社会在实现中国梦的发展阶段中是一个关键的承上启

下的过渡阶段，是一个重要的前提基础。全面建成小康社会每一个方面的要求，都与中国梦的实现密切相关。习近平同志指出："实现全面建成小康社会……就是要实现国家富强、民族振兴、人民幸福这既深深体现了中国人的理想，也深深反映了我们先人们不懈追求进步的光荣传统。"为实现中国梦而奋斗，是全党和全国各族人民的心愿，是全国人民团结一致，共同推进，为中国梦的实现，打下的坚实基础。"人民对美好生活的向往，就是我们的奋斗目标。"作为中国特色社会主义事业的领导核心，在全面建成小康社会的历史进程中，提高党的领导水平、执政水平，坚持以为人民服务作为一切工作的宗旨，提高拒腐防变的能力，通过加快发展来满足人民群众的利益需求，让全体人民过上更加高水平的小康生活，这是时代赋予党的任务，也是提高党的现代化治理水平的必然要求。只有以全面建成小康社会为目标，通过各种方针政策进一步解放生产力、发展生产力、不断提高人民的生活水平和生活质量，才能赢得人民的信任和支持，极大地增强凝聚力和向心力，巩固党的执政地位，使中国各项事业迈上一个新的台阶。

全面建设小康社会的突出特点体现在其"全面"性的建成，标志着多领域协同发展全方位的小康社会的实现。从内容上看讲，全面建成小康社会是要将政治、经济、文化、社会、生态文明五大领域全面包含在内形成一个整体推进的系统工程，只有任何方面都不存在短板，都能达到小康的要求才能真正成为小康社会。"要想及时地确切地知道思想政治教育是否有效、目标是否达到、计划是否正确并被执行，必须进行科学的评价。"[1]

3. 从农民个人发展的角度来看，开展好农民思想政治教育要以提高农民生产积极性和思想道德素质为标准

思想政治教育为社会服务，为经济生产服务。思想政治教育作为激发人精神动力，解决人思想观念问题的工作，必须以解决这个矛盾为归旨。重视农业劳动是农民天然的使命和工作，开展农民思想政治教育的最基本的功能就是使农民在本职工作中获得积极性和精神动力，这也是衡量农民

---

[1]　陈秉公：《思想政治教育学原理》，高等教育出版社 2006 年版，第 327 页。

思想政治教育的一个重要的标准。如果符合以上标准，并且在实际工作中起到极大的推进作用，就代表实现的效果很好，反之，就没有达到应有的标准，要据此修正和改进。

五　党和政府统一领导、多方参与的整合机制

思想政治教育整合机制就是把思想政治教育作为一个系统，以整体性、系统性的方式来看待农民思想政治教育，将农民思想政治教育作为动态发展的系统加以全面分析。正如有学者指出："国家整合乡村表现为通过政策、程序和技术来改造、建设和塑造乡村的过程，可以分为城乡整合、资源整合、主体整合。"[①] 构建农民思想政治教育整合机制，就是以马克思主义整体观的方式对农民思想政治教育进行系统分析和深入全面把握，力图"从分散走向集中，从部门走向整体，从破碎走向整合"，[②] 进行系统性、本质性、规律性的认识。因此，新时期农民思想政治教育要整合各要素、各环节的优势资源，从构建健全机制的角度来进行各教育资源的有效整合。

农民思想问题的产生、发展和变化是极其复杂的，这种复杂性决定了农民思想政治教育具有长期性、复杂性的特点。农民接受思想政治教育的实质是"随着社会的发展变化而发展变化的，旧的基本矛盾解决了，新的基本矛盾又会产生出来，这个过程循环往复，以至无穷"。[③] 只有切实把握农民思想政治教育的矛盾，对系统进行有效的整合，才能真正产生实效。一方面，思想政治教育研究人的政治思想和行为的活动规律；另一方面，思想政治教育也研究党对群众进行思想政治教育和管理的基本规律。两者的最终指向是提高人们思想觉悟，促进人的全面发展。这要求把农民的思想和行为引向社会主义的轨道，使农民在正确思想支配下充分发挥积极性和创造性。同时，思想政治教育工作的开展就是教育农民克服私有观念和阶级局限性，使农民确立对社会主义国家的认同，

①　韩鹏云：《国家整合乡村的运行逻辑与路径重塑》，《南京农业大学学报》（社会科学版）2018 年第 4 期。

②　王秀娟：《马克思主义整体性的当代阐释》，河北人民出版社 2014 年版，第 123 页。

③　陈卓、刘和忠、王冬云：《思想政治教育接受过程规律研究》，《东岳论丛》2010 年第 7 期。

成为社会主义国家的拥护者以及社会主义国家的执政基础和工农联盟的执政保障；领导农民摆脱愚昧落后的封建思想，具备社会主义、集体主义、爱国主义和现代化社会所应具备的各种素质。与此同时，改变传统的价值观念和思维方式，重构农民的精神家园，使广大农民群众形成与农业现代化社会相适应的思想准则，实现全面发展，成为符合社会主义现代化要求的拥护者和建设者。

在农民思想政治教育大系统中，每一个农民思想政治教育部门都是一个子系统，它有着自身的构成要素，既受到农民思想政治教育大系统的影响，又能独自发挥作用。在理顺农民思想政治教育管理关系的基础之上，要充分认识各个子系统内部之间的相互关系，加强各要素的相互协调与配合，调动各个子系统内部的各种力量来参与农民思想政治教育，发挥整体功能，全面支持农民思想政治教育。

农民思想政治教育机制构建需要在党和政府的统一领导下，运用各方面力量的积极配合，形成全社会广泛参与的合力，共同做好农民的思想政治教育。近年来，全国各地在各级党委的领导下，积极探索了很多农民思想政治教育新的模式，进行了多种有益尝试，形成了农民思想政治教育网络。从纵向和横向两个方面入手，充分发挥农民思想政治教育领导部门、实施部门的职能。从纵向上来看，要让县、乡镇、村的党组织形成上下联动的一条主线，发挥领导作用，从横向上来看，要发挥各个实施部门的职能，加强它们之间的联系，如党委、政府、共青团、妇联等群团组织之间形成一个面的相互协调配合，各行其职，建立起一个全面的农民思想政治教育的网络系统，依靠整体的力量，构建农民思想政治教育合力机制。

构建农民思想政治教育的整合机制要在党委的统一领导下，各部门共同努力，按照职能分工，具体落实本部门承担的农民思想政治教育任务，形成党委统一领导、部门紧密配合，农民群众广泛参与的多层次、多方面工作格局。建立农民思想政治教育网络，是一项系统的工程。在整个网络系统中，党委、行政部门、群团组织的工作侧重点各有不同，要明确其各自的责任，构建农民思想政治教育的整合机制；要优化系统各部分的功能，确保农民思想政治教育在组织领导运行的各个阶段保持良好状态。同时，要强调各部分之间的相互协调、配合，发挥整体的教育功能，以更好地完成新形势下农民思想政治教育的任务。例如：青岛崂山地区统筹推进文化引领、环境提升、产业振兴、组织保障"四大工程"，以文化引领"富脑袋"，以环境提升"展新颜"，以产业振兴"强体魄"，以组织保障"提心气"，强化农民主体意识，推进乡村"共建共治共享"的思想政治教育整体优良氛围的建设。总体而言，以上这些地区的实践都是对构建新时期农民思想政治教育整合机制的积极探索。以上青岛、浙江和吉林三省的当地农村的思想政治教育工作实践证明，在思想政治教育整合机制的构建中，要充分发挥基层党组织的主导作用，必须要制定合理的并且符合当地工作开展条件的制度；最终要达到盘活整个教育活动，发挥各个群体的有效性的效果，这样才能使思想政治教育工作获得更加有利的发展空间和发展环境。

结　　语

在中国从农业文明向工业文明不断迈进的现代化过程中，以实现乡村振兴、农民的现代化发展为目标的农民思想政治教育是一项任重而道远的任务。近代以来，中华民族关于农民教育的尝试，始于民间自发的乡村文化教育建设；兴于中国共产党作为乡村革命派带领农民围绕土地所有制的彻底变革；盛于党和国家主导下社会主义新农村建设；成于中国特色社会主义乡村振兴战略目标下的城乡融合发展之路。农民群体的历史宿命是中华民族奋斗振兴历程的缩影。现如今身份上已经脱离农民的人数在逐步增多，然而居住在高楼大厦之上的思想上的农民人数不断增多，农民在未来很长时间内依然是中国的基本底色。传统乡土文化十分丰富，农民"过日子"的生活经验和智慧也是中华民族生生不息、香火不断的民族品格的一种的体现。尊重农民，有效地发动农民是确保我党政权稳定的一个基本原则。因此，通过思想政治教育工作解决农民的思想问题，这是一种使命，也是一种情怀，是需要我们不断努力探索、迫切解决的课题。

对农民进行思想政治教育是一个需要长期不懈的工作，也是时代发展中党和国家所面临的紧迫且现实的问题。农民思想政治教育能否发挥应有的价值，能否满足社会和个人在实践中的需求，这是时代提出的严肃问题。在农村全面建成小康社会与乡村振兴的战略目标指导下，当代中国农村的发展迎来了前所未有的机遇，这要求农民思想政治教育工作把握新形势、制定好内容，要把握好自身定位，确立正确的目标；按照新时代中国特色社会主义的总体方略和原则，构建出具有新时代中国特色社会主义的农民思想政治教育机制；体现当代农民思想政治教育工作的针对性和有效性，提升新时期农村社会乡风和新时代农民的精神风貌。

参考文献

《列宁选集》第 4 卷，人民出版社 2017 年版。

《列宁全集》第 32、42 卷，人民出版社 2017 年版。

白雪秋：《乡村振兴与中国特色城乡融合发展》，国家行政学院出版社 2018 年版。

本书编写组：《十八大报告学习辅导百问》，学习出版社 2012 年版。

陈秉公：《思想政治教育学原理》，高等教育出版社 2006 年版。

陈春燕：《农民现代意识培育研究》，吉林出版集团有限责任公司出版社 2016 年版。

陈万柏、张耀灿：《思想政治教育学原理》，高等教育出版社 2007 年版。

陈占安主编：《党的十六大以来马克思主义中国化的新进展》，北京大学出版社 2008 年版。

戴焰军主编：《增强思想政治工作实效性的对策研究》，中国民主法制出版社 2008 年版。

丁云、杨贵宏等：《当代中国农民的政治参与》，知识产权出版社 2011 年版。

冯俊锋：《乡村振兴与中国乡村治理》，西南财经大学出版社 2017 年版。

高岳仑、唐明勇：《中国共产党农民思想政治工作的理论与实践》，中国农业出版社 2009 年版。

《关于培育和践行社会主义核心价值观的意见》，人民出版社 2013 年版。

何毅亭：《学习习近平总书记重要讲话》，人民出版社 2013 年版。

胡锦涛：《高举中国特色社会主义伟大旗帜　为夺取全面建设小康社会新胜利而奋斗——在中国共产党第十七次全国代表大会上的报告》，人民出版社 2007 年版。

胡锦涛：《坚定不移沿着中国特色社会主义道路前进　为全面建成小康社会而奋斗——在中国共产党第十八次全国代表大会上的报告》，人民出版社 2012 年版。

胡锦涛：《在纪念党的十一届三中全会召开三十周年大会上的讲话》，人民出版社 2008 年版。

胡锦涛：《在纪念辛亥革命 100 周年大会上的讲话》，人民出版社 2011 年版。

胡锦涛：《在庆祝中国共产党成立九十周年大会上的讲话》，人民出版社 2011 年版。

金钊、王政堂主编：《新时期思想政治工作手册》，人民日报出版社 2009 年版。

荆惠民：《思想政治工作概论》，中国人民银行出版社 2007 年版。

孔繁金：《和谐社会视域下农村政治与社会发展研究》，山东人民出版社 2013 年版。

李宝才：《中国农村思想政治工作研究》，中国农业出版社 2003 年版。

李德芳、李辽宁、杨素稳主编：《中国共产党思想政治教育史料选编》，武汉大学出版社 2009 年版。

李德瑞：《学术与时势》，社会科学文献出版社 2012 年版。

李聚山：《新时期思想政治工作》，中国方正出版社 2009 年版。

李卫朝：《守望中国农民的精神田园》，社会科学文献出版社 2017 年版。

毛丹、任强：《中国农村公共领域的生长》，中国社会科学出版社 2006 年版。

彭飞龙：《新型职业农民素养标准与培育机制》，浙江大学出版社 2015 年版。

钱守云：《毛泽东保障农民利益思想研究》，中共党史出版社 2009 年版。

秦宣主编：《中国特色社会主义史》（上、下册），高等教育出版社 2009 年版。

邱伟光、张耀灿：《思想政治教育学原理》，高等教育出版社 1999 年版。

阮新邦、林瑞：《解读，〈沟通行动论〉》，上海人民出版社 2003 年版。

沈壮海：《思想政治教育有效性研究》，武汉大学出版社 2007 年版。

宋媛媛：《马克思主义中国化与农民思想政治教育》，光明日报出版社
　　2017 年版。

童禅福：《走进新时代的乡村振兴道路——中国"三农"调查》，人民出
　　版社 2018 年版。

王南湜：《从领域合一到领域分离》，山西教育出版社 1998 年版。

王瑞芳：《土地制度变动与中国乡村社会变革》，社会科学文献出版社
　　2010 年版。

王学俭编著：《现代思想政治教育前沿问题研究》，人民出版社 2008
　　年版。

温铁军：《三农问题与制度变迁》，中国经济出版社 2009 年版。

吴东莞、沈国权：《思想政治工作机制论》，军事科学出版社 2008 年版。

吴敏先主编：《中国共产党与中国农民》，东北师范大学出版社 2000
　　年版。

习近平：《青年要自觉践行社会主义核心价值观——在北京大学师生座谈
　　会上的讲话》，人民出版社 2014 年版。

习近平：《习近平谈治国理政》，外文出版社 2014 年版。

《习近平在党的群众路线教育实践活动总结大会上的讲话》，人民出版社
　　2014 年版。

肖富群：《马克思主义经典作家农民合作理论及当代实践》，社会科学文
　　献出版社 2017 年版。

肖远平：《乡村文化建设与农民社区认同研究》，人民出版社 2016 年版。

杨发：《新农村文化建设读本》，中国社会出版社 2008 年版。

杨静云主编：《毛泽东思想政治教育理论研究》，中共中央党校出版社
　　1995 年版。

杨素稳、李德芳：《中国共产党农村思想政治教育史》，中国社会科学出
　　版社 2007 年版。

于建嵘：《中国农民问题研究资料汇编》第 1 卷，中国农业出版社 2007

年版。

运迪：《当代中国农民的教育与自身发展》，苏州大学出版社 2012 年版。

张百顺：《农民有序政治参与研究》，华中科技大学出版社 2015 年版。

张晓山、李周主编：《新中国农村年的发展与变迁》，人民出版社 2009
　　年版。

张谢军：《思想政治教育理论前沿论略》，人民出版社 2015 年版。

张耀灿、陈万柏主编：《思想政治教育学原理》，高等教育出版社 2001
　　年版。

郑永廷：《思想政治教育方法论》（修订版），高等教育出版社 2010 年版。

《中共中央关于全面深化改革若干重大问题的决定》，人民出版社 2013
　　年版。

《〈中共中央关于全面深化改革若干重大问题的决定〉辅导读本》，人民出
　　版社 2013 年版。

《中共中央关于全面推进依法治国若干重大问题的决定》，人民出版社
　　2014 年版。

《中共中央关于深化文化体制改革　推动社会主义文化大发展大繁荣若干
　　重大问题的决定》，人民出版社 2011 年版。

中共中央文献研究室编：《建国以来重要文献选编》第 11 册，中央文献
　　出版社 1995 年版。

中共中央文献研究室编：《毛泽东邓小平江泽民论青少年和青少年工作》，
　　中央文献出版社 2003 年版。

中共中央文献研究室编：《毛泽东邓小平江泽民论世界观人生观价值观》，
　　人民出版社 2004 年版。

中共中央文献研究室编：《十八大以来重要文献选编》（上），中央文献出
　　版社 2014 年版。

中共中央文献研究室编：《十六大以来重要文献选编》（上、中、下），中
　　央文献出版社 2005 年版、2006 年版、2008 年版。

中共中央文献研究室编：《十七大以来重要文献选编》（上、中、下），中
　　央文献出版社 2009 年版、2011 年版、2013 年版。

中共中央文献研究室编：《十四大以来重要文献选编》（上、中、下），人

民出版社 1996 年版、1997 年版、1999 年版。

中共中央文献研究室编：《十五大以来重要文献选编》（上、中、下），人民出版社 2000 年版、2001 年版、2003 年版。

中共中央文献研究室编：《习近平关于全面深化改革论述摘编》，中央文献出版社 2014 年版。

中共中央文献研究室编：《习近平关于全面依法治国论述摘编》，中央文献出版社 2015 年版。

中共中央文献研究室编：《习近平关于实现中华民族伟大复兴的中国梦论述摘编》，中央文献出版社 2013 年版。

中共中央宣传部编：《论文化建设——重要论述摘编》，中央文献出版社 2012 年版。

中共中央宣传部编：《毛泽东邓小平江泽民论社会主义道德建设》，学习出版社 2001 年版。

中共中央宣传部编：《毛泽东邓小平江泽民论思想政治工作》，学习出版社 2000 年版。

中共中央宣传部编：《毛泽东邓小平江泽民论思想政治工作》，学习出版社 2001 年版。

中共中央宣传部编：《习近平总书记系列重要讲话读本》，人民出版社 2014 年版。

中共中央宣传部理论局：《论学习——重要论述摘编》，学习出版社 2011 年版。

中共中央宣传部理论局编：《理论热点面对面》，人民出版社 2011 年版。

中共中央政策研究室编：《江泽民论社会主义精神文明建设》，中央文献出版社 1999 年版。

朱君瑞：《当代农民思想变迁与农村和谐有序发展研究——江西篇》，中国社会科学出版社 2017 年版。